MATHEMATICS

数理群思 融智探新

北京市东城区史家教育集团 编著

中国发展出版社
CHINA DEVELOPMENT PRESS

图书在版编目（CIP）数据

数理群思 融智探新/北京市东城区史家教育集团编著.
北京：中国发展出版社，2018.8
ISBN 978 - 7 - 5177 - 0892 - 6

Ⅰ.①数… Ⅱ.①北… Ⅲ.①小学数学课—教学经验
Ⅳ.①G623.502

中国版本图书馆 CIP 数据核字（2018）第 191793 号

书　　　名：数理群思　融智探新
著作责任者：北京市东城区史家教育集团
出 版 发 行：中国发展出版社
　　　　　　（北京市西城区百万庄大街 16 号 8 层　100037）
标 准 书 号：ISBN 978 - 7 - 5177 - 0892 - 6
经 销 者：各地新华书店
印 刷 者：三河市东方印刷有限公司
开　　　本：710mm×1000mm　1/16
印　　　张：24.5
字　　　数：300 千字
版　　　次：2018 年 8 月第 1 版
印　　　次：2018 年 8 月第 1 次印刷
定　　　价：62.00 元

联 系 电 话：(010) 68990642　68990692
购 书 热 线：(010) 68990682　68990686
网 络 订 购：http://zgfzcbs.tmall.com//
网 购 电 话：(010) 68990639　88333349
本 社 网 址：http://www.develpress.com.cn
电 子 邮 件：fazhanreader@163.com

本书编委会

编委会主任：
王 欢 洪 伟

编委会副主任：
范汝梅　金 强　南春山　陈凤伟　王 伟　金少良

主编：
韩巧玲　高雪艳　李冬梅

编委：（按姓氏笔画排序）

才燕雯	万银佳	马心玲	王 丹	王 艳	王 莹
王 雯	王 颖	王 滢	王 磊	王竹新	王园园
化子怡	左明旭	卢 超	付 航	邢 超	朱 文
任江晶	刘 欢	刘 斐	刘 颖	刘伟男	孙桂丽
杜 楠	杨 扬	杨 玥	杨 倩	杨文佳	杨昕明
杨敬芝	李 文	李 冉	李 宏	李军红	李晓桐
李海龙	李焕玲	肖 畅	吴 斯	张文佳	张春艳
张思雯	范 鹏	林 琳	罗一萍	金 晶	周 霞
周元萍	赵 蕊	赵彦静	侯 琳	侯宇菲	洪 珊
徐 虹	徐愫祺	高明一	郭京丽	容 戎	曹 芸
常媛媛	淮瑞英	梁 英	董 祎	韩晓梅	景立新
景淑节	焦正洁	樊 咏	黎 妍	魏颖琳	

序 言

　　未来社会的发展对综合型人才的需求正在推开学校的围墙。面对充满无限可能的未来，如果今天学校的课程构建、学生的课堂学习、教师的教育观念、教学行为还依然如昨，我们就剥夺了孩子明天的立足之本。因此，我们的课堂要突破传统教育的方法、方式、方向，我们的课程要突破条线育人的边界、突破符号学习的边界、突破单项成长的边界，培育适应未来社会发展的综合型人才。

　　数学学科在国家倡导的"立德树人"、发展学生核心素养的大育人观下，在集团"无边界"课程、"种子计划"、"家国情怀"育人模式等顶层设计的构建下，数学课程的改革势在必行。如何在新时代的今天，教育改革走向深入之际打开一个"新视界"，让我们的课程内容更丰满、课堂学习更鲜活、师生成长更和谐，是我们追求的目标，是我们不忘的初心。

一、学无边界"新课程"——给成长无限可能的课程构建

　　数学课程聚焦集团"种子计划"五大和谐支柱中人与知识的和谐，落实集团课程改革中课时比例的调整，要用80%课时完成100%的国家课程。如何在缩短课时的同时，还要高质量完成教学任务，培养学生能力，成为教师最为关切的问题。因此，数学团队的老师们，重新审视12册国家教材，有了大胆地思考和突破。老师们在学科领导的带领下，在梳理12册教材的基础上进行横向和纵向知识间的整合，重构课程经纬，而且注重夯实基础，落实《数学课程标准（2011年版）》中的10个核心概念，培养学生的关键能力。而在学科综合实践活动课的开发和构建过

程中，依照上级教委规定，每个学科必须用不低于10%的课时来完成学科综合实践活动课。基于史家集团无边界课程理念，课程开发过程中，立足打破思维边界和时空边界，培育具有家国情怀的和谐发展的人，挖掘中华传统文化中的数学元素，在数学精神与数学思想的民族传承中着力构建数学学科"品源至慧"自主课程的相应课程内容，立体创生人文情感与科学思维深层交织的数学综合实践操作的生命成长场域，发展学生核心素养，培养学生的综合能力；330益智课程，是10%学科综合实践活动课内容的多元化、多向化、多态化的再拓展，为学生数学思维能力的发展和提升提供无限可能。

老师们在用80%的课时完成100%的课程内容的实践中，是如何站在整体把握的视角来重构课程内容的？又是如何经历一次次的"推翻——研讨——再推翻"来构建10%"品源至慧"学科综合实践活动课的？我们将与读者在第一单元共同分享！

二、学思知行"新课堂"——在今天的课堂成就未来的学生

有人说"教育的希望在课堂，课堂的希望在教师，没有好教师就没有好课堂，没有好课堂就没有好教育"。我们要认真研究课堂，力求打造幸福课堂、生命课堂、灵动课堂。今天的课堂应该在求真、求实上下功夫，一切从学生的身心特点、认知水平、发展需求出发，精心组织和开展切实有效的教学活动，在学生自主、合作、探究学习上做文章，寻求学生在知识的累积、能力的提升和积极的情感体验等方面都有实实在在的收获和得益。

史家教育集团在教师日常的教学中，着力引导教师贯彻落实集团所倡导的"学思知行"课堂教学模式。在课堂教学实施过程中打造具有数学学科特色的"四会"课堂，即倡导会思考、会研究、会表达、会应用等教学环节，转变教与学的模式。学生在课堂上的学习应该是：有明确的学习任务和探究的核心问题；有学习过程的体验和学习经验的积累；有独立表述的平台和互动交流的空间；有学习方法的提升和思维能力的发展。

通过不断的学习、实践、反思，老师们达成了共识！在课堂上，老

师们是如何践行"学思知行"的课堂教学模式？如何让学生在会思考、会研究、会表达、会应用的过程中，体现学生的"专注"与"绽放"？您将在第二单元看到老师们的智慧课堂。

三、师生成长"新视界"——教师的新思想推动教学模式变革

"教育决定着人类的今天，也决定着人类的未来"。我们必须读懂未来、读懂中国、读懂教育，才能不断提升教育质量，办好人民满意的教育。当前教育形势发生了很大变化，教师们的教育理念、教育手段、教育行为都与之前大不相同。教师们按部就班的教学工作轨迹受到教育改革带来的前沿性和不确定性的冲击，教师必须改变自己才能直面现在教育深化改革的浪潮。有学者指出，在每一所学校里，都有一群可以成为教师领导者的"沉睡的巨人"，而这群人可以发展成为提升学生学习、推动改革的催化因子。

唯有教师的不断成长，才有学生的无限发展。史家教育集团积极构建"教师领导型治理结构"来促使教师角色转型，其显著标志为"领袖教师"的不断涌现。教师在这场教育变革中做到如下角色的转换：教师不是行政命令的机械执行者，而是教育实践智慧的生成者；教师不是学校管理的旁观者，而是提升专业发展的领导者；教师不是改革的被动执行者，而是推动教育发展的主动变革者。

教师的转型要落在实处。因此，教师的教育观念、教学行为立足从学生立场出发，重新思考"课堂上，学生的学习如何真正发生？"老师们有自己的教育理念体系、有自己的教育主张、有自己的教学特色，您在第三单元将看到，老师们设计的与学生共同学习的一个个鲜活的案例。

目　录

第 2 单元　学思知行"新课堂"

——在今天的课堂成就未来的学生

第 3 单元　师生成长"新视界"

——教师的新思想推动教学模式变革

学无边界"新课程"

—给成长无限可能的课程构建

现在世界各国都在进行教育改革，以期让人才更适应当今全球化背景下的人才需求和竞争。各国课程标准中强调的"关注学生的发展，培养学生核心能力"的趋势，推动了核心素养模型的制定。学生核心素养的提出是新世纪课程改革的"再出发"，它高度关注学生社会责任感、创新精神和实践能力的培养，是对知识本位的再度"宣战"，我国基础教育正从"知识本位"时代走向"核心素养"时代。

因此，史家教育集团新一轮的课程构建"聚焦核心素养，给成长无限可能——无边界课程的顶层设计"，正切合了当今教育改革的方向。在基于核心素养的课程建设过程中，教师应作为建设者全程参与到整个过程中，教师参与研制的过程，就是核心素养价值认同的过程，是主动接受课程新理念的过程。

基于义务教育数学课程标准，在新时代教育改革走向深入之际，结合数学教学的特点，如何与我校的课程顶层设计对接、如何与我校种子计划的育人目标对接、如何与我们的数学教学对接，这是我们必须思考的问题。

从数学学科特有的育人价值看，就是教会孩子学会用数学的眼光观察世界，发展数学抽象、直观想象素养；用数学的思维分析世界，发展逻辑推理、数学运算素养；用数学的语言表达世界，发展数学建模、数据分析素养。增强创新意识和数学应用能力。

学生核心素养的发展、综合能力的培养与学生的成长历程、学校的课程构建、学科的教学推进，都有着密不可分的联系，它关注的正是学生通过丰富的课程学习可以得到培育和塑造的素质和能力。从这个角度来说，学科核心素养的培育过程，就是一个学习者通过学习实现成长的过程。在这个过程中，基于学科核心素养培育学生的"必备品格和关键能力"。

在集团无边界课程的顶层设计中，数学作为核心课程，为更加凸显课程的育人目标，进行了课程一体化构建：国家课程——重构经纬，在基于知识本质内在联系的整合教学中，注重夯实认知基础，在专注中习得知识技能；品源至慧——学无边界，依托中华传统文化中的数学元素，对接国家课程的教学内容，以主题研讨的学习方式，注重浸润数学思想，在实践体验中积累学习经验；选择课程——益智增趣，注重激发学生学习兴趣，培养应用意识，在绽放中得以思维提升。多元的课程为学生打开数学学习的五彩斓窗。

国家课程——重构经纬

韩巧玲

在集团课程的顶层设计中，数学学科作为核心课程，更加关注课程的育人目标。在学校课程的整体构建中，重新分配课时比例，只能用80%的课时，来完成100%的国家课程。其中一个10%完成学科综合实践活动课，另一个10%完成学校整体研发的综合学科实践活动课程。面对这样的课程顶层设计，我们要改变的，一是数学的课程结构，二是教与学的模式，二者相辅相成，哪一项不改都不可能推进当下的课程改革。课程结构不改变，不可能分离出更多的时间完成综合实践活动课对学生的全方位的培养，也就不可能落实核心素养的培育。课堂的教与学模式不改变，还固守着传统的教学模式和学习方法不可能实现教学内容和课程的重新构建，最终也不可能达成对学生综合素质的培养。

在这样的改革事态下，我们只能付诸行动！首先我们进行了课时测算：

一至五年级：18 周 ×4 = 72（课时）　　　72 ×80% ≈58（课时）

六年级上：18 周 ×5 = 90（课时）　　　90 ×80% = 72（课时）

六年级下：15 周 ×5 = 75（课时）　　　75 ×80% = 60（课时）

面对课时的缩减，我们只有对教材进行整合、优化，才能实现80%的课时完成100%基础课程的学习。

我们首先梳理同一知识点在12册教材中原有的知识结构和课程安排，在此基础上基于核心素养、整体把握教材，对学科内的国家课程内容进行优化整合，思考关键能力引领下的知识内容的整体构建。

我们对国家教材进行横向和纵向的梳理，以此打通知识之间的内在联系，整体把握教材。纵向因为考虑到上级单位的质量监测，所以更多的是知识间的渗透与勾连，但是一、二年级没有统一的纸笔测试，所以，可以适当打破年级的界限进行知识的整合；横向间可以更多的思考知识之间的重构与整合，其实在整体把握教材的基础上，整合某一版块内容进行教学，不但是对老师专业素养的一种考验和挑战，也是对教师教学能力的历练，学生在学习的过程中也是一种学习力的提高。

梳理 12 册教材、整体把握教学内容：

例如，以学生学习平面图形的面积为例：

基于核心素养、整体把握教学内容的教材优化与整合

教材原有安排				整合后的教学安排			
知识内容	所在年级	课　时	目标达成	整合点	整合后课时	学科能力	核心素养
认识面积和面积单位	三下	2 课时	认识面积含义和面积单位				
长方形、正方形面积计算	三下	2 课时	会利用公式计算长方形和正方形的面积				
多边形的面积计算	五上	6 课时	根据图形之间的特征关系，推导出三角形、平行四边形、梯形的计算公式	会利用公式计算平面图形的面积，三角形、平行四边形、梯形的面积，打通关联，进行整合	3 课时	转化思想的渗透、符号意识、模型思想、空间观念、推理能力、运算能力、应用意识	理性思维、勇于探究、创意表达、勤于反思
圆面积的圆的计算	六上	5 课时	会利用公式计算圆的面积				

　　课程整合的想法提出后，我们首先对图形与几何领域的某一板块内容进行了尝试性的实践，而且此课还带到全国的研讨会上进行展示，受到了听课老师们的一致好评，有思考、有设计、有创新。接下来从 2016 ~ 2017 学年的第二学期到 2017 ~ 2018 学年的第一学期，我们以解决问题为研究主题，在集团范围内开展了一系列研讨活动，集团所有教师的专业素养有了提升。从二年级的一步解决问题的梳理到两步解决问题结构的过渡，从三年级的两步解决问题数量关系的分析与训练到四年级两组特殊的常见的数量关系基于数学本质的整体认知，再到六年级解决问题勾连小学各个学习年段的知识串联，开展了一系列的研讨活动。从 2017 ~ 2018 学年的第二学期开始，我们又转入了以"计算教学"为研究主题的系列研讨活动。其中有立足整体把握数学本质，以"计数单位""位值制"等核心概念为主线的整数、小数、分数的计算整合的教学研讨；有立足整体把握学习内容，以小学六年的学习中涉及运算定律的学习为切入点，帮助学生建立同一知识之间的认知体系。在不同板块的系列研讨活动中，有教学现场课的展示、有教材整合的案例解读、有观摩课后的教师互动、有课后对研讨问题的问卷调查、有老师们对整体把握教学的思考与困惑。老师们在一次次研讨活动中，对教材有了更深入的了解，而且通过整合后的教学实施，不但在授课时间上可以更符合学校课程改革的课时比例分配，而且更有利于帮助学生建立知识之间的联系，帮助学生进行知识的构建。同时，对老师也提出了更大的挑战，这样整合后的课程实践，对于教师来说，不再只是课程的实施者，还成为课程的开发者和构建者，提升了教师的专业素养。

《多边形的面积》

曹　芸

整合内容： 把平行四边形、三角形、梯形面积打通联系，整合在一课时内完成。

课时安排： 1 课时。

整合理由：

1. 学情分析

学生在以前的学习中，初步认识了各种平面图形的特征，掌握了长方形、正方形的面积计算。在前面的图形教学中，学生已经初步积累了一些探究有关图形知识的学习经验，在学习方法上也有了一定的基础，会用转化思想解决新问题，同时具备一定的空间观念和推理能力，为自主探究多边形面积提供了良好的保障。

2. 教材分析

多边形的面积是以长方形计算为基础，以图形内在联系为线索，以未知转化为已知的基本方法开展学习，来探索图形面积计算方法。平行四边形面积的计算公式，是将平行四边形转化为一个长方形推导出来的；三角形的面积计算方法，是将三角形转化为已学过的图形（长方形或平行四边形）推导出来的；梯形的面积计算也是转化为已学的图形推导出来的。

3. 能力提升

学科素养：理性思维、勇于探究、创意表达、勤于反思、数字学习。

数学思想：转化思想、对应思想、类比思想、数学模型思想、符号化思想。

学习能力：空间观念、几何直观、推理能力、模型思想、符号意识、应用意识。

一、教学实施

（一）教学目标

（1）学生通过平面图形的特征，发现平面图形之间的关系，借助面积之间的转化，探索平面图形面积的计算方法。

（2）学生通过整体认知平面图形特征，沟通面积之间的关系，进而推导出面积公式的过程，发展空间观念，初步培养学生观察能力、操作能力、推理能力，渗透转化及对应的数学思想方法。

（3）在解决问题的过程中激发学生的学习兴趣，体验成功的乐趣，享受学习的快乐。

（二）教学重点及难点

整体认知平面图形特征，沟通面积推导之间的联系。

（三）教学流程

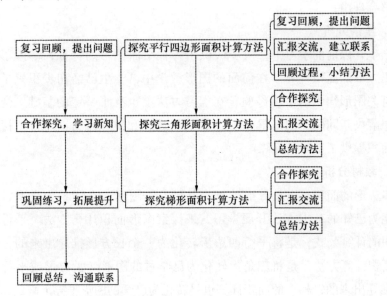

二、教学过程

（一）复习回顾，提出问题

师：同学们回忆一下，我们学过哪些平面图形？我们学过哪种图形的面积计算？怎样计算？平行四边形、三角形、梯形的面积是怎样计算的？今天我们继续研究平面图形的面积。

（二）合作探究，学习新知

师：我们要研究这三种图形的面积计算，你们觉得我们从哪个图形开始研究？

预设：平行四边形、三角形。

师：看来大家的想法都不太相同，我建议大家从平行四边形开始研究。为什么从它来研究？上完这节课后，看看你们能不能找到答案。

1. 平行四边形面积的计算方法

（1）提出问题，合作探究。

师：平行四边形的面积应该怎样算呢？每人手里都有这样一个平行四边形，请你借助手中的学具，同桌两人研究研究。

（2）汇报交流，建立联系。

师：刚才我看到同学们在研究时，有折的、有剪的、有画的、有拼的……很多种方法，谁愿到前面来说一说，你们是怎么研究的？用老师给你提供的大学具来操作。

预设：沿高剪开，拼成一个长方形。

师：你问问大家同意你的发言吗？还有疑问或补充吗？（生生交流）

①你为什么把它变成了长方形？（会算）什么变了，什么没变？（形状变了，面积没变）

借助我们会计算的长方形面积来研究平行四边形面积，看来，这两个图形之间有着密切的关系，它们有什么关系？（长方形的长等于平行四边形的底，长方形的宽等于平行四边形的高）

②你只能沿着这条高剪，才能把它转化成长方形吗？还可以怎么剪？有多少种剪法？

③得出什么结论？（板书公式：平行四边形面积 = 底 × 高。字母表示：$S = ah$）

（3）回顾过程，小结方法。

想一想我们刚才研究的这个过程，我们是怎么做的？（我们根据平行四边形和长方形各自的特点，把平行四边形转化成了长方形。接着发现了它们之间的对应关系，由长方形面积的计算方法找到了平行四边形面积的计算方法）

2. 探究三角形的面积

（1）合作探究。

师：下面我们继续研究三角形的面积。它的面积计算又会有什么方法呢？老师给大家提供了一些三角形，请你把学具袋①中的三角形都找出来，同桌两人想一想，试一试。

（2）汇报交流。

师：谁愿意来前面和大家说一说你们是怎么研究的？在研究的过程中有没有遇到什么困难？

预设：沿高剪开，不能拼成学过的图形。

他用一个三角形做了这样的剪拼，没成功。还有谁和他不一样的方式，成功了？

①展示：

师：看清楚他怎么做的了吗？（用两个完全一样的三角形拼成平行四边形）

刚才没成功的同学，你们也按照他的方法试一试。

师：只能用两个钝角三角形拼成平行四边形吗？有没有同学用其他形状的三角形拼的？用老师的大学具演示一下。

发现什么？（都能转化成平行四边形）

②小结：拼好的平行四边形和三角形有什么关系？

（3）总结方法。

求一个三角形的面积到底怎样计算？板书公式，字母表示。

想提醒大家要注意点什么？（除以2）不除以2求的是什么？除以2呢？

3. 探究梯形的面积

我们刚刚是用什么办法把平行四边形转化成长方形的？现在又是怎么把三角形转化成了平行四边形？两次研究转化的过程是不一样的，通过转化，没有学过的图形面积问题得到了解决。

（1）合作探究。

根据这样的学习经验，想一想梯形的特点，它又和什么图形有关系呢？想要老师提供什么学具？打开②号学具袋，同桌两人想想办法。

（2）汇报交流。

师：谁来说一说，你们是怎么研究的？

预设：用两个完全一样的梯形拼成了一个平行四边形。

追问：平行四边形的底在哪？有什么特点？

（3）总结方法。

总结一下梯形面积的计算方法，板书公式。

观察一下梯形面积的计算方法，哪儿比较特殊？

三、回顾总结，沟通联系

今天我们研究了哪些图形的面积计算方法，我们是怎样研究的？（都是借助平面图形的特征，沟通面积之间的关系，把这些没学过的图形转化成学过的图形，进而推导出面积计算方法的）

现在你能回答刚才我们的那个问题了吗？为什么我们要从平行四边形面积开始研究？（三角形和梯形都能转化成平行四边形）其实长方形也和平行四边形有着密切的关系，是特殊的平行四边形。

四、巩固练习，拓展提升

（1）这是什么？想想平行线有什么特点？

在两条平行线间有这样两个平行四边形，你能比较出这两个平行四边形面积的大小吗？（因为底和高都相等，所以面积也相等）

这儿还有一个三角形，它和平行四边形相比，哪个面积大？为什么？

（2）小区广场摆了两个花坛，测量后发现，它们的一条底长度相等，高也相等。

这两个花坛，哪个面积更大呢？为什么？

还剩圆的面积我们没有研究，通过今天这节课的学习，你觉得圆的面积计算我们又应该怎么研究？我们以后会继续学习。

（一）板书设计

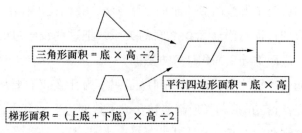

三角形面积 ＝ 底 × 高 ÷2

平行四边形面积 ＝ 底 × 高

梯形面积 ＝（上底 ＋ 下底）× 高 ÷2

（二）整合后的教学效果反思

对于教材中知识联系很密切，比较简单的、学生易于理解和掌握的知识，我们把几个例题内容合并在一起教学，不仅可以在比较短的时间内完成教学任务，提高了教学效率和学习效率，而且使教学内容更加贴近学生的认知发展水平，更有趣味性和挑战性，使数学学习成为一个充满生命力的过程，使教学立足于现有水平，挑战潜在水平，服务于学生的发展，有助于提高学生对知识的理解和掌握，提高学生的应用能力。

本节课中平行四边形、三角形、梯形面积公式的推导，都是建立在转化的思想上，把新知识转化成旧知识，通过知识之间的迁移，进而解决了新问题。同时使知识更加系统化，形成知识体系，在对比分析中加深对多边形面积公式的理解与掌握，也为后续学习奠定良好的基础。三个例题在一节课中完成，学生完全能够掌握，而且兴趣盎然，体会到学习的乐趣、成功的喜悦。

《观察物体练习课》

卢　超　魏颖琳

整合内容：观察物体（二年级上册、四年级下册、五年级下册中涉及的观察物体）。

课时安排：1 课时。

整合理由：

1. 学情分析

小学二年级学生的思维以具体形象思维为主。本节课是在学生学习了二年级上册"观察物体"，并完成书上基本练习后进行的。学生已经掌握了观察物体的基本方法，具有初步的观察经验，并对简单立体图形的特征有了认识。

为进一步了解学生的认知基础，思考课题整合实施的可行性，课前，我对学生进行了前测。

调查方法：随机抽样、个人访谈。

调查对象：本班学生。

样本数：22 人。

前测内容：

（1）观察这个组合图形 ，从前面你看到的是什么图形？

A. 能够直接看出是一个长方形，占 27%

B. 认为是两个同样大小的正方形，占 55%

C. 认为是阶梯状图形，占 18%

（2）用 4 个正方体拼图形，从正面看是 。

A. 拼出来，占 64%

B. 拼不出，占 36%

分析数据发现：大部分同学已经具有一定的拼摆组合图形的生活经验和初步的空间观念，但对将不在同一水平面上的两个面想象成同一平面上的图形，难度较大。

2. 教材分析

"观察物体"属于"图形与几何"领域,《数学课程标准(2011)》对于该内容在义务教育阶段的内的要求如下：第一学段要求学生能够根据事物、照片或直观图辨认从不同角度观察到的简单物体；第二学段能辨认从不同方向(前面、侧面、上面)看到的物体的形状图。小学阶段,具体编排分为以下三个层次。

第一层次(二年级上册)：从不同角度观察实物和单个的立体图形(积木)。

第二层次(四年级下册)：从三个不同的位置观察同一个几何组合体,看到的形状可能不同；从同一个位置观察三个不同的几何组合体,看到的形状可能相同。

第三层次(五年级下册)：根据从一个方向看到的形状图拼搭几何组合体；根据从三个方向看到的形状图拼搭几何组合体。

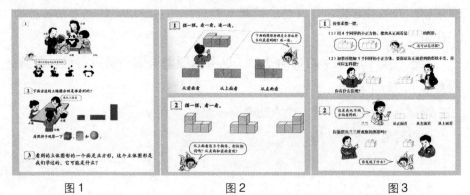

图1 　　　　　　　图2 　　　　　　　图3

纵观以上三个层次,教材在编排上是由简单到复杂,由整体到局部,再由局部到整体的循序渐进的过程。

横向来看"观察物体"在二年级上册中的编排,该内容出现在本册教材第五单元,包含三个例题,分别是：例1从不同角度观察一个实物体,例2和例3观察学习过的几何图形及解决相应的数学问题。这里所观察的都是单个独立的图形。

在课后练习题中,发现学生对下面问题(图1,人教版二年级上册第71页第5题)理解困难,这主要是由于学生缺少对几何组合体的认知经验,而这一问题恰与四年级下册"观察物体"例1(图2)有着密切联系。如何引导学生对问题进行理解,并为后续学习积累经验？

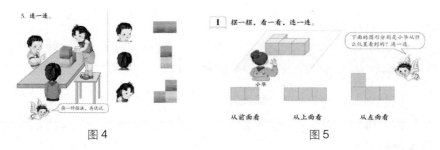

图 4　　　　　　　　　　　　　　图 5

　　本节课设计为以观察组合立体图形为主要内容，与四、五年级观察物体的知识相衔接，让学生在操作中，实现立体图形与平面图形之间的转化，感受局部与整体的关系，为后续学习积累活动经验。

3. 能力提升

　　学科素养：空间观念、推理能力。

　　数学思想：全面看待事物的意识。

　　学习能力：动手操作能力、观察能力。

一、教学实施

（一）教学目标

　　（1）知道从不同位置观察物体时看到的图形可能不同，能初步辨认从不同位置观察简单几何组合体时看到的图形，培养空间观念和推理能力。

　　（2）经历观察、操作、想象等活动，实现立体图形与平面图形之间的转化，初步掌握全面、正确观察物体的基本方法。

　　（3）感受局部与整体的关系，初步形成全面看待事物的意识。

（二）教学重点、难点

　　重点：能初步辨认从不同位置观察简单组合几何体时看到的图形，实现立体图形与平面图形之间的转化，培养空间观念和推理能力。

　　难点：能够将不在同一平面的两个面转化成一个平面。

（三）教学流程

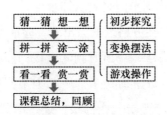

二、教学过程

（一）猜一猜，想一想，唤起原认知

（1）回顾已经学习的立体图形。

（2）提问：看到立体图形的一个面是长方形，它可能是我们学习过的什么图形？

预设：长方体、圆柱。

【设计意图】唤起原认知，渗透有序思考，为后续学习做好铺垫。

（二）拼一拼，涂一涂，实现立体图形和平面图形之间的转化

1. 初步感知，操作中理解局部与整体的关系

（1）想一想，借助原有经验进行初步判断（出示图6）。

图6

提问1：这三位同学分别站在组合图形的什么位置进行观察？

提问2：你能想象出图中三位同学分别看到的是什么图形吗？

（2）看一看，通过实际观察验证自己的想法。

观察实物：每组三位同学，分别从图中三位同学的位置来观察自己桌上的组合图形。注意：眼睛要和物体平视。

组内交流：你在物体的哪个位置看到了什么样的图形？（轮换位置，再观察）

学生反馈，重点讨论：从上面看到的形状。

（3）涂一涂，由立体到平面突破认知难点。

把从上面看到的形状在方格纸上涂出来，验证想法，展示交流。

（4）连一连，确认图中人物所看到的形状。

【设计意图】与四年级下册例1"从三个不同的位置观察同一个几何组合体，看到的形状可能不同"相衔接，通过涂的过程，将不在同一平面

的两个面转化成一个平面，突破了学生的认知难点，发展了空间想象能力。

2. 变换摆法，进一步体会局部与整体的关系

用三个小正方体拼出新的组合图形，观察并在方格纸上涂出你看到的面。然后变换位置再观察。

预设：学生可能出现的拼法（图 7～图 12）。

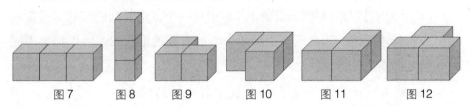

图 7　　　图 8　　　图 9　　　图 10　　　图 11　　　图 12

小组汇报：

第一层：图 7～图 8

（1）图 7：出示一组同学观察物体时的照片，及这三位同学涂出的形状图。

提问：猜一猜这些图是谁在哪个位置看到的形状？

（2）图 8：变换图 3 中三幅图的观察位置，引导想象变换后组合图形的样子（即图 8）。

【设计意图】图 7 是巩固练习，图 8 与五年级下册例 2 "根据从三个方向看到的形状图摆出相应的几何组合体"相衔接，初步感受从平面图形到立体图形的转换，体会局部与整体的关系。

第二层：图 9～图 12

提问：想一想这些组合图形从正面看是什么图形？你有什么发现？

【设计意图】与四年级下册例 2 "从同一个位置观察三个不同的几何组合体，看到的形状可能相同"相衔接，进一步体会局部与整体的关系。

3. 游戏操作，拓展想象空间

出示▢▢▢。

提问：这是立体图形从正面看到的形状，猜一猜它是用几块小正方体拼出来的？你是怎样想的？

预设：3 块、4 块、5 块……

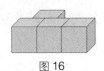

| 图13 | 图14 | 图15 | 图16 |

小结：只要从正面看是由三块小正方体拼出来的就可以，在后面还可能"藏"着更多的小正方体，这样一直增加下去，就会有无数块小正方体。（课件演示）

【设计意图】与五年级下册例1 "根据从一个方向看到的形状图拼搭几何组合体"相衔接，体会到只根据一个方向看到的形状图，可以摆出不同的几何组合体。

（三）看一看，赏一赏，感受数学与生活的联系

提问：仔细观察这组照片（陶罐），然后闭上眼睛想象它的样子。

观看录像，简单介绍文物。

【设计意图】与五年级下册例2 "根据从三个方向看到的形状图拼搭几何组合体"相联系，感受数学与生活的紧密联系，提升空间想象力。

三、课堂总结，回顾解决问题的过程和方法

【设计意图】引导学生回顾本节课研究的典型问题以及观察物体的方法。

（一）板书设计

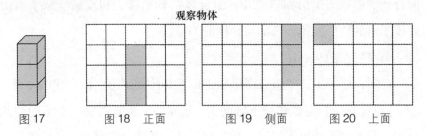

观察物体

| 图17 | 图18　正面 | 图19　侧面 | 图20　上面 |

（二）整合后的教学效果反思

1. 整体把握教材，注重知识点的整合与衔接，丰富学生的认知经验

本节课源于学生对几何组合体认知经验的缺乏而设计，根据《数学课程标准（2011）》要求，结合二年级学生的认知水平，在主要环节的设计上与四、五年级"观察物体"的知识点均有相应的衔接，学生在探究过程中，对几何组合体具有了初步感知，为后续学习积累经验。

2. 初步形成全面看待事物的意识，提升学生的空间想象力

本节课帮助学生由观察单一几何体向观察几何组合体过渡。学生在经历观察、操作、想象、推理等活动中，实现了多次立体图形与平面图形之间的转化，从而能够初步辨认从不同方向看到的物体的形状图，具有了全面看待事物的意识，提升了空间想象能力。学生在观察、操作、思考、调整的过程中提升了空间推理能力。

《一步计算解决问题》

杨文佳

整合内容：一步计算解决问题的梳理。

课时安排：1 课时。

整合理由：

1. 学情分析

对于三年级学生而言，通过一至三年级的计算及解决问题部分的学习，已经能够较熟练地解决一步计算的问题，但是学生对于用一步计算解决的实际问题的认知较为分散，对同一类数量关系缺乏整体认识，在解题时基本是利用加减乘除四种运算进行解决。而当二年级第二学期初次接触两步计算的问题时，部分学生就会因为信息多而搞不清数量之间的关系，进而出现不能正确解决问题的情况。

2. 教材分析

人教版教材数学一年级上册涉及"部分与整体"关系的一步计算问题，一年级下册涉及"比大小"关系的一步计算问题，二年级上册"份总"关系，三年级上册出现"倍数"关系的相关内容，至此，一步计算中的全部数量关系均已出现。另外，二年级下册已经开始涉及两步计算解决问题。此时将数量关系进行梳理，能够将知识结构化、系统化，便于解决两步计算的问题。

3. 能力提升

学科素养：培养几何直观。

数学思想：渗透模型思想。

学习能力：提升解决问题的能力。

一、教学实施

（一）教学目标

（1）通过梳理，巩固几组数量关系，使学生对一步计算的实际问题中的数量关系有更清晰的认识。

（2）建立一步计算问题与多步计算问题的联系，让学生感受数量关系的重要性。

（二）教学重点与难点

重点：分组进行数量关系的梳理，沟通每组数量关系之间的联系。

难点：对数量关系进行归纳总结。

（三）教学流程

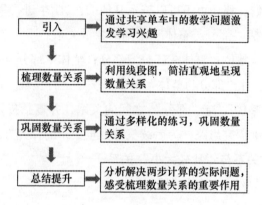

二、教学过程

（一）引入环节

教师出示共享单车小黄车、小蓝车图片，问学生是否喜欢骑，引出本节课将要学习的共享单车中的数学问题。

【设计意图】利用学生熟知的生活热点话题引入，激发其探究的兴趣，同时引出课题——解决问题。

（二）梳理数量关系

本环节共分为四个部分，分别探究"部分与整体""份总""比大小"和"倍数"四种数量关系。

1. 部分与整体

（1）出示线段图。

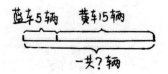

提问：从这幅图中你知道了哪些信息，想怎么解决？（学生反馈，教师进行板书）

（2）移动图中的"?"至蓝车数量，提问：这个问题要怎么解决？

（3）继续移动"?"至黄车数量，提问：这个问题要怎么解决？

（4）继续出示信息：如果这个整体表示"男女生总人数"，那这两部分可以表示什么呢？

（5）引导学生思考、举例：两部分既能表示黄车蓝车的数量，又能表示男生女生的人数，那还可不可以表示其他的？（学生进行举例）

（6）总结概括"部分与整体"之间的数量关系：

部分＋部分＝整体；整体－部分＝部分；整体－部分＝部分

【设计意图】对"部分与整体"的数量关系进行整理。通过对实例的探究，充分感受"整体"与"部分"之间的关系，并概括提炼数量关系；另外，在结构上明确探究思路，为后续三种数量关系的探究方式做铺垫。

2. "份总"关系与"比较大小"关系

（1）教师分别给出两幅线段图。

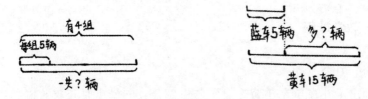

（2）分别读取图中的信息和问题。

（3）通过变换"?"位置，分析每组数量关系中的三种不同情况。

（4）在此基础上，学生根据生活经验进行举例。

（5）总结概括数量关系：

每份数×份数＝总数；总数÷每份数＝份数；总数÷份数＝每份数

较大数－较小数＝差；较小数＋差＝总数；较大数－差＝较小数

3. "倍数"关系

学生进行自主探究，反馈并概括数量关系。

一倍数 × 倍数 = 多倍数；多倍数 ÷ 一倍数 = 倍数；

多倍数 ÷ 倍数 = 一倍数

4. 小结

通过梳理，明确了一步计算的问题有四组数量关系并出示课题——"一步计算解决问题"。

【设计意图】

（1）对四组数量关系进行梳理，使学生对其有更清晰的认识。

（2）移动"？"帮助学生建立对数量关系的整体认识。

（3）在梳理四组数量关系时，设问逐步放开，引导和鼓励学生独立自主的提炼和概括数量关系。

（4）以线段图为载体建立几何直观，渗透数形结合思想的同时渗透模型思想。

三、巩固数量关系

1. PPT 出示问题一

（1）李阿姨买了 6 盒糖果，每盒有 8 支棒棒糖，阿姨一共买来了多少支棒棒糖？

（2）公园里有柳树和杨树共 27 棵，其中 13 棵是柳树，杨树有多少棵？

提问：请你先思考这两道题分别对应哪种数量关系？再思考要怎样列式计算？

【设计意图】一步计算的基础题意在于帮助学生巩固数量关系，明确解题步骤。

2. PPT 出示问题二

_____，_____。苹果有多少个？

A. 桃和菠萝共有 6 个

B. 苹果比梨多 9 个

C. 梨有 3 个

D. 苹果的数量是梨的 4 倍

提问：如果只给出问题，你能不能从这些条件中选出两个你需要的来解题呢？先选出两个条件，再列式计算。

预设 1：选 B、C，3 + 9 = 12（个）。

预设 2：选 C、D，3 × 4 = 12（个）。

【设计意图】这一题在难度上有所提升，希望学生能够通过分析数量关系灵活的解决问题，同时培养学生多种策略解决问题的能力。

四、总结提升

1. PPT 出示两步计算的问题

题目：小红有一盒糖果，其中水果糖有 8 块，巧克力是水果糖的 2 倍，奶糖比巧克力多 3 块，奶糖有多少块？

让学生思考：这道题能一步解决吗？需要用几步？

学生分析的同时，PPT 配图演示解题步骤。

2. 结合板书与课件

第一步对应的这里的哪种关系？第二步又对应哪种关系？

使学生感知无论是两步计算的问题，还是三步、四步计算的题目，它们都是由一步计算的问题组成的，都离不开这几种数量关系。

【设计意图】本环节的设置意在通过分析、解决两步计算的问题，让学生在巩固数量关系的同时充分感受两步问题与一步问题的紧密联系，体会所整理的四种数量关系的重要作用。

（一）板书设计

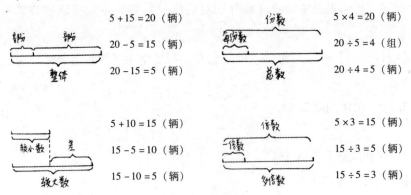

（二）整合后的教学效果反思

本节课在教材中涉及的数量关系多以计算单元中"解决问题"的形式呈现，内容分布较分散，因此在设计时我着重将知识由"点"串成"线"，将一步计算的实际问题结构化，为两步计算以及多步计算的问题奠定基础。

通过本节课的教学，我进行了如下反思。

首先，在本节课的实施方面：就学生目前解决问题的情况来看，大部分学生欠缺对数量关系的提炼和整理，通过本节课对一步计算问题中的数量关系进行梳理，学生能够通过画图的方式正确、快速地分析数量关系并准确解决一步计算的实际问题。同时，两步解决的实际问题是建立在一步问题基础之上的，学生只有对一步实际问题中的数量关系准确把握，整体认知，才能为解决两步实际问题时分析较复杂的数量关系奠定基础。另外，根据实际教学的情况发现在进行第三种和第四种数量关系的梳理时，可以再放手些，给学生更多的空间自己进行对比分析和梳理，能够更加充分地锻炼学生分析问题、提炼总结的能力。

另外，在教学内容的设计和呈现方式上：几何直观可以把复杂的数学问题变得简明、形象，帮助学生直观地理解数学。因此我借助线段图帮助学生建立对数量关系的全面认识，既体现了数学的简洁，又让学生易懂易观察。通过课堂教学，我发现学生不仅能够根据四组线段图来梳理各组中的三量关系，还能通过观察进行横向、纵向的比较，发现其中的联系，进一步巩固了几种数量关系。由此可见，利用几何直观可以很好地进行数学问题的探究。

《两步解决问题的复习课》

刘　欢　任江晶

整合内容：两步解决问题的复习课和多步解决问题的结构。

课时安排：1 课时。

整合理由：

1. 学情分析

学生已经掌握了两步解决问题的结构，并且能够熟练地解决两步问题。

2. 教材分析

本节课的教学内容安排在两步解决问题的新授课之后、多步解决问题内容之前。教材中并没有一个这样的专属内容，为了让学生能够很好地了解并掌握两步解决问题的结构，重在了解结构的基础上合理地分析数量之间的关系、问题与已知信息之间的关系，为学生后续学习多步解决问题打下基础。

3. 能力提升

学科素养：培养了学生的应用意识。

数学思想：建模思想。

学习能力：培养学生发现问题、提出问题、分析问题、解决问题的能力。

一、教学实施

（一）教学目标

（1）进一步巩固数量关系和解决问题的分析方法，能够综合运用这些方法解决实际问题。

（2）在解决实际问题的过程中，培养和提高学生分析问题、解决问题的能力。

（3）感受数学与生活的紧密联系。

（二）教学重点及难点

重点：综合运用解决问题的分析方法，解决实际问题。

难点：重在解决问题的结构训练、分析数量关系。

（三）教学流程

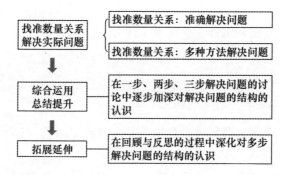

二、教学过程

（一）找准数量关系、解决实际问题

1. 找准数量关系：准确解决问题

（1）出示情境。

师：今天老师给大家带来一位新朋友——小月。她特别喜欢去游乐园玩，你们喜欢吗？你们喜欢玩什么项目？小月最喜欢玩激流勇进。我们都知道玩这个项目需要一个装备，是什么？下面我们就来看看在买雨衣的过程中发生了什么。

课件出示买雨衣的情境：

（2）提取信息。

师：从刚才的情境中，你知道了哪些和数学有关的信息？

预设学生：①带了 20 元钱；②正好可以买 2 件红色雨衣；③蓝色雨衣每件 4 元。

（3）提出问题。

师：你能用这些信息提出什么问题吗？

预设学生：

①每件红色雨衣和每件蓝色雨衣一共多少钱？

②买蓝色雨衣可以比买红色雨衣多买几件？

师：解决这个问题，需要几步？

生：两步。

师：今天这节课，我们就继续来研究两步解决问题。（板书课题：两步解决问题）

（4）分析问题、列式计算。

师：同学们，你可以从这两个问题中，选择一个来解答。想好思路之后，写在学习单上。

（5）反馈。

反馈第一个问题：

①一名学生反馈思路和列式计算检验的过程。

②老师板书枝形图，同时分析解题思路。

师：同学们，刚才谁听明白他第一步求的是什么呀？

生：红雨衣每件几元。（老师板书）

师：他用了哪两个信息？

生：小月带了 20 元钱，正好买 2 件红色雨衣。（老师板书）

师：然后呢？

生：再用蓝雨衣每件 4 元，求出最后的问题。（老师板书）

③反馈从问题入手的方法。

师：关于这个问题，你们还有没有不同的想法？

预设学生：还可以从问题入手分析。

师：那你先求的是什么问题？用的是那些信息啊？

生：红色雨衣每件几元，用的是①②这两个信息。

师：不论是从信息入手，还是从问题入手，它们都是先求出红雨衣每件几元，用到了①和②这两个信息。

师：那我要是从②③这两个信息入手行不行？

师小结：看来②③这两个信息还真是没有直接关系。

师：那我要从①③两个信息入手行不行？

师小结：看来①③这两个信息虽然也有关系，但是并不能帮助我们直接解决最终的问题。

反馈第二个问题：

师：刚才我们解决了第一个问题，现在我们再一起来看看第二个问题。谁来说说你的想法？

（学生反馈，教师板书）

（6）教师小结。

师：现在，咱们一起来回顾一下。刚才在解决第一个问题的时候，从①②这两个信息入手，我们就解决了。而从①③这两个信息入手，我们就遇到了困难。而第二个问题，恰恰从①③这两个信息入手，就能够解决。看来我们在分析问题的时候，一定要根据问题，找到与它相关的信息，这样才能正确的解决问题。

2. 找准数量关系，多种方法解决问题

（1）提取信息。

师：玩完激流勇进之后，小月要去买水，我们来看看发生了什么？

师：从这个情境中，你知道了什么？

（2）独立完成。

师：下面，我们一起来帮她解决这个问题。想好之后，写在学习单上。

（3）反馈。

学生反馈第一种方法：

①一名学生反馈思路和列式计算检验的过程。

②老师板书枝形图，同时分析解题思路。

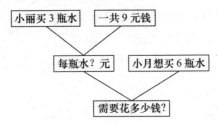

学生反馈第二种方法：

①一名学生反馈思路和列式计算检验的过程。

②老师板书枝形图，同时分析解题思路。

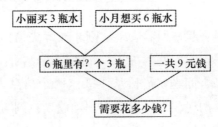

对比两种方法：

师：下面我们回过头来看看这两种方法，你觉得有什么不同的地方吗？

教师小结：就像同学们说的那样，这种方法我们是先求出每瓶水几元，找的是 3 瓶和 9 元之间的关系；而这种方法，我们先求的是 6 瓶里有几个 3 瓶，找的是 3 瓶和 6 瓶之间的关系。看来，我们在分析问题的时候，可以从不同的角度去考虑，从而找到解决问题的多种方法。

（二）综合运用、拓展提升

1. 学生编题

师：喝完水之后，我们来看看小月又玩了哪些项目。（课件一张一张的出示：过山车、海盗船、旋转木马、摩天轮、太阳神车）

师：老师这儿有一些信息和它们有关系，我们来看看。

信息：
①过山车坐了 20 人
②过山车每排坐 4 人，坐了 5 排游客
③摩天轮比过山车多坐了 7 人
④海盗船比过山车多坐了 3 人
⑤海盗船比旋转木马少坐了 6 人

问题：
①海盗船上坐了多少人？
②摩天轮和过山车一共坐了多少人？
③太阳神车上坐了多少人？

师：下面请你从里面选择信息和问题，来编题。（小组编题、列式计算。）

2. 反馈

（1）反馈 A：海盗船上坐了多少人？

一步题：①④ + A。

学生反馈自己的想法。教师配合学生，课件演示枝形图和算式进行分析。

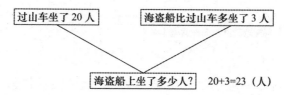

两步题：②④ + A。

学生反馈自己的想法。教师配合学生，课件演示枝形图和算式进行分析。

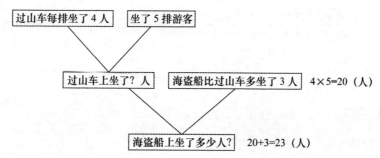

对比一步和两步解决问题：

师：我们来看看刚才这两组同学编的题，有什么不同的地方吗？

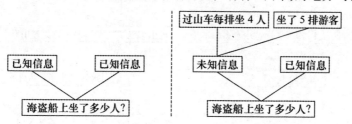

师小结：就像同学们说的那样，两个信息都直接给我们了，一步就能解决；如果这两个信息中有一个信息没有直接给我们，就得先求出它，就需要两步来解决了。

（2）反馈 B：摩天轮和过山车一共坐了多少人？

两步题：①③ + B。

学生反馈自己的想法。教师配合学生，课件演示枝形图和算式进行分析。

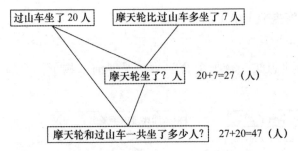

三步题：②③ + B。

学生反馈自己的想法。教师配合学生，课件演示枝形图和算式进行分析。

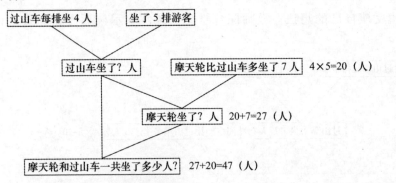

对比两步和三步的解决问题：

师：这两道题有什么不同吗？

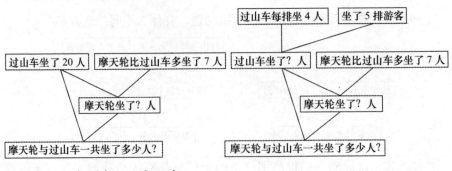

生：一个两步、一个三步。

师：为什么呀？

师：就像你们说的那样，因为又有一个已知的信息变成未知的了。

（3）反馈C：太阳神车上坐了多少人？

师：刚才有没有人用这个问题编出题来？

预设学生：没有，因为没有和太阳神车有关的信息。

三、拓展延伸

师：刚才同学们编出了一步题、两步题和三步题，我们一起来回顾一下。（课件演示演变过程）

（出示一步题）师：这是几步的？

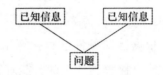

（出示两步题）师：这回呢？为什么变成两步了？

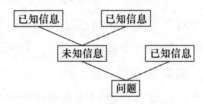

（出示三步题）师：注意了啊！这回呢？

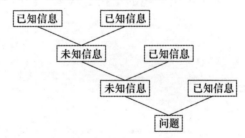

师：那你们想想四步、五步会是什么样啊？这个问题留给同学们课下去思考。

（一）板书设计

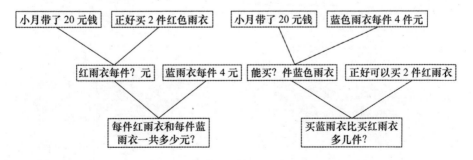

（二）整合后的教学效果反思

解决实际问题是小学数学教学的重要内容，是培养学生初步的逻辑思维能力、发展应用意识、提高解决问题能力的重要载体，也是一个难点。而两步解决问题在解决问题教学中占有重要地位。两步解决问题是学习多步复合解决问题的过渡阶段，只有学好两步解决问题，才会为以后学习多步复合解决问题打下基础。因此，在具体教学中，重在了解结构的基础上合理地分析数量之间的关系、问题与已知信息之间的关系，为学生后续学习多步解决问题打下基础。

在两步解决问题中，根据已知条件能直接算出所要解答的问题吗？不能。那么，根据已知条件能直接解答什么呢？能解答的是隐藏的中间问题。因此，本节课引导学生在游乐园这个大情境下，发展他们发现问题、提出问题、分析问题和解决问题的能力。在此过程中，引导学生认真分析信息之间的关系，通过分析数量关系准确解决问题，并能够通过分析不同信息之间的关系，找到解决问题的多种方法。然后，让学生在一步、两步、三步解决问题的讨论中逐步加深对解决问题的结构的认识。最后，在回顾与反思的过程中深化对多步解决问题的结构的认识。这样，就打通了解决问题的分析方法。

《解决问题》

高明一　周　霞

整合内容：沟通一步解决问题和多步解决问题之间的关系，了解两步解决问题的结构。

课时安排：1 课时。

整合理由：

1. 学情分析

学生已经学习过 11 种类型的一步解决问题（部分＋部分＝整体；整体－部分＝部分；较小数＋差＝较大数；较大数－差＝较小数；较大数－较小数＝差；每份数×份数＝总数；总数÷每份数＝份数；总数÷份数＝每份数；一倍数×倍数＝多倍数；多倍数÷一倍数＝倍数；多倍数÷倍数＝一倍数），能够利用两个相关信息解决一个问题，知道解决一个问题需要两个相关信息，会解决简单的两步问题，但是对于一步问题和多步问题的区别以及多步问题的结构并不了解。

本节课就是通过帮助学生了解多步解决问题与一步解决问题的区别和联系，让学生通过分析已知信息之间的关系以及已知信息和问题之间的关系，进而让学生认识多步解决问题的结构。

2. 教材分析

教材在编排解决问题的类型时，是与学生学习四则运算同步展开的。一年级学生主要学习加减运算，所以解决问题以"部分－整体"和"大小关系"为主。二年级学生学习了乘除运算，解决问题围绕"份总关系"展开。到了三年级上册，学生学习了"倍的认识"后，即完成了 11 种类型的一步解决问题的学习。

二年级下册教材编排了一道两步解决问题的例题，使学生能够借助具体、特定的情境进行分析和解决，但是对这类问题的结构和分析方法却不了解。因此，本节课通过让学生参与情境的改编，在一步解决问题的基础上自主创设出更多丰富的多步解决问题的情境，并且使学生分别从问题或已知信息入手去了解已知信息之间的关系以及已知信息和问题之间的关系。

3. 能力提升

学科素养：数学建模、分析推理能力。

数学思想：转化。

学习能力：发现问题、提出问题、分析问题、解决问题。

一、教学实施

（一）教学目标

（1）通过把一步解决问题转化成两步解决问题，对比一步和两步之间的区别与联系，使学生掌握两步解决问题的结构。

（2）在具体情境中，培养学生发现问题、提出问题、分析问题与解决问题的能力。在这个过程中培养学生的语言表达能力。

（3）在发展一步解决问题到两步解决问题的过程中，渗透"转化"的数学思想。

（二）教学重点及难点

重点：使学生掌握两步解决问题的结构。

难点：培养学生发现问题与提出问题的能力。

（三）教学流程

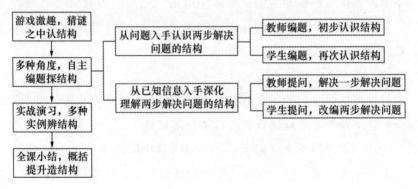

二、教学过程

（一）游戏激趣，猜谜之中认结构

出示课题：解决问题（板书课题：解决问题）。

小游戏：猜高老师的年龄。

板条出示：小刚今年 8 岁。高老师的年龄是小刚的 3 倍。

师小结：（板书：关系）解决问题时，必须要用到两个相关的信息，并且这两个信息也要和问题相关才行。

思考：解决求高老师年龄的这个问题，都用到了哪些信息？

（二）多种角度，自主编题探结构

1. 从问题入手认识两步解决问题的结构

（1）教师编题，初步认识结构。

板条出示：高老师今年几岁？高老师的年龄是小刚的 3 倍。

请学生求高老师的年龄并说明理由。

板条出示：小刚比弟弟大 6 岁。

请学生求高老师的年龄并说明理由。

板条出示：弟弟 2 岁。

小结：当小刚的年龄没有直接给出的时候，需要用两个相关条件先求小刚的年龄，再求高老师的年龄。

（2）学生编题，再次认识结构。

活动：请学生自己想两个相关条件，用这两个条件也能够算出小刚今年 8 岁。

汇报：

生 1：哥哥 10 岁，小刚比哥哥小 2 岁（师简写板条）。

生 2：小刚的爸爸今年 40 岁，爸爸的年龄是小刚的 5 倍（师简写板条）。

请学生分别完整的读一读所有已知信息，并说一说怎样解决这个问题，用了几步，为什么？

讨论：

①刚才替换条件之后的这三道题，要想求高老师的年龄，都需要几步？为什么？

②同样都是求高老师的年龄，为什么原题一步就能解决，改变后的题两步才能解决？

小结：解决高老师的年龄问题，需要知道小刚的年龄和高老师的年龄是小刚的 3 倍。当这两个相关信息都知道时，一步就可以解决；只知道高老师的年龄是小刚的 3 倍而不知道小刚年龄，我们就要利用其他相关条件先求小刚的年龄，再求高老师的年龄。

2. 从已知信息入手理解两步解决问题的结构

（1）教师提问，解决一步解决问题。

多媒体出示：小红有 4 块糖，小明比小红多 8 块。

问：通过这两个信息，可以直接求出什么？

（2）学生提问，改编两步解决问题。

多媒体出示：小红有 4 块糖，小明比小红多 8 块。

活动：两个条件不变，请提出一个新的问题。要求：解决这个问题需要两步计算。

学生先独立思考，再和同桌交流。

汇报：

生 1：小红和小明一共有多少块糖？

生 2：小明的糖数是小红的几倍？

请学生说一说：解决这个问题需要几步，为什么？

讨论：

①回顾刚才的过程，条件不变，都是"小红有 4 块糖""小明比小红多 8 块"。为什么求小明的糖数是一步计算，后两题是两步计算？

②比较猜年龄和求糖数两个情景的改编题，为什么这些题都需要两步计算才能解决？

小结：因为这些两步题都是需要的条件里面有一个是不知道的，所以都要先求它，再求最终的问题。

三、实战演习，多种实例辨结构

出示：动物园里有 6 只兔子，＿＿＿＿＿＿，小鹿比兔子多多少只？

活动建议：

（1）独立补充条件。

（2）2 人交换学习单，列式计算。

出示学生成果：先读题，再检查算式，指名学生上来分类并说明理由。

四、全课小结，概括提升造结构

请学生回顾课上内容，思考：什么情况下一步解决？什么情况下需要两步？

小结：通过今天的学习，我们不难发现：解决任何一个问题（贴 2 个板条：问题）都需要两个相关条件。当这两个相关条件都已知（贴 2 个板条：已知）的时候，一步就能解决。当其中有一个条件不知道（贴板条：已知，不知道）的时候，就需要用和它相关的另外两个已知条件（贴 2 个板条：已知）先求出这个不知道，再解决最终的问题，所以需要两步。

思考：如果这个已知条件也不知道了，怎么办？这时候就变成几步了？

小结：无论是几步，只要找到能解决一个问题的两个已知条件，就能求出这个问题，进而根据情况解决其他的相关问题。

（一）板书设计

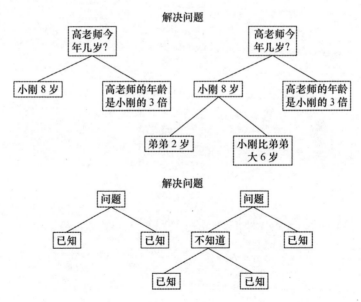

（二）整合后的教学效果反思

1. 体现学生主体

本节课学生的主体地位贯穿始终。教师搭设大的框架，学生根据已有经验（即 11 种一步解决问题）自主进行两步解决问题情境的创设与探究。这样更有助于学生站在更高的角度深化认识两步解决问题的结构，真正地成为学习的主人。

2. 掌握学习方法

本节课的意义在于让学生通过对一步与两步解决问题进行情境内与情境间的层层对比，学会把多步解决问题"转化"成一步解决问题，发现知识间的联系，让学生在今后的学习中善于对有联系的知识进行概括总结与反思，逐渐学会透过现象看本质。

3. 提升教师素质

本节课也提示教师在日常教学过程中需要"瞻前顾后"——站在整体的角度去思考每一节课的教学，潜移默化地渗透如"转化"等数学思想，帮助学生建立数学学习中的基础模型，对知识及时地进行横向与纵向的梳理，以身作则去培养学生及时总结与反思的学习习惯。

《三量关系》

王竹新　侯　琳

整合内容：人教版四上第四单元单价×数量＝总价；速度×时间＝路程两组数量关系的整合。

课时安排：1 课时。

整合理由：

1. 学情分析

学生在二年级时学习乘法，初步学习了乘法意义，即求几个几的运算，并且运用过"每份数×份数＝总数"这样的乘法模型解决问题，只不过在不同的情境中都叫它每份数、份数与总数，没有针对不同情境给出不同的专用名词。学生对单价、数量、总价并不陌生，只是这三个概念还没有提炼概括，在已有的生活实践中，也经历了初步感知路程、时间、速度的生活经验，知道它们之间存在的一定关系。这些知识、能力及经验为学生学习本节课的内容，提供了前提条件。

2. 教材分析

本节课教学的"单价、数量与总价，路程、时间与速度"两组三量关系都是在学生二年级时"每份数×份数＝总数"的基础之上进行不同情境不同名词的提炼，其实学生在二年级理解乘法意义，学习乘法口诀的过程中编排了大量这样的实际问题，只是在这一学习阶段，用一种数学的表达方式来再次认知。常见的数量关系是人们对于客观世界中复杂的数量关系的概括和总结，具有高度的抽象性、严密的逻辑性和广泛的应用性。教材编排注重了从学生生活实际出发，由常见的购物和汽车、自行车的行驶引入教学，在解决具体生活问题过程中概括总结抽取"单价×数量＝总价""路程＝速度×时间"的关系式，安排解决实际问题的练习，符合学生的基本认知规律。学习"三量关系"这一知识，既是培养学生分析问题和解决问题能力、提高数学思维水平的需要，也是学生进一步学习和解决生活实际问题的需要。同时，在学习过程中让学生体会模型思想，感受在特定的情境中可以怎样用数学的语言和方式进行表达。

3. 能力提升

学科素养：整合后的教学把学生之前学习过的"每份数×份数＝总数"与本学期的新知识"单价×数量＝总价""速度×时间＝路程"相结合，让学生从整体的角度去学习购物中与行程中的数量关系，有助于学生构建数学模型，对"单价""速度"的认识更深刻，同时体会到数学模型的作用和价值。两组数量关系的数学本质其实就是乘法模型。

数学思想：在整合之后的教学中，一方面学生对于以往常出现的教学难点"速度"的理解更加自然、深刻，另一方面从整体把握教材的角度上进行教学内容的纵向融合，结合以往的学习经验，有助于培养学生的模型思想。

学习能力：整合后的教学中，从学生熟悉的份总关系入手，从学生自己赋予的生活情境入手，提高学生发现问题、分析问题的能力，让学生在具体熟悉的生活情境中了解常见的数量关系，学生的学习兴趣更加浓厚。构建知识间的联系，培养学生的知识迁移能力。

一、教学实施

（一）教学目标

（1）结合具体的生活情境，通过自主探索，合作交流，理解单价、速度的含义，掌握"单价×数量＝总价""速度×时间＝路程"这两种数量关系，并能灵活运用。

（2）经历常见的数量关系建模的过程，勾连"每份数×份数＝总数"模型本质，体会模型思想。

（3）体会数学与生活的密切联系，积累数学经验，感悟数学模型的简捷与方便，培养数学学习兴趣。

（二）教学重点及难点

重点：掌握常见的数量关系，理解单价与速度，能够灵活运用数学模型解决问题。

难点：感受数量关系之间的内在联系，体会模型思想。

（三）教学流程

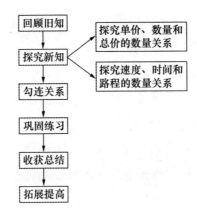

二、教学过程

（一）回顾旧知

（1）出示问题：每件衬衫要 9 个扣子，6 件这样的衬衫共用多少个扣子？

学生列式解答：$9 \times 6 = 54$（件），6 件这样的衬衫共用 54 个扣子。

师：你为什么这样计算？

生：因为每一件是 9 个扣子，有这样的 6 件，就是求 6 个 9，所以用 $9 \times 6 = 54$（件）。

（2）引出旧知：每份数 × 份数 = 总数。

师：我们在二年级时遇到类似的数学问题，是用 "每份数 × 份数 = 总数" 这样的数量关系解决的，你能再给它赋予一个生活中的情景吗？把你想的，编成一道我们需要解决的问题写在纸上，并列式解答。

（3）教师巡视，收集学生编题，于黑板上展示。（5 道）

（4）共同判断是否符合 "每份数 × 份数 = 总数" 的数量关系。

【设计意图】在复习二年级时学习的 "每份数 × 份数 = 总数" 的模型之后，以此为起点，教师给学生时间，自己赋予模型生活情境，鼓励学生联系日常生活，把生活与数学相结合。从内容和方法上，让学生在教师设置的问题中，思考、动笔。

（二）探究新知

1. 探究单价、数量、总价的数量关系

从刚才学生展示的 5 道题里找到说的是同一个情境的问题。

师：同学们看看，咱们黑板上展示的 5 道题里面有没有相同的情境？

生：都是购物的情境。

师：看来在购物这样的情境中也有这样的关系。在这里，我们还有一个特殊的名字来称呼它们，你知道是什么吗？

生：单价、数量、总价。

师：那你能解释一下什么是单价、数量、总价吗？

生：每一件物品的价格就是单价，购买了几个就是数量，一共花的钱数就是总价。

师：你能再举个例子描述一下单价吗？

生：一个水杯 40 元；一件上衣 280 元。

师：那这三个量之间有怎样的关系呢？

生：单价 × 数量 = 总价。

结语：看来在购物这一种情境中，确实存在着这样的数量关系。

2. 探究速度、时间、路程的数量关系

师：除了在购物情境中有这样的数量关系，其他情境中还有没有这样的数量关系，而且也有这样自己的名称？请同学们先独立思想，有想法了和小组同学讨论一下，把你们编的题写在纸上。

师：学生把题目贴到黑板上（3 道），请你给同学们介绍介绍，你是用什么样的数量关系呈现的？

师：刚才这些同学介绍的题目中的共同点是什么？

生：都有每小时走的路程，每分钟走的路程，每一秒走的路程。

师：这些信息分别还有一个专业名词，你知道是什么吗？

生：速度，时间，路程。

师：什么是速度？你能再举个生活中的例子吗？

生：每分钟骑行 220 米；汽车每小时行驶 80 千米。

师：那这三者间有怎样的数量关系呢？

关系式：速度×时间=路程。

小结：像这样的行程问题中也有这样的数量关系。

【设计意图】通过购物情境的学习迁移到行程问题，采用小组合作的方式，先让学生进行生生之间的自主交流、编题，进行探究。鼓励学生合作探究，在合作中学会学习，在交流中习得知识。

（三）勾连关系

师：我们谈论了购物中的数量关系和行程问题中的数量关系，这和我们以前学过的每份数、份数、总数有什么联系吗？

生：有关系，单价和速度对应的就是每份数，表示的是一份的量；数量和时间对应的是份数，表示有多少；总价和路程对应的是总数。

师：我们已经知道了总价和路程怎样求，那购物的数量关系中的单价怎么求、数量怎么求？在行程的数量关系中速度怎么求、时间怎么求？

生：单价=总价÷数量；数量=总价÷单价；

速度=路程÷时间；时间=路程÷速度。

【设计意图】在最初的乘法模型基础上，通过不同情境中数量关系的总结，又得出购物中的数量关系和行程中的数量关系，之后再让学生将这两个新学的知识与乘法模型进行勾连，会让学生更加清晰单价与速度的概念，也让学生的思考更加有深度、有意义。

（四）巩固练习

（1）张叔叔健步走，2 小时走了 16 千米，"神舟十号"飞船在太空中 5 秒飞了 40 千米。张叔叔和神舟飞船的速度一样快？

（2）你见过这个标志吗？你知道它是什么意思吗？

有这个标志的路共长 140 千米，张叔叔驾车花了 2 小时开完这一路段。他超速了吗？你想对张叔叔说些什么？

【设计意图】在课堂教学实施过程中，要做到举一反三、融会贯通、学以致用，要通过相互关联的教学环节的设置，实施课堂教学。基于学生对二年级乘法模型的认识与学习，设置几个有趣的生活实际中的练习题，让学生把学过的知识和生活联系，感受数学与生活的联系，同时通过"他超速了吗？你想对张叔叔说些什么？"对学生进行安全教育，真正做到教育在平时。

（五）收获与总结

通过今天的学习，你有什么收获吗？有什么想和同学们分享的吗？

师：我们今天研究的数量关系都源于最初的"每份数×份数＝总数"的认识，所有的知识体系都是相通的，有联系的，只不过说法不一样，但所表示的三量关系还是有共同点的。

三、拓展提高

李叔叔每小时能够加工零件 20 个，一天工作 8 小时，他能加工多少个零件呢？

（1）解答。解释一下你的算式。

（2）和今天学习的有关系吗？

师：像这样的工程问题，其实也可以用今天的知识解答，只不过它也有它自己的名称，有兴趣的同学可以课下自己去研究。

【设计意图】通过拓展提高这一部分的问题，让学生在解决问题的同时拓展对数量关系的学习，对后续学习做了铺垫。

（一）板书设计

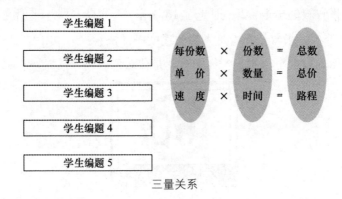

三量关系

（二）整合后的教学效果反思

1. 在解决问题中抽象概括建立模型

史宁中教授认为："数学的本质是在认识数量的同时认识数量之间的关

系。"事实上，如果我们从建模的角度看这两组数量关系，它们都属于"乘法模型"，也就是"每份数×份数=总数"关系的具体化。通过调动学生已有的知识经验以及新知识，让学生总结出在购物问题中有"单价×数量=总价"的数量关系，行程问题中有"速度×时间=路程"的数量关系，通过已有经验的贯通与再次勾连，让学生更加透彻地理解单价、速度的含义。

2. 在实际应用中感悟模型思想

学生建立模型的目的之一就是根据模型解决实际问题，并尝试用结果去解释它在现实问题中的意义。在巩固练习环节，通过生动有趣的小练习，加强学生对购物问题及行程问题数量关系的应用，更加深刻地感悟模型思想。与此同时，通过限速标志牌的认识与练习，对学生进行了思想教育，体现了数学学科的立德树人目的。

在拓展提高环节，引导学生应用所建构的数学模型解决简单的实际问题，这有助于学生巩固所建构的数学模型，向学生渗透"工作总量=工作时间×工作效率"的数量关系的过程就是帮助学生拓展模型的过程，有助于学生了解相似数量关系在数学学习中有很多，需要自己及时总结、举一反三，才能达到灵活应用数学模型的目的，才能更好地解决问题。

3. 从整体把握的视角构建知识之间的联系

本节课的学习起点是每份数、份数、总数这三量之间的关系，但是单价、数量、总价，速度、时间、路程这两组数量关系的本质就是乘法模型。把两组数量关系和乘法模型相勾连，让学生的认知回归到数学本质，回归到原点。这也是整体把握教材，帮助学生勾连知识之间的联系，让学生的学习不再是断开的，而是长链条的。

《两位数加整十数、一位数》

罗一萍　王　丹

整合内容：人教版一年级下册第六单元"两位数加整十数""两位数加一位数（不进位、进位）"、部分简单竖式笔算。

课时安排：1课时。

整合理由：

1. 学情分析

本节课内容是在学生已经系统掌握了20以内数的加、减法，100以内数的组成、读写和数位知识，整十数加、减整十数的基础上进行教学的。本节课内容比较枯燥、抽象，面对一年级孩子注意力不能长时间集中的特点，如何将孩子的具体形象思维向数学的抽象逻辑思维有机过渡，是本节课的重点。大部分孩子已经具备口算两位数加整十数、一位数（不进位）的能力，不过大多只是运算方法上的知晓，对于算理却不甚明了。所以本节课有意将两位数加整十数、一位数（不进位、进位）进行整合，目的是打通算理、熟练算法。

2. 教材分析

两位数加整十数和两位数加一位数是一年级下册第六单元的内容。本节课承接了一年级的学习基础：两位数加一位数（不进位）的基础是整十数加一位数和10以内的加法，两位数加整十数的基础是整十数加整十数和整十数加一位数，而这些内容在之前已学习过。两位数加一位数（进位）的基础是20以内数的加法和两位数加整十数。

新课标中指出，学生在运算能力方面需要"掌握必要的运算技能，能准确进行运算"。而要实现"掌握"的目标层级，必须要以"理解"为基础。正如核心概念"运算能力"含义中所指，运算能力不仅仅要求会算和算正确，还包括对于运算的本身要有理解。因此，学生不仅仅要掌握如何进行计算，而且要知道相应的算理。也就是说，数学中既要重视计算方法的探索，又要重视对算理的理解。所以，这节课将几部分内容整合起来，着重解决相同计数单位相加的问题，它也是后面学习两位数加两位数的基础。

3. 能力提升

学科素养：数学抽象、数学建模、数学运算。

数学思想：比较思想、符号化思想、数形结合思想。

学习能力：运算能力、抽象能力、概括能力。

一、教学实施

（一）教学目标

（1）借助学具小棒、计数器，使学生理解两位数加一位数、整十数加法口算的算理，掌握算法，初步渗透笔算的算理，感受位值制，能选择喜爱的方式正确计算。

（2）在操作学具、观察思考的活动中，沟通多种表征之间的联系，进一步帮助学生理解"相同数位上的数相加""个位满十向十位进 1"的道理，并能用数学语言表达计算过程，培养学生的运算能力和几何直观，发展数感。

（3）在解决问题的过程中，感悟事物之间普遍联系的观点，培养学生良好的计算品质。引导学生观察对比，发现旧知识的联系，渗透转化的数学思想方法。

（二）教学重点与难点

重点：掌握两位数加一位数、整十数的口算方法，并能正确计算。

难点：理解"相同数位上的数相加""个位满十，向十位进 1"的算理。

（三）教学流程

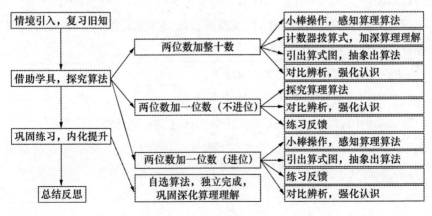

二、教学过程

（一）情境引入，复习旧知

小松鼠有好多解决不了的问题，你们愿意帮它解决一下吗？

出示图：

问题：一共多少个松果？

预设：$20 + 20 = 40$。

追问：怎么算的？

预设：2个十加2个十是4个十。

【设计意图】复习旧知，回顾整十数加整十数的算法，为学习新知做准备。

（二）借助学具，探究算法

1. 探究两位数加整十数算理算法

出示算式：$25 + 20$，变成两位数加整十数了，怎么算？

学生尝试用写一写、画一画等方式计算，有困难的同学借助小棒摆一摆。

分层汇报：

（1）小棒操作，感知算理算法。学生用小棒教具展示摆 $25 + 20$ 的计算过程。

教师提问：先摆的什么和什么相加？再摆的什么？

（2）计数器拨算式，加深算理理解。教师出示计数器，学生尝试用计数器教具拨算式 $25 + 20$。

提问：为什么在十位上添2颗珠子？

（3）引出口算过程算式图，抽象出算法。

展示学生的口算过程算式图，让学生自己说一说计算过程。

追问：先算 20 + 20，这 20 + 20 在小棒图里有吗？计数器上有吗？

学生共同说 25 + 20 的计算方法（先算 20 + 20 = 40，再算 40 + 5 = 45），教师板书算式图。

【设计意图】让学生独立进行算法探究，组织学生进行多种表征形式的算法交流汇报，引导学生发现小棒图、计数器、算式图三者之间的内在联系，激发学生的学习积极性和主动性，培养学生的思维灵活性。

（4）对比辨析，强化认识。出示 20 + 20 和 25 + 20 两个算式，这两道题在算的时候有什么区别？

【设计意图】通过对比辨析，让学生明确在计算两位数加整十数时，除了要先计算几个十加几个十，还要再加几个一。

2. 探究两位数加一位数（不进位）算理算法

（1）探究两位数加一位数（不进位）算理算法。

出示算式：25 + 2，变成两位数加一位数了，怎么算？

预设 1：接着数，26、27。

预设 2：先算 2 + 5 = 7，再算 20 + 7 = 27。

学生分别展示用小棒教具摆、用计数器拨 25 + 2 的计算过程。

提问：他在哪一位上添了 2 颗珠子？为什么？

学生共同说 25 + 2 的计算方法（先算 2 + 5 = 7，再算 20 + 7 = 27），教师板书算式图。

（2）对比辨析，强化认识。

对比算式图，提问：25 + 20 和 25 + 2 在计算方法上有什么不同？

对比计数器图：

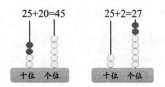

提问：看到这两个算式和这两个计数器，你有什么想说的？

引导学生总结出：个位上的数加个位上的数，十位上的数加十位上的数，并板书。

【设计意图】通过算式图及计数器图的对比，让学生直观感受到必须要十位上的数加十位上的数、个位上的数加个位上的数。

（3）练习反馈。

出示练习题：23 + 4、42 + 30。学生抢答，并说明算法。

3. 探究两位数加一位数（进位）算理算法

出示算式：25 + 8，怎么算？

学生尝试用写一写、画一画等方式计算，有困难的同学借助小棒摆一摆。

分层汇报：

（1）小棒操作，感知算理算法。学生用小棒教具展示摆 25 + 8 的计算过程。摆的过程中，教师提问：满十要干什么？

预设：满十打捆。

追问：这 1 捆应该和谁放在一起？为什么？

（2）引出口算过程算式图，抽象出算法。展示学生的口算过程算式图。

提问：你是怎么计算的？

预设：先算 5 + 8 = 13，再算 20 + 13 = 33。

学生共同说 25 + 8 的计算方法，教师板书算式图。

（3）练习反馈。出示练习题：37 + 9，学生讨论交流，汇报算法。

（4）对比辨析，强化认识。出示 25 + 2 和 25 + 8 的动态小棒图。

提问：都是 25 加一位数，为什么结果一个是二十几，一个是三十几？

引导学生总结出：个位满十向十位进 1，并板书。

【设计意图】通过两位数加一位数（不进位）与两位数加一位数（进位）之间的小棒图对比辨析，让学生直观感受到"满十打捆"，10 个一等于 1 个十，从而归纳出：个位满十向十位进 1。

揭示课题：今天我们学的是两位数加整十数、一位数（板书）。

提问：25 + 20、25 + 2、25 + 8 这三个算式在计算时有什么不同？

预设：两位数加整十数先算几个十加几个十，也就是十位上的数加十位上的数；两位数加一位数先算几个一加几个一，也就是个位上的数加个位上的数。

追问：个位上的数加个位上的数、十位上的数加十位上的数，谁能用一句话概括出来？

引导学生归纳出：相同数位上的数相加（板书）。

【设计意图】通过 3 个算式的对比，让学生进一步总结归纳出：相同数位上的数相加。

4. 拓展延伸，竖式笔算

结合小棒图和动态计数器图，演示竖式书写过程，让学生初步了解竖式笔算方法。

【设计意图】结合小棒图和计数器操作演变出竖式笔算，让学生初步了解竖式笔算也是将相同数位上的数相加，为二年级的学习埋下伏笔。

（三）巩固练习，内化提升

用你自己喜欢的方式算一算（学习单）。

3＋46＝□   46＋30＝□   46＋8＝□

【设计意图】通过学生画一画、写一写、摆一摆等多种表征形式，帮助学生巩固深化理解两位数加整十数、一位数的算理，熟练掌握算法。

三、总结反思

通过今天的学习，你有什么收获？

（一）板书设计

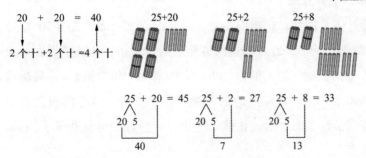

（二）整合后的教学效果反思

1. 注重算理、构建联系

教材原设计上是将两位数加整十数和两位数加一位数（不进位）用一课时完成，使学生能够理解领悟"相同数位上的数才能直接相加"；之后，再用一课时的时间学习两位数加一位数（进位），使学生体会算法的多样化。而本节课我们把这两课时的内容整合到一课时完成，因为它们的算理都是"相同的计数单位相加"。不仅如此，学生今后要学习的竖式、二年级万以内数的加减法、三年级简单的分数加减法、四年级小数加减法、五年级同分母异分母分数加减法等，都是遵循着同一算理——相同数位上的数相加。所以，这样的整合试图把学生对于"数的运算"这部分内容的知识脉络打通，构建知识之间的联系，使学生更易于理解知识的本质内涵。而对于算法的多样化，会安排在第二课时，通过练习进一步让孩子们体会学习。

2. 多元表征、沟通联系

本节课教师通过三个手段：直观性的小棒、体现位值制的计数器、抽象符号化的算式图，让学生经历了由直观到半直观半抽象，再到完全抽象的过程，再通过一些巧妙的设问，如先组合什么、先拨什么、先算什么，让学生理解"相同数位上的数相加"这一算理，关注了学生的高阶思维。

3. 巧设题目、理解算理

在题目设计方面，没有完全采用书上的例题，而是进行了细微的修改，将题目设计为：$20+20$、$25+20$、$25+2$、$25+8$，从复习旧知到引入新知，将知识点更自然地衔接起来，使知识点之间的递进切换更易于实现。并且在每一层采用不同的探究形式，用不同的表征方式理解算理。

4. 对比辨析、抽离算理

本节课上设计了多次的对比辨析环节，$20+20$ 与 $25+20$，$25+20$ 与 $25+2$，再到 $25+2$ 与 $25+8$，最后到这四道题的对比辨析，让孩子们在对比中先发现"个位上的数加个位上的数、十位上的数加十位上的数"，最后再通过对比辨析抽离出"相同数位上的数相加"这一算理。这样的对比辨析就好像给学生搭建了许多的台阶，让孩子一步一步很轻松地就获得了知识，突破了学习的难点。

《进位加法》

侯宇菲　焦正洁

整合内容：人教版数学一年级下册第六单元"两位数加一位数进位加法"和人教版数学三年级上册第一单元"两位数加两位数进位加法"。

课时安排：1课时。

整合理由：

1. 学情分析

一年级上学期学生已经熟练掌握了 20 以内以的进位加法，本学期又学习了整十数加两位数，二者是学生学习本单元的知识基础。学生在学习以上知识时，已经具备了用多种方法研究计算方法的经验和能力，尤其是使用画图来解释计算道理，这些方法和能力依然能够延续到本单元的学习中。

2. 教材分析

本节课的内容是 100 以内两位数加一位数的进位加法，在新授内容后又出现了一道两位数加两位的进位加法，这个内容出现在二年级上册，而且二年级上册要求用竖式计算这样的问题，而三年级上册才会要求口算两位数加两位数的进位加法。之所以这样设计，是因为进位加法的算理是相通的，明白了之后，进行一个小挑战考查学生是否能够将知识融会贯通。

3. 能力提升

学科素养：本节课让学生利用画图来理解算理，当学生把图画出来之后，就是对数学思维的逻辑表达。画图可以化抽象为直观，有图的支撑，计算道理孩子们很容易就能明白。这节课教师的角色就是组织者，学生站到台前结合他的肢体语言、文字、算式等，利用多元表征说出他的计算过程，使原本看不见的思维过程变得可视化。

数学思想："数无形，少直观，形无数，难入微"，利用"数形结合"使计算问题化难为易，化繁为简，理解算理；通过本节课的研究，学生无论是对于两位数加一位数、两位数加两位数，甚至是对更大数的进位加法，已经建立了算法的模型思想。

学习能力：学生对算理的理解其实是贯通的，进位加法的核心概念就是基于"十进制"和"位值制"，哪一个数位上的数相加满十，就向前一位进1。学生通过这节课有了这个意识以后，数变大了是一个道理，再学习的时候就更加轻松，学生的学习能力也会在无形中逐步提升。

一、教学实施

（一）教学目标

（1）学生通过画图理解两位数加一位数、两位数加两位数进位加法的算理，掌握计算方法；培养学生知识的迁移能力。

（2）学生通过画自己理解的图，经历利用多种表征展现自己的思考过程，并在分享交流中明确算理，掌握算法的学习过程。

（3）初步培养学生的画图意识，体会画图的价值，促进学生的思维发展，提高学生的数学素养。

（二）教学重点及难点

重点：明确两位数加一位数、两位数加两位数进位加法的算理，掌握算法。

难点：初步培养画图意识。

（三）教学流程

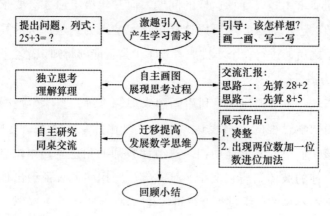

二、教学过程

（一）激趣引入，产生学习需求

这节课侯老师准备带同学们到一个特别好玩的地方，看看这是哪？

咦，雪宝怎么姗姗来迟了？我们听听他是怎么说的。

问题：原本要来 28 位客人，公主又多邀请了 5 位，需要准备多少把椅子？

到底要准备多少把椅子？谁来帮雪宝列个算式？列式：28 + 5。

同学们，你们能帮一帮雪宝吗？下面就请你在白纸上画一画、写一写，让雪宝一看就知道你的计算过程，记得画大一些。

（二）自主画图，展现思考过程

1. 独立绘图，理解算理

2. 交流汇报

思路一：先算 28 + 2。

这幅图你能看懂吗？这是谁的？快给大家介绍一下你是怎么想的。

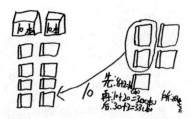

这幅图又是什么意思？旁边的这些算式和你刚才讲的是一回事吗？

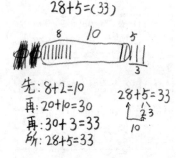

他的讲解你们听明白了吗？他和刚才那个同学的思路一样吗？

老师还找到了一幅支型图，谁看懂了？来给大家讲讲。这是谁的？他理解对了吗？

对比小结：我们刚才看了三幅图，他们有的画书本、有的画小棒、有的画支型图，画的都不一样，但他们有相同的地方吗？你们为什么要这样算呀？

这位同学是在给谁凑整呢？

思路二：先算 $8+5$。

我还找到了几幅图，和刚才这些同学的思路都不太一样，想看看吗？

你为什么要选择两种不同的图形？

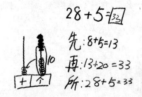

$$8+5=13 \quad 13+20=33$$

老师也带来了一个计数器，谁能把他的思考过程边摆边说说。

$$28+5=\boxed{33}$$

先：$8+5=13$
再：$13+20=33$
所：$28+5=33$

使用计数器拨一拨：为什么个位只能先拨 2 颗珠子？

这个同学又是怎样想的呢？谁看懂了？他说对了吗？

$$28+5=33$$

小结：同学们画了那么多图，还想出了两种不同的思路来帮助雪宝，不知道他明白了吗？

咱们去问问他吧！

（三）迁移提高，发展数学思维

问题：巧克力蛋糕 35 块，奶油蛋糕 17 块，一共有多少块蛋糕？

列式：$35+17$。

变成两位数加两位数，你还会吗？把你的想法画在另一张纸上。

1. 学生自主研究，同桌交流

2. 展示学生作品

3. 学生汇报

实物图或支型图：凑整。

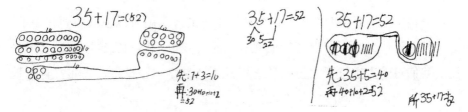

支型图：出现两位数加一位数进位加法的。

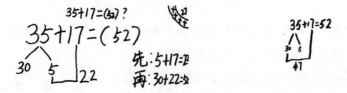

观察黑板上的两道题目，他们的数都不一样，他们有什么相同的地方吗？今天我们研究了 28 + 5 和 35 + 17，像这样的题目都是个位相加满十了，要向十位进 1，这样的题目就叫做进位加法。

三、回顾小结

上完这节课你有什么收获吗？

（一）板书设计（进位加法）

28 + 5 = 33　　35 + 17 = 52

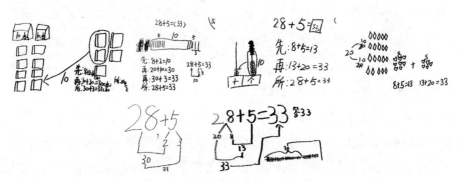

（二）整合后的教学效果反思

1. 学生学习方式和教师教学方式的转变

本节课是一年级下册第六单元的内容，就是让学生通过画图来理解28＋5的算理，掌握算法。最初想到用画图来帮助学生理解算理，老师都提出了异议：学生能画什么图呢？有困难的孩子通过摆小棒等实物就可以理解了，大部分孩子不需要借助直观，直接利用学过的计算就可以很快找到算法了，还去画图干什么呢？有没有价值呢？当时的我也不能回答这个问题，但是随着我们对学生进行了大量的调查以及不断地学习、试讲，我非常肯定地可以回答：这节课画图太有意义了！

首先，当学生把图画出来之后，就是对数学思维的逻辑表达。而这一切顿悟对于一年级的孩子来说它来自画图的力量，因为画图可以化抽象为直观，有图的支撑，计算道理孩子们很容易就能讲明白。所以画图的意义之一就是：借助直观帮助学生理解"算理"。

其次，画图是学生解决问题的基本方法，它和摆小棒、拨计数器一样，都是一种学习形式。我们可以看到孩子们通过画图，结合他的肢体语言、文字、算式等，利用多元表征说出他的计算过程。所以画图的另一个意义就在于可以使原本看不见的思维过程变得可视化。

最后，学生用自己喜欢并理解的素材去学习，理解得更快，学习兴趣更高涨。说到学生的学习兴趣高涨，我觉得也不光是因为这节课采用了画图的形式，而是整节课的学习方式和教学方式都在改变。整节课我有一多半的时间都是作为听众站在讲台的侧面，而没有一直站在讲台中间占领话语权，取而代之的是我的学生们。曾经看到吴正宪老师说过这样的一段话："教师要鼓励儿童独立思考，敢于追问，善于对话与交流。注重儿童'讲数学'，把自己的思考说出来，让每一个儿童都有表达的机会、出彩的机会，把一个孩子的精彩变成大家的精彩。"这次活动之后再看感受更深刻，在准备这节课的过程中，我也在重新思考自己在课堂上的角色，给孩子更多的交流机会，看似有些浪费时间，但学生的思维在这样日复一日的训练中发展，之后的他们才是有竞争力的，他们会知道：遇到陌生的问题我想什么？我怎样把我想的东西和别人说清楚？尤其是别人看不见的思考过程。别人提问我要怎样回答？我理解这就是我们所说的数学核心素养之一吧。

2. 计算教学的整合

这节课在研究完 28 + 5 的算理和算法之后，又结合情境出示了一道两位数加两位数的进位加法 35 + 17，让学生接着用画一画的形式尝试。从课上孩子们的接受程度来看，90% 的孩子都能够将 28 + 5 学习经验迁移过来，用自己理解的图来探索算理、明确算法。课上大部分孩子到这已经开始更愿意使用支型图了。这个内容在三年级时要求口算，二年级上册要求竖式计算。这道题目设计在这也是一种课程内容的整合，但并不是说到时候这个知识就可以不学了，通过这一节课最后的十几分钟学生就掌握了，而更多的是学生学会了一种研究方法，再进行计算学习的时候都可以使用。

其次，学生对算理的理解其实是贯通的，进位加法最核心的就是基于"十进制"，哪一个数位上的数相加满十，就向前一位进 1。学生通过这节课有了这个意识以后，数变大了是一个道理，所以所谓的整合，不是不讲，不是少讲，而是在适当的时候为新知识的理解打下基础，再学习的时候就更加轻松，无形中就可以节省课堂上的新授时间，实现我们用 80% 的时间完成 100% 的课程。

《运算定律的整理与复习》

杨　倩　周元萍

整合内容：人教版六年级下册第 76 ~ 77 页。

课时安排：1 课时。

整合理由：

1. 学情分析

六年级学生对于运算定律已经有了一定的基础，能够熟练运用运算定律解决整数、小数、分数四则混合运算，能够运用运算定律进行简算，能够根据数据的特点进行简便计算。但是孩子的学习都是片面的、零散的，没有形成知识串。大部分孩子认为运算定律只能解决使计算简便的问题，不能与实际问题联系起来，同时对于多种形式数的混合运算，对数特征的观察和数感还有待提高，对于简算的变式练习还需要加强，培养学生灵活运用运算定律的能力，发展学生的数感。

2. 教材分析

教材从四年级开始系统设计了运算定律的学习。随着数域的拓宽，教材又将运算定律拓展到了小数、分数。在一次次的学习中，学生体会着运算定律的本质。但是教材中更多的是运算定律在计算中的运用，就计算谈运算定律。其实在一年级一图两式、三年级加法的竖式验算以及六年级圆环的面积这些知识中都蕴含着运算定律。六年级再次接触运算定律的复习，不仅要提高学生的计算能力，同时还要帮助学生梳理回顾小学阶段有关运算定律的相关知识，让学生的知识连成串、织成网。

3. 能力提升

学科素养：数学运算、数感。

数学思想：模型思想、转化思想。

学习能力：运算能力、知识迁移能力。

一、教学实施

（一）教学目标

（1）引导学生梳理运算定律（运算性质），能根据数据及算式特点灵活选择合适的运算定律进行简算，提高运算能力。

（2）通过回顾运算定律的学习历程，感受运算定律的本质，体会知识之间的迁移转化，渗透转化的数学思想。

（3）通过不同形式的练习，激发学生的学习兴趣和复习热情。

（二）教学重点及难点

重点：梳理运算定律和运算性质，能根据算式特点灵活选择合适的算法。

难点：感受运算定律在其他知识中的应用。

（三）教学流程

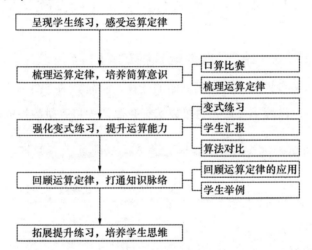

二、教学过程

（一）呈现学生练习，感受运算定律

这是咱们二单元测验中的一道题目，老师收集了两位同学的解答方法，方法都是正确的。请你评价一下这两位同学的方法？谈谈你更喜欢哪种方法呢？

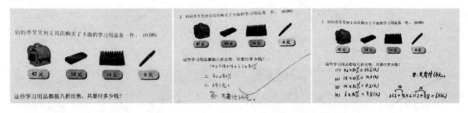

看到这两个方法，你能想到什么？它们有怎样的联系？

小结：看来在解决问题中还蕴含着乘法分配律的知识，今天我们就一起来复习运算定律。（板书：运算定律的整理与复习）

（二）梳理运算定律，培养简算意识

我们先来个比赛，口算直接说出答案，看看谁的反应最快。

要求：你是怎样算的？运用了什么运算定律？可以怎样表示？

（1）$3.2 + \dfrac{1}{4} + 75\%$　　（2）$12.5\% \times 5.4 \times 8$　　（3）$\left(\dfrac{1}{24} - \dfrac{1}{36}\right) \times 24$

（4）$\dfrac{11}{17} \times 33 + \dfrac{11}{17}$　　（5）$12\dfrac{2}{5} - \left(2\dfrac{2}{5} + 1\dfrac{2}{7}\right)$　（6）$400 \div 125 \div 8$

小结：只要我们观察数字和符号的特点，运用合适的运算定律，就可以进行简算。

（三）强化变式练习，提升运算能力

下面老师考考大家，请完成下面的计算，能简算的要简算。

要求：可以按照顺序做，也可以选择自己认为最有挑战性的题目先做。

（1）$\dfrac{11}{13} \times \dfrac{6}{19} + \dfrac{6}{13} \times \dfrac{8}{19}$　（2）125×8.8　　　　（3）$\left(\dfrac{13}{15} + \dfrac{1}{6}\right) + \dfrac{1}{30}$

（4）$\dfrac{1}{30} + \left(\dfrac{13}{15} + \dfrac{1}{6}\right)$　　⑤$0.43 \times 9.81 + 4.6 \times 0.981 + 0.11 \times 981\%$

汇报交流：

（1）谁想跟我们分享一下你挑战的题目？

（2）大家有什么问题吗？

（四）回顾运算定律，打通运算脉络

1. 梳理计算中运算定律的应用

在我们六年的学习中很多地方都用到了运算定律，你们知道吗？

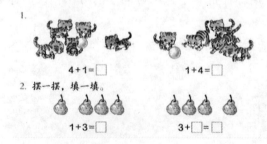

这是一年级的"一图两式"，你能看出运用了哪个运算定律吗？

445+298= _____

我列竖式计算

```
    4 4 5
+ 2 9 8
─────────
    7 4 3
```

算得对不对呢? 你会验算吗?

可以交换445、298的位置,再算一遍

```
    2 9 8
+ 4 4 5
─────────
    7 4 3
```

这是三年级时学的"竖式验算",又蕴含着哪个运算定律呢?

```
          1 4
        × 1 2
─────────────────
□ 套书的本数 ←──   2 8  …14×2的积
□ 套书的本数 ←── 1 4 0  …14×10的积 ( 个位的 0 不写 )
─────────────────
        1 6 8
```

这是三年级的两位数乘法的笔算,你发现了什么?

小结:看来我们从一年级刚开始学习数学,运算定律就已经在我们身边了,并且一直伴随着我们的计算学习。

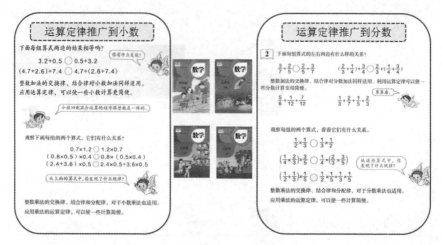

到了四年级，我们有了一定的计算基础，开始第一次正式学习运算定律。随着我们知识的不断增加，五、六年级我们又将运算定律推广到了小数、分数的计算之中，乃至我们学习的百分数……

2. 梳理图形问题中运算定律的应用

除了计算中的应用，你还能想到哪些运用到运算定律的知识呢？

光盘的银色部分是一个圆环，内圆半径是**2cm**，外圆半径是**6cm**。圆环的面积是多少？

$$3.14 \times (6^2 - 2^2)$$

$$= \underline{\qquad} (cm^2)$$

$$3.14 \times 6^2 - 3.14 \times 2^2$$

$$= \underline{\qquad} (cm^2)$$

12. 下面是一根钢管，求它所用钢材的体积（图中单位：cm）。

80

六年级学习的圆环的面积、钢管的体积……

3. 你还能想到哪些运用着运算定律的知识

预设：长方形周长，长、正方体表面积，棱长和……

小结：看来运算定律不光能解决我们计算的问题，在学习图形问题时也有所运用。

三、拓展提升练习，培养学生思维

六年的学习中运算定律一直陪伴在我们身边，今后到中学我们还会运用到运算定律，老师找了一道初中的题目，你们敢挑战一下吗？

已知：

$$a = \frac{2018 \times 2018 - 2018}{2017 \times 2017 + 2017} \qquad b = \frac{2019 \times 2019 - 2019}{2018 \times 2018 + 2018}$$

求 $a + b =$

小结：随着我们数域和知识的拓展，遇到的问题可能会越来越复杂，但是只要我们善于观察、思考，也许解决问题的方法就是最简单、我们最熟悉的知识。

（一）板书设计

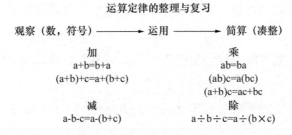

运算定律的整理与复习

观察（数，符号）────→ 运用 ────→ 简算（凑整）

加
a+b=b+a
(a+b)+c=a+(b+c)

乘
ab=ba
(ab)c=a(bc)
(a+b)c=ac+bc

减
a-b-c=a-(b+c)

除
a÷b÷c=a÷(b×c)

（二）整合后的教学效果反思

本节课在帮助孩子梳理运算定律、提高运算能力的同时，系统地回顾了一至六年级教材中有关运算定律的知识。以运算定律这一内容为主线，使学生六年学习的知识连成串、织成网，帮助学生更深刻地认识运算定律在解决问题中的应用价值。

首先，通过不同形式的练习，培养学生观察、综合运用数学知识的能力，让学生在变化中灵活使用运算定律进行简便计算的意识和能力，提高学生复习的积极性。

其次，通过一图两式、加法验算、圆环面积这些不同学段不同领域内容的呈现，让学生恍然大悟，感受到数学知识之间的联系，原来我们不止计算中运用运算定律，在学过的这么多知识中也都蕴含着运算定律。通过老师的抛砖引玉，学生能够自主地联想到，长、正方体的表面积、棱长和……这些知识中都蕴含着运算定律的知识。这就实现了本节课的设计目标。

最后，通过初中题目的拓展练习，使学生感受到在数学的学习中，要善于观察，在未来的学习中随着知识的不断增加，更需要综合运用知识。

品源至慧——学无边界

韩巧玲　黎　妍　左明旭　淮瑞英

在培育综合型人才的课程改革中，依托数学学科的育人特点，我们对数学学科进行了课程一体化构建。数学学科的 10% 综合实践课程定位在"品源至慧"。设置该课程，主要是为了更好地发挥数学在培养学生思维能力和创新技能方面的独特作用，特别是植根于中华传统文化中久远幽深的数理要脉，让学生思接千载、学融古今，成为具备良好人文与科学素养的现代公民。

在统合社会发展对未来人才的需求、中华传统文化中的数学思想和方法、学校对数学课程的顶层设计等育人关系的基础上，我们凸显数学综合实践活动课程的特色，突破学科边界、思维边界和时空边界，挖潜中华传统文化中以数学元素为核心的知识域和兴趣点，在数学人文思想与科学精神交融的历史传承中，整体建构史家数学学科 10% 实践活动课程内容框架，创造人文情感与科学思维深层交织的数学综合实践操作的立体成长空间，着力发展学生文理相通的综合素养。

课程在实施中涉及数学历史、民间工艺、民族节日、中国建筑、地域文化、传统文学、益智游戏七大领域，致力于抽绎传统文化中的数学元素，以期在"品源"的过程中达到"至慧"。

我们为学生提供实践操作的成长场域也是多种多样的。孩子们可以在传统教室中学习研讨，也可以在配备实验器具的教室里开展实践操作，还可以走进科学博物馆，在真实体验中切身感受传统文化中的数学魅力。在这些场域中，教师对学生学习主题进行了板块化设计。"回眸历史"，让学生了解历史发展演变过程；"走进文化"，让学生将传统文化与数学知识对接；"实践体验"，让学生操作感悟中提高数学综合素养；"拓展习得"，让学生反思成长中的收获与提升。

这样的学习过程变得更加综合开放、立体生成。孩子们切实转变了学习方式、拓展了成长天地。他们激动地说：这样的课程不仅增强了我的动手能力，还打开了我的数学思路。

（一）"品源至慧"课程开发背景

1. 社会需求

随着中国制造 2025 计划的落实和全球工业 4.0 时代的到来，中国正为实现自己的"中国梦"而努力奋斗，并以不容小觑的实力和空前的豪迈气概积极跻身世界一流大国的行列。建设新时代中国特色的社会主义，既需要掌握世界科技的前沿动向，也需要在中华传统文化中追根溯源、寻找资源。而传承和弘扬中华优秀传统文化，就是要培养家国情怀，共筑精神家园，凝聚实现"中国梦"的合力。为实现这一构想，学校需要设计开发系列化的学科综合实践活动课程，使学生获得发现和提出问题、分析和解决问题的能力，发展学生创新能力、批判思维、沟通合作能力、信息技能、跨文化理解能力等。

2. 学校需求

具体到学校教育，伴随着新一轮课程改革指导方案的出台，推进实践活动课程的号角已经吹响。为了全面落实《北京市实施教育部＜义务教育课程设置实验方案＞的课程计划》以及《东城区义务教育课程设置实验方案》中提出的"学科实践活动，即各学科平均有不低于 10% 的课时用于开展校内外的综合实践活动课程"的改革要求，各个学校都在积极创建具有本校特色的各学科实践活动课程。

如何在学校的教育教学中，进一步完善我校的课程体系，构建一套利于培养学生通识素养和实践能力的实践活动课程，成为当前阶段亟须解决的问题之一。那么，设计与实施怎样的学科实践课程才能满足学生的真实需求呢？为此，我们意图通过充分利用和深入挖掘数学教材，构建贴近学生日常生活的数学情境，创造有利于学生主动获取数学知识的良好学习环境，突破常规的教学思维，把有限的教学资源合理地进行配置，将数学的思想、精神、文化、内涵以及数学知识理论的形成和发展过程传递给学生。

（二）"品源至慧"课程理念与目标

1. 设计理念

在新一轮的课程改革中，围绕立德树人这一教育根本任务，我校育人工作实现模式转型，以"种子计划"① 为无边界课程的价值基点，确立培育"和谐的人"的课程指向，提出"给成长无限可能"的课程理念，构建了"以家国情怀为底蕴的系统化育人模式"。围绕"家国情怀"这一中华民族的文化精髓，学校遵循学生年龄特点和认知规律，按照一体化、分学段、有序推进的原则，以弘扬中华优秀传统文化为抓手，将家国情怀的培育全方位融入学校教育教学工作及课程建设之中。

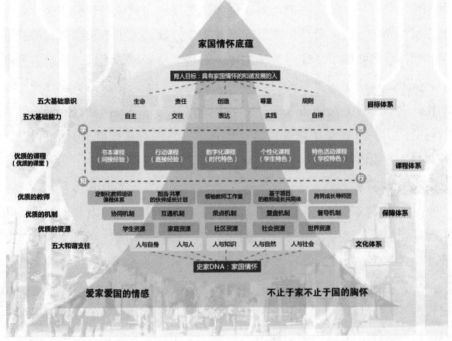

以家国情怀为底蕴的系统化育人模式

在这种理念下，我校的基础性课程和选择性课程构成一个完整的育人"课程链"，而数学学科综合实践课程则是依托"思维无边界"为导向，在对国家课程进行整合的基础上，立足中华传统文化，拿出 10% 的课时来进

---

① "种子计划"以史家人的精神基因——"家国情怀"为起点，以和谐教育为指导，以培养"具有家国情怀的和谐发展的人"为目标，将一位位学生视为一颗颗具有家国情怀基因的种子，旨在为他们提供良好的成长要素和育人环境，使他们尽可能充满活力、千姿百态而又具有共同的家国信念。"种子计划"基于内部突破，致力于形成基于"五大和谐支柱"的"五大基本意识"和"五大基础能力"，从而夯实基础教育的基础。基于外部打破，致力于形成包括优质的课程、优质的项目、优质的教师、优质的资源、优质的机制在内的"五大优质"，为每一粒种子的生长内蕴优质的教育生态。史家和谐教育体系犹如一粒鲜活饱满的种子，深深植根于每一个孩子的幼小心灵中，伴其一生、惠其一生。

行拓展课程——"品源至慧"。

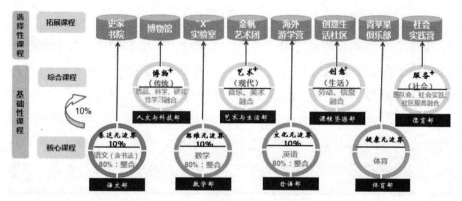

史家课程体系

该课程以建构教育性、创造性、实践性、操作性的学生主体活动为主要形式，以鼓励学生主动参与、主动探索、主动思考、主动实践为基本特征，以实现学生多方面综合发展为核心，以促进学生整体素质，全面提高为目的的一种新型教学观和教学方式。

2. 设计目标

依据我校"种子计划"、和谐育人、全面育人的整体目标，本课程围绕一系列需要解决的实际问题展开，并在这个过程中"寻根问源"，汲取中华传统文化的数学元素。同时，"借古论今"引导和鼓励学生自主地发现和提出问题，激发学生的学习兴趣，让学生积极动手、勇于实践并进行创造性发挥，掌握现代社会所必备的数学基础与认知技能，培养并强化学生的数学思维和人文涵养，夯实学生自小筑基的多学科通识能力，发展学生核心素养。

通过课程的研究与实施，让教师认识到自己不仅是课程的实施者，也应该是课程的设计者、建设者，使教师在课程观上有更多的转变，在育人观上有更新的认识、在教学观上有更大的突破。同时，为教师的发展提供更多、更好的平台，从而切实提升教师的专业水平和专业素养，丰厚教师的文化底蕴。

通过课程内容的开发，丰富国家教材中综合与实践的学习内容，并成为史家无边界课程体系中的重要组成部分，承载对学生家国情怀底蕴培养的教育。

通过课程的设计与实施，对教师与学生两个群体视野的拓展、品德的提升、情感的陶冶都得到了不同程度的提高，用家国情怀践行社会主义核心价值观并实现自我价值。

（三）课程开发

面对博大精深、历史悠久的中华传统文化，学生的传统文化意识不应淡漠，他们应是传统文化的继承者、传承者。正如习近平总书记说的："不忘本来才能开辟未来，善于继承才能更好创新。"中华传统文化是我们民族的"根"和"魂"，要很好的传承和弘扬传统文化。基于此，我校将数学综合实践活动课程的内容，设计定位为跨学科内容的整合，跨时空思维的对接，竭力挖掘中华传统文化中以数学元素为核心的知识域和兴趣点，在数学科学精神与人文思想交融的历史传承中，着力创建史家小学数学综合实践课程并研发相应课程内容，创造人文情感与科学思维深层交织的数学综合实践操作的立体成长空间，努力发展学生文理相通的通识素养。

1. 课程开发的三个阶段

在课程的开发中，我们采用 Skilbeck 的课程开发模式。他认为课程设计与发展应置于社会文化架构中，学校教师引导学生了解社会文化价值、诠释架构和符号系统，进而改良及转变其经验。从分析情境、拟定目标、设计内容、实施计划、评价鉴定等五个方面来开发了"品源至慧"这门课程。

课程开发模式

（1）依托教材内容的综合实践活动课程的初步构建。

第一轮课程开发，依据不同年级学生的年龄特点、知识基础、生活经验，确定了该课程的目标，并据此分别设计三个活动主题，在完成教材规定的内容之外，再选择与教材内容相结合的课程主题，2015～2016 学年结束后形成了 12 册教材 40 个主题活动的基本框架，形成了我校数学学科综合实践活动课的第一轮课程体系的初步构建。但是，经过一轮的实施，对于综合实践活动课的育人价值、学生学习方式的变革并不是很凸显，还有传统课程和基础课程的影子。如何去突破、如何去改变，带着这样的思考我们进行了第二轮课程内容的调整。

（2）关注学科拓展的综合实践活动课程的再次修订。

第二轮课程开发本着数学好玩、数学有用、数学可以使人变得更理性更严谨的理念，我们对第一轮自主开发的课程内容进行了再次思考，同时梳理教材中给我们呈现的已有的综合实践活动课的内容，并在认真分析的基础上将其归纳为三类：操作体验类，调查分析、方案设计类，实验研究类。我们发现这些课程内容更多注重的是学生数学知识的综合在实践中的应用，注重的是数学思想方法与活动经验的综合，注重的是数学与生活的综合。集团课程整体构建的初衷是培育具有家国情怀和谐发展的人，还有对中华传统文化的植入与渗透。据此，我们再次调整了学科综合实践活动课的内容并注重学习内容、学习模式的变革。从学生的综合素养出发、从对接学校课程的整体构架出发、从反哺 80% 基础课程出发、从拓展教材中综实课的内容出发，再来调整与设计我们的课程内容。

（3）基于无边界课程理念的综合实践活动课的进一步完善。

第三轮课程开发是基于顶层设计，在整体构建无边界课程的理念下，如何强化数学思维、数学文化，数学课的育人目标、显凸数学课对学生核心素养的培养。据此将课程的开发定位在有效突破思维边界和时空边界，挖掘中华传统文化中的数学元素，在数学精神与数学思想的民族传承中着力构建史家虚拟"x"数学实验室①并研发相应课程内容，立体创生人文情感与科学思维深层交织的数学综合实践操作的生命成长场域，发展学生核心素养；寻找能够与学生年龄特点、学习经验、生活经验相匹配的，具有数学元素的中华传统文化，构建课程体系；寻根求源继而达到"品源至慧"。

2. 课程内容

经过三轮课程设计、实施与完善，初步形成了我校数学学科实践活动

---

① "x"数学实验室是为我校学生学习数学提供创意性实践探究的多功能教室，其中"x"表示疑问、未知、无限、不确定，x 还有"目标"和"希望"的意思。它的目的在于为学生的数学学习提供很多无限学习的可能。学生通过亲自设计和动手，在问题解决过程中去学习、探索和发现数学的奥秘，并通过实验室课程的学习完成并丰富、充实数学学科 10% 的综合实践课的内容。

校本课程——"品源至慧"。它是通过对新人教版 12 册数学课本中所涉及的传统文化分析的基础上，在参与已有学者研究的基础上，课程内容的设置涉及中华传统文化中的中国古代数学文化、民间工艺、传统节日、中国建筑、地域文化、传统文学、传说神话七大领域，从这七大领域中挖掘所蕴含的数学元素。如从古代数学文化中选取计数工具、计时工具对接数学中的运算和常见的量；从民间工艺中选取剪纸艺术对接空间与图形领域的数学美；从传统节日中选取 π 日对接现代数学中圆的特征及认识；从中国建筑领域中选取榫卯结构对接正反比例和探索规律，从地域文化中选取天安门这个有代表性的文化标记对接数学空间与图形中的轴对称；从传统文学中选取诗词歌赋对接数的认识和测量；从传说神话中选取"西西弗斯串"对接数的规律的认识……

3. 课程具体安排

到目前为止，"品源至慧"课程共有 24 个主题，每个年级第一、第二学期各 2 个主题。具体安排见下表。

一至六年级"品源至慧"课程安排表（第一、二学期）

年级	课程题目	传统文化	数学元素
一上	运筹计数（一）	中国古代计数工具	计数
	看天晓时	中国传统计时器之日晷	认识时间
一下	运筹计数（二）	中国古代计数工具	十进制
	古币乾坤	古币蕴涵的传统文化内涵	货币换算
二上	铜壶滴漏	中国传统计时器——铜壶滴漏	认识时间
	布手知尺	中国传统长度单位	长度单位的认识与测量
二下	剪纸视界（一）	中国民俗中的剪纸艺术	图形与几何之对称图形
	神奇幻方	中国起源的幻方	数列、数与运算
三上	舒肘知寻	中国传统计量	长度单位、质量单位的认识与应用
	四时八节	中国民谷传统文化—二十四节气	年、月、日
三下	量天度地	统一度量衡	长正方形的面积
	磁力南北	中国四大发明之指南针	认识方向
四上	以一当五	中国民俗中的算盘文化	计数单位 十进制
	运筹计算（三）	中国古代计数工具	简单计算

续表

年级	课程题目	传统文化	数学元素
四下	剪纸视界（二）	中国传统剪纸艺术	对称图形
	天衣无缝	中国古建筑、榫卯结构	轴对称图形、密铺
五上	奇巧七板	古代玩具	图形与几何的平面图形
	象棋经纬	古代棋类	图形与几何领域的位置
五下	方寸精印	中国印章的演变	图形运动
	玩转陀螺	中国陀螺的起源和发展	图形运动
六上	无穷无尽	0.999……＝1 吗？ 古代朴素的极限思想	数学极限思想
	环环相扣	鲁班锁的发明	立体几何
六下	勾股圆方	勾股定理	数形结合
	我爱文创	红木文化、书签的演变	统筹安排、规划设计

（四）课程实施

1. 课时安排

历时 3 年，经过三轮的实践探索，数学学科实践课程——"品源至慧"基本成型，并于 2017～2018 学年度正式进入学生的课程表——每 2 周安排一次课，每次课 2 节联排，每学期完成教材中关于综合实践的 2 个主题和我校自己开发的 2 个主题。结合实际情况，每个主题 2～3 个课时，共 10 课时完成。从制度和时间上保证了课程的顺利实施。下面是我校六年级（1）班的课程表。

史家六年级 1 班课表

	周一	周二	周三	周四	周五
第 1 节	语文	语文	数学	读书社	数学
第 2 节	数学	数学	体育（1&9）	数学	语文
第 3 节	英语	英语戏剧/劳技	美术/传媒	科学	语文
第 4 节	体育（1&9）	英语戏剧/传媒	美术/传媒	体育（1&9）	书法
第 5 节	音乐	品社	英语	品源至慧综合实践	科学
第 6 节	队活·服务	品社	语文	品源至慧综合实践	英语
第 7 节	刘栋（自习）	费子怡（体锻）	李静（自习）	刘悚（自习）	刘静（体锻）

2. 课程分析

在进入课堂教学前，我们会结合教师的需求，组织教师开展专题培训，如教师木工培训、教师折纸培训等，然后结合学生的身心特点及已有知识背景，分析课程内容，撰写教学设计。具体而言，教学设计共包括四个部分：课程背景——课程设计——课程评价——课程资源。具体参考支撑材料中的教学设计。

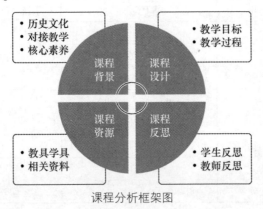

课程分析框架图

3. 教学方式

在具体的教学中，我们力求打破传统的课堂教学模式，逐步推进小组学习、探究学习、项目化学习等个性化课堂教学方式，引导学生主动搜集资料，了解相关背景，激发学生进一步深入探究的欲望。通过对所涉及文化的分析，使学生对所涉及的数学的源与流产生一个更加全面的认识。然后，引导学生在各式各样的活动中，通过实际的操作、体验、感悟，逐步引导学生掌握自主学习的方法，激发学生灵活思维，提高知识迁移能力。

（五）课程评价

"品源至慧"课程评价以过程性、多主体性评价方式为主，将评价贯穿于整个活动中。注重课程过程中学生的自主性和能动性，关注每一个学生参与活动的态度和收获。目的在于让评价产生良好的价值导向，有利于学生彰显个性，有利于"扬长"而不是一味"改短"，有利于激励学生进一步的学习。

1. 学生学业成绩评价

在学期末，我校根据期末质量监控的评价原则，三至六年级的学生除了进行学科知识与能力的测试（90%）和教材中已有的综合实践活动课（5%）的评价外，也将学校自主开设的学科拓展综合实践活动课的评价以5%的权重纳入了学生的整体学业评价中。

2. 学生参与课程的过程性评价

根据课程主题的不同，我们为 24 个主题确定了评价要素，并据此制定评价标准。同时，在课程实施后，会引导生生之间通过自评和互评的形式，评价其在回眸历史、走进文化、实践体验、拓展习得等阶段的表现，教师也会结合自己的课堂观察，对活动中学生的表现进行正导向的评价。以《奇巧七板》为例，该内容是结合了学生的学习基础而创设的学习内容。学生在学习《七巧板》这一内容时，学生的学习方式不再是单一的、传统的、局限的，打破了学习内容的边界、学习空间的边界、学习方式的边界。这样的学习更多关注的是学生学习的过程、学生学习的体验、学生学习的感悟。依此，我们制定了相应的评价指标。

《奇巧七板》评价标准

年级	主题	综合点	评价要素	评价标准	分值	得分	总分
五年级	奇巧七板	与美术、科学等学科整合	通过了解七巧板的构成及七巧板的设计原理，巩固对平面图形特征的认识；了解中华传统文化	1. 能够选择恰当的方式了解七巧板的文化背景并能够结合七巧板说出基本图形特征	1		
				2. 根据七巧板图形之间的关系，在平板上设计七巧板	1		
			在动手制作七巧板的过程中，让学生认识操作工具，培养学生的合作意识、规则意识，动手操作能力	1. 能够合理利用工具、克服困难、与同学合作制作七巧板，并了解七块巧板之间的大小关系	1		
			借助图形的特征，引导学生利用七巧板拼出不同形状的图案，体会图形的变换，发展空间观念；培养学生的创造能力、探究精神与合作意识	1. 能利用已有经验，用不同的方法拼摆、组合成各种各样的几何图形或形象，如建筑物、食物、人物、动物等	1		
				2. 利用多副七巧板进行拼摆，充分发挥想象力、创造力，拼摆富有意境的画面	1		

（六）实践效果

经过三年来的实践探索，取得了初步的成果。该课程的设计与实施充分发挥了数学在培养人的思维能力和创新技能方面所独有的、不可替代的作用。通过课程的学习，让学生充分感受到了中华传统文化的魅力，精髓所在，增强学生的民族自豪感和文化自信。在课程推进的过程中，培养学生的学习兴趣，让学生积极动手、勇于实践并进行创造性发挥。掌握现代社会所必备的数学基础与认知技能，培养并强化学生的数学思维和人文涵养，夯实了学生自小筑基的多学科通识能力，在学而致用的过程中，切实践行社会主义核心价值观并实现自我价值。

1. 课程注重了学生的实践操作，在活动中培养了学生的核心素养

"品源至慧"的选题，完美地契合了国家提出的孩子核心素养的三个方面。在文化基础方面，所选主题的文化背景充实了孩子的人文底蕴；在文化自主发展方面，在动手实践的过程中，学生学会了如何学习；在社会参与方面，富有文化特色的拓展习得阶段的设定提升了学生实践创新的能力。这一切都是为了学生的发展需要，已成为学生非常喜欢上的一类课程。

2. 课程转变了学生的学习方式，在学习过程中拓宽了学生的视野

在本课程学习的过程中，学生的学习不再局限于单一的学科、单一的课本内容，因为注重了综合性，关注了学生全方位的发展，所以体现出了多学科的融合，意在通过实践活动拓展学生的视野，使学生了解数学内容的文化背景，在欣赏、设计中感悟数学的神奇与美妙。同时通过实践活动课让学生了解数学与其他学科的联系，在具体活动中体验、感悟数学应用的广泛性。了解中华传统文化的博大精深，积淀学生的文化底蕴，在拓展学生视野的同时发展学生的核心素养

3. 课程改变了教师的教学模式，在教学过程中提升了教师的专业素养

本课程的设计与开发使得教师的教学观念和角色定位也在悄然发生变化。首先，教师已经有意识地从国家课程的实施者，转变为学科综合实践活动课程的开发者、建设者。他们在遵循教育规律、尊重学生的认知基础、遵照课程标准和学校育人目标，开发和构建适合我校学生的数学校本课程内容。其次，教师更多地把时间和空间留给学生，给学生搭建、创造更多的展示平台，给学生提供更多的绽放舞台，让学生学的更为轻松、更为主动。教师更多的是组织学生之间的合作交流，并兼顾到所有学生，不但关注学习的结果，更关注过程，在学习的过程中帮助学生积累活动经验、展现思考过程、交流收获体会、激发创造潜能。

（七）课程特色与创新

中华传统文化是中华文明成果根本的创造力，是民族历史上道德传承，各种文化思想，精神观念形态的总体。植根于这种文化中的数学学科综合实践课程是我校数学的特色课程，抚今追昔，教育我们的新一代通过追寻久远幽深的数理命脉，进而贯通中西，成为具备合格综合素养的现代公民。具体而言，本课程的特色如下。

（1）课程理念坚持"打破学科边界、内容边界、学习场域边界"，已成为我校"无边界"课程体系的重要组成部分。

（2）课程设计坚持多元、多维、多态的设计，将 7 类传统文化与数学学科有效整合，设计出 24 节课例。

（3）课程实施坚持重传统、崇文化、贵实践、尚操作、跨学科的学习方式，培养学生独立思考、融会贯通、综合解决问题的能力，充分释放学生的禀赋、绽放学生的精彩。

总之，学科综合实践活动课程"品源至慧"：之于学生是能力与快乐的体验，孩子们在体验中学习，在学习中实践，在实践中收获，在收获中绽放；之于教师是理念与行动的挑战，教师在课程的实施中，更加关注学生核心素养的培养，关注终身发展；之于学校是完善学科的课程体系，丰富了课程学习内容，为学生个性发展提供无限可能，体现学校特色。

参考文献

［1］中华人民共和国教育部 . 义务教育数学课程标准（2011 年版）. 北京：北京师范大学出版社，2011

［2］中华人民共和国教育部 . 基础教育课程改革纲要（试行）.2001 - 6 - 8.

［3］钟启泉 . 现代课程论 . 上海：上海教育出版社，2003

［4］钟启泉，有宝华 . 综合课程论 . 上海：上海教育出版社，2002

［5］程裕祯 . 中国文化要略 . 北京：外语教学与研究出版社，2011

［6］王新婷 . 中华传统文化概论 . 北京：中国农业大学出版社，2011

［7］张晓露 . 芬兰基础教育阶段的跨学科主题课程 . 中国教师，2015（3）

［8］陈松 . 用中华传统文化调出数学文化味 . 小学教学参考，2014（17）

［9］陈祺娜 . 浅谈小学语文教学引入中华传统文化推升学科核心素养之我见 . 课程教育研究，2017（32）

［10］谭艳霞 . 中华传统文化在数学教学中的作用 . 新课程（中），2015（10）

《看天晓时》

——一年级第一学期

徐愫祺 杜 楠

一、课程背景

（一）历史文化

人类使用日晷的时间十分久远，在远古时代的 6000 年前古巴比伦人就开始使用了，中国则是在 3000 年前的周朝。《隋书·天文志》中曾提到袁充于 594 年（隋开皇十四年）发明的短影平仪（即地平式日晷）。赤道日晷的记载初见于南宋曾敏行的《独醒杂志》卷二中，书中提到了晷影图。日晷不但能显示一天之内的时刻，还能显示节气和月份。

目前我们所见的日晷大都由铜制的指针和石制的圆盘组成。铜制的指针叫做"晷针"，起着圭表中立竿的作用，因此，晷针又叫"表"。石制的圆盘叫做"晷面"，安放在石台上，呈南高北低状，使晷面平行于天赤道面，这样，晷针的上端正好指向北天极，下端正好指向南天极。在晷面的正反两面有 12 个大格，每个大格代表两个小时。当太阳光照在日晷上时，晷针的影子就会

投向晷面，太阳由东向西移动，投向晷面的晷针影子也慢慢地由西向东移动。移动着的晷针影子近似于现代钟表的指针，晷面则类似钟表的表面，

以此来显示时刻。

如今在北京故宫博物院里就可见到中国传统日晷——赤道日晷。

（二）对接教材

通过了解日晷的运行原理、制作过程，可以帮助学生更好地掌握时间的学习，在教材"数与代数"领域中通过丰富的学生体验建立"时间单位"的概念。

教材对接

教材分布	主要内容	主要目标
一年级上册 第 84 页		结合生活经验，初步认识钟面上的时针和分针，会认、读、写整时
二年级上册 第 90 页 例 1		1. 认识时间单位"分"，知道 1 时 =60 分。 2. 会读、写几时几分和几时半。 3. 会解决一些简单的实际问题

续表

教材分布	主要内容	主要目标
三年级上册 第2页、5页	*时、分、秒* 单元图及相关内容	1. 认识时间单位"秒",知道1分=60秒;选择合适的时间单位进行度量。 2. 初步建立分、秒的时间观念。 3. 体会时刻与经过时间之间的区别与联系,能解决简单的实际问题
三年级下册 第82页	*24时计时法* 单元图及相关内容	1. 使学生认识时间单位年、月、日,了解它们之间的关系;知道大月、小月、二月及其相关知识;知道平年、闰年等方面的最基本知识。 2. 使学生了解24时计时法,会用24时计时法表示时刻;初步理解时间和时刻的意义,会计算简单的经过时间

（三）核心素养

1. 从现实问题出发，初步培养学生的推理能力。

2. 建立时间观念，在数学活动中培养学生的应用意识和创新能力。

3. 积淀学生的数学文化底蕴，夯实多学科通识能力。

二、课程实施

（一）教学目标

1. 了解我国古代用日晷计时的方法，观察影子投射的方位得到具体时间。经历观察、思考、体验的过程，用数学的眼光看世界。

2. 通过与语文学科的融合，阅读关于珍惜时间的古诗文，培养良好的时间观念。

3. 通过对日晷发展演变的了解，感受到中国传统文化中蕴含的劳动人民的智慧，增强民族自豪感。

（二）实施过程

★回眸历史——了解时间记录起源

1. 观察图片，感受不同时期的"表"。

圭表

日晷

沙漏

水钟

水运仪象台

火钟

提问：同学们，你知道图片里的物品是什么吗？它们都是怎么帮助人们记录时间的？

2. 聚焦日晷。

教师播放纪录片《故宫100》第12集《光影时间》。

内容：简要介绍日晷的运行原理，现代计时时钟与古代计时日晷之间更替的历史故事，强调日晷作为时间记录工具的历史性。

★走进文化——探究日晷奥秘

1. 初步观察，了解日晷。

日晷

日晷表面有指针、圆盘、汉字。子（zǐ）、丑（chǒu）、寅（yín）、卯（mǎo）、辰（chén）、巳（sì）、午（wǔ）、未（wèi）、申（shēn）、酉（yǒu）、戌（xū）、亥（hài）是十二地支。地支，古人用十二地支记时，老师给学生介绍每个汉字对应不同的时间。

2. 实践原理，感受神奇。

（1）生活中的影子问题。

提问：这两张图片有什么不同？

影子

生活中的影子还大有学问呢！请你思考：上午、中午、下午影子在哪儿？时间和影子有什么关系？

（2）自主体验，寻找关系体验日晷的计时原理（博物馆体验）。

体验过程

学生站在投影面上扮演指针，低头观察刻度线和对应的数字。头顶上的一圈灯模拟太阳的移动轨迹。当学生站在红色按钮区域时，仪器开始启动，身后的等距离排列的一排射灯开始依次亮起。当某个射灯亮起时，影子随之产生，通过影子投射到地面的表盘时，我们就可以看出时间。

★实践体验——制作日晷感受神奇

1. 制作简易日晷。

每位学生下发制作学具，教师按照学具说明进行操作指导。

注：日晷的指针应指向北极星的方向，晷面与地球赤道平行，可以用 90°减去当地纬度所得夹角即为晷面与水平面夹角。由于一年级学生认知、理解能力有限，教师可以简单解释为太阳照射地球每一个地方的角度不同，所以在不同的地区日晷与水平面的夹角不同。

2. 学生在实地观察中体验。

让学生在阳光下观察日晷。

提问：请你想一想，下午 2∶00 时，日晷上晷针的影子会指向哪里？为什么？把自己的猜想画在手中的日晷晷面上，下午第一节课的课间去验证自己的想法。

答案：晷针大约在未和申之间，表示下午 2 时整。

注：由于我们在北半球，日晷的晷面朝向南面会更加清晰地投影出阴影从而表示时间。日晷属于古代计时工具，所表示出的时间不如现在准确，只是大致的时间。

（3）玩"手掌日晷"。

在学生掌握如何读出日晷所表示的时间后，引发更多关于太阳与影子之间变化规律的应用。

教师：只要太阳能照射的地方就有影子，通过观察、思考，就可以找到太阳与影子之间的小秘密。

手掌日晷：面向南边，手掌摊开，上午用左手，下午用右手，手掌掌心向上，用拇指夹住笔后，拇指关节对着正南方，影子落在手上不同位置代表着不同的时间。

手掌日晷 手指代表的时间

提问：你知道"手掌日晷"为什么上午要用左手，下午用右手？

★拓展习得——由古至今感受时间的宝贵

（1）古人描述时间的名句。

教师：我们都听说过"一寸光阴一寸金，寸金难买寸光阴"这句话，为什么"光阴"要用"寸"来测量呢？这与我们今天认识的日晷有关。"寸晷"指一寸长的日影，借指小段的时间。"一寸光阴"，就是晷针的影子在晷盘上移动一寸所耗费的时间。古代诗文中常出现"寸阴""寸晷""分阴"等词语。

提问：你知道哪些关于时间的成语或诗句？

（2）制作时间圆盘。

我们在一天当中都会做些什么呢？我们一起来想一想，画一画。

教师给每一位学生下发一张圆形图纸，其中大圆被分为 12 部分，类似于日晷的时间划分。

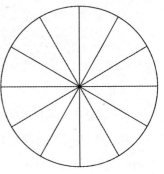

提问：观察这个圆形，它被分为了多少份？每一份代表几个小时？

教师引导学生回顾上学的一天都做了些什么？大约用了几小时？

提问：你觉得每天我们大部分时间都在做什么？

教师可以根据学生情况，帮助学生数清每天睡觉几小时、学习几小时，用不同颜色的笔画出所用时间，也可以用文字标注出这段时间所做的事情。

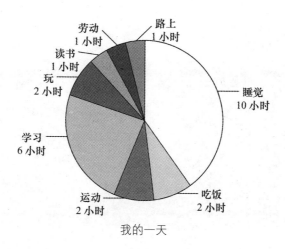

我的一天

（3）观察自己的一日作息。

三、课程反思

（一）学生反思

1. 这样的课程学习与以往数学课的学习有什么不同？

这堂课学习的好像不是课本上的知识，但我很感兴趣，还有很多有趣的实验。

2. 写一写课程学习后你的收获是什么？

我了解到古人看时间的方法，还学会了借助太阳光和影子之间的关系判断时间。知道时间很宝贵，我们要合理安排时间。

3. 是否喜欢这样的学习方式和内容，理由是什么？把你的感受跟家长交流一下，也可以让家长在下面写几句话。

我非常喜欢这样的课！因为我觉得自己学到了很多知识，还有动手操作，我想去故宫看一看日晷，并且把自己学到的知识教给爸爸妈妈。

（二）教师反思

1. 教学设计中有哪些环节需要改进？

历史背景部分可制作成微课，节约时间的同时让学生更多地了解古代计时工具。

2. 在课堂实施过程中有哪些地方需要完善？

一年级学生操作水平有限，是否可以制作更简单易操作的学具，把课堂重点放在观察日晷、认识时间上。

四、学生作品展示

学生制作日晷

五、评价指标

评价标准

年级	主题	综合点	评价要素	评价标准	分值	得分	总分
一年级	日晷	与语文、劳动等学科整合	通过了解记录时间的古代计时器,感受到古代人的智慧,体会时间的宝贵	1. 能够说出至少三种古代记录时间的工具。	1		
				2. 可以简单说清一种古代计时工具的工作原理(除日晷之外)	1		
			在动手制作日晷的过程中,让学生认识操作工具,培养学生的合作意识、规则意识,动手操作能力	1. 能够合理利用工具、克服困难、与同学合作制作日晷,并了解日晷的使用方法	1		
			通过对古诗文中关于日晷的诗句欣赏,培养学生欣赏古典文学的兴趣,体会从古至今时间的宝贵	1. 会写"日晷"两个字,能简单理解古代文学中含有日晷的诗句所表达的意思	1		
				2. 能感受到珍惜时间的重要性,提出至少一条节约时间的方法	1		

《运筹计数》（二）

——一年级第二学期

董　祎　王园园　才燕雯

一、课程背景

（一）历史文化

1. 我国古代人们计数和计算曾经使用过的工具包括以下几种类型。

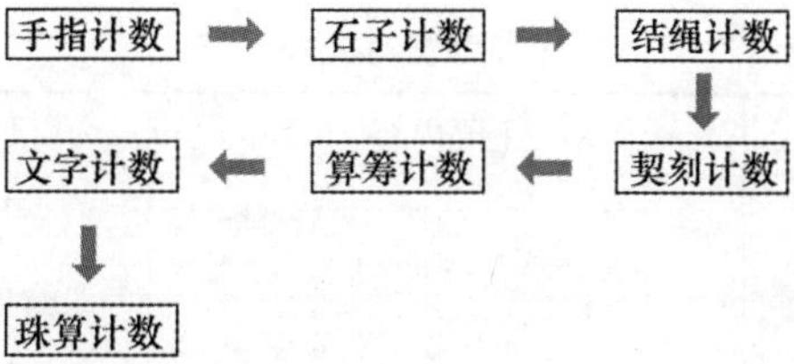

手指计数
石子计数
结绳计数
契刻计数
算筹计数
文字计数
珠算计数

2. 中国古代曾经使用算筹来表示数并进行简单的计算。

算筹记数法在世界数学史上是一个伟大的创造，因为算筹严格遵循十进位值制记数法——用 0 ~ 9 这十个符号表示，满十就向前一位进一且同一符号在不同位置表示不同数值。在算筹记数法中，以纵、横两种排列方式来表示单位数目。据《孙子算经》记载：“凡算之法，先识其位，一纵十横，百立千僵，千十相望，万百相当。”即用算筹表示多位数时，个位用纵式，十位用横式，百位再用纵式……这样从右到左，纵横相间，以此类推，就可以表示出任意大的自然数了。但算筹记数法有一个缺点，那就是没有表示“0”的算筹。如果要表示某个数位上没有数字，就空着这个数位，即遇零则置空。

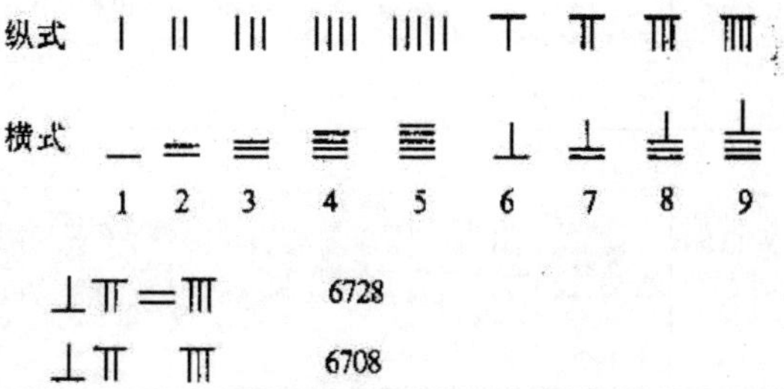

纵式
横式
1 2 3 4 5 6 7 8 9
6728
6708

以算筹作工具，进行加、减、乘、除、开方以及其他的代数计算，甚至于解方程，叫做"筹算"。筹算在我国古代用了大约 2000 年，在生产、科学技术和人民生活中发挥了重大的作用。但是它也有一定的局限性：首先，在室外拿着一大把算筹进行计算很不方便；其次，计算数字的位数越多，所需要的面积越大，受环境和条件的限制；此外，当计算速度加快的时候，很容易由于摆不正造成错误。

（二）对接教材

在人教版小学数学教材中，很多地方都涉及有关"算筹"的学习与研究。通过对算筹的了解和学习，可以更好地帮助学生理解"十进位值制计数法"，同时培养学生的符号意识和数感。

教材对接

教材分布	主要内容	主要目标
一年级上册第 60 页阅读材料"你知道吗?"		了解如何用算筹来表示 1~9 各数，感受我国古人的智慧
一年级上册第 72 页阅读材料"你知道吗?"		了解古埃及的象形数字，并与阿拉伯数字相比较，感受使用阿拉伯数字计数的简洁
二年级下册第 78 页阅读材料"你知道吗?"		了解我国古代不同记数工具的演变，进一步认识十进位值制记数法
三年级上册第 99 页阅读材料"你知道吗?"		了解我国古代用算筹表示分数的方法，以及其他国家表示分数的方法
三年级下册第 99 页阅读材料"你知道吗?"		了解我国古代用算筹表示小数的方法以及小数点的产生

续表

教材分布	主要内容	主要目标
四年级上册第 16～17 页学习内容"数的产生"		了解数的产生历程，建立自然数的概念
四年级上册第 21 页阅读材料"你知道吗?"		了解算筹记数的方法，体会十进位值制记数法，重点了解"0"产生的过程、表示方法，丰富对"0"的认知
四年级上册第 23 页学习内容"计算工具的认识"		了解计算工具由简单到复杂、由低级向高级的发展变化，体会在这一演变过程中，人类认识世界、改造世界的艰辛历程和广阔前景

续表

教材分布	主要内容	主要目标
五年级上册第 53 页阅读材料"你知道吗?"	早在三千六百多年前，埃及人就会用方程解决数学问题了。在我历古代，大约两千两百多年成书的《九章算术》中，就记载了用一组方程解决实际问题的史料。一直到三百多年前，法国的数学家笛卡儿第一个提出用 x，y，z 等字母代表未知数，才形成了现在的方程。	初步了解各国使用方程解决问题的历史，以及我国古人如何使用算筹来解决方程
六年级下册第 4 页阅读材料"你知道吗?"	中国人很早就开始使用负数概念。在古代商业活动中，以钱入为正，以钱出为负，以余钱为正，以亏钱为负。我国古代数学名著《九章算术》中就记载了用算筹表示正数和负数的方法。此外对负数的认识还包含了一个曲折的过程，并且也通过了若干年的积累和理论，就如我们现在看到的算筹或者数字之间的差别	了解我国古人使用算筹表示负数的方法，培养民族自豪感

（三）核心素养

1. 培养符号意识、数感、推理能力。

2. 培养规则意识、合作意识、表达能力。

3. 积淀文化底蕴，培养文化传承与理解。

二、课程实施

（一）教学目标

1. 了解我国古代用算筹记数的方法，能用算筹表示 100 以内的数，并使用算筹进行简单的计算。

2. 经历观察、猜想、试验的过程，让学生进一步体会位值制。

3. 了解算筹记数的发展历程，浸润数学文化，感受我国古代数学的成就，增强民族自豪感。

（二）实施过程

★回眸历史——回顾算筹摆法

1. 视频引入

同学们，我们先一起观看一个小故事——播放"运筹帷幄"的成语故事视频。

2. 成语释义

（1）"运筹帷幄之中，决胜千里之外"的人是谁?（张良）

（2）你们知道"运筹帷幄"的意思吗?

（3）介绍："运筹帷幄"。

从这个成语里我们可以看出，在古代人心目中，善于使用"算筹"的人是非常了不起的。那么，还记得我们上学期学习的算筹吗？有几种摆法？你都能表示几？

★ 走进文化——聚焦数学元素

1. 视频介绍：《孙子算经》中算筹的记数法。

2. 自主研究用算筹表示 100 以内的数。

（1）根据我们知道的算筹的规则，请你试着摆一个两位数。

跟同桌互相说说，你为什么这么摆？（个位用纵式摆放，十位用横式摆放。）

（2）看算筹说数。

展示学生用算筹表示两位数的图片，全班抢答这个数是几。

指名说一说是怎么看出来的。

（3）用算筹表示两位数。

用算筹分别表示 28，64，50 各数。

（辨析整十数 50 的摆法：横式；它和 5 有什么区别？）

预设：50 是用横式 5 表示的，5 是用纵式 5 表示的，因为摆两位数时需要纵横交替，所以我们看到横式 5 一定不是个位上的，那么说明个位用空位表示 0。

（4）用算筹表示 100。

提出问题：你摆的不是 1 吗？

预设：算筹摆多位数时纵横相间，一纵十横，百立千僵……百位是纵式，十位个位用空位表示0。

提出问题：算筹中0怎么表示呢？

3. 巩固练习用算筹表示100以内的数。

小组合作：你说我摆。

4. 小结：用你们自己的话说一说怎样用算筹表示100以内的数？

★**实践体验——用算筹简单计算**

1. 整十数加减整十数。

如：10 + 20 =

一	加数	10
二	加数	20
三	和	30

2. 100以内的加法。

相同数位要对齐，从个位算起。如：23 + 73 = 96。

＝Ⅲ	加数	23
⊥Ⅲ	加数	73
⊥Т	和	96

先计算个位3 + 3 = 6，满六以上，五在上方。六不积算，五不单张。再计算十位2 + 7 = 9，不需要5小记，直接在横式7的基础上添2。

3. 100以内的减法。

如：38 - 6 = 32。

＝Ⅲ	被减数	38
Т	减数	6
＝Ⅱ	差	32

★拓展习得——自主提出问题，引领进一步探究

1. 与我们现在使用的阿拉伯数字相比，我国古人使用算筹表示数有什么优点？又有什么不足之处呢？

2. 介绍其他国家的计数方法。

古埃及在 3000 多年前的计数法是十进制的，但没有位值制；最大只能表示 99999，且书写非常麻烦，要用 45 个符号，现在只用 5 个符号就能表示数字 99999。

古巴比伦人在 2000 多年前采用的是六十进位值制，表示数字的符号只有两个，即符号在个位表示 1，在十位表示 60，在百位表示 60×60。但是由于没有零的符号，而且 1~9 的符号互相不独立，因此容易引起混乱。

古希腊人计数采用十进制，但没有位值制概念。他们用 27 个古希腊字母 α、β、γ 等在其上画一横杠来表示数字，按这种方式，最大只能表示 999。为了表示更大的数目，他们又引进新的计数符号。这种计数系统十分复杂，但由于没有引进位值制，所以它无法保证任意大的数目都有相应的符号。

中国在 3000 多年前的商代，已经建立起了完整的十进制系统，自从发明了算筹这种计算工具以后，中国人的计数系统有了很大的进步。算筹表示多位数字的方法是纵横相间，这就避免了符号不独立可能引起的混乱。由此可知，中国古代的计数系统是典型的十进位值制。

巴比伦人和玛雅人有位值制概念，却不是十进制；古埃及和古希腊是十进制，却都没有位值制，只有中国是最早采用十进位值制的国家。因此，首创十进位值制，是中国古代人民对世界做出的一项不可磨灭的贡献。

三、课程反思

（一）学生反思

1. 进一步学习了算筹，你有什么收获？

算筹不光可以表示数，还可以用来计算。

2. 关于算筹，你还想提出什么问题？

把你的想法和感受跟爸爸妈妈说一说，也可以请家长在下面写几句话。

算筹中的 0 怎么表示？

孩子回家兴高采烈地描述数学课学习的算筹，作为家长有的弄得都没孩子明白，真是受教了，让我们也参与到传统数学的学习中跟孩子一起进步。

（二）教师反思

1. 教学设计中有哪些环节需要改进？

10 以内的加减法计算可以缩短时间，更多的时间放在 100 以内的计算，让学生感受筹算的方便、古人的智慧。还可以与国家课程的 100 以内的口算和笔算在算理上相勾连。

2. 在课堂实施过程中有哪些地方需要完善？

学生操作时间可以长一些，这样可以更好更熟练地体会十进位值制。

3. 备注（个性化的思考）：

本节课是在学生已有的算筹经验上进行教学的，运用算筹表示横式纵式 1~9，进一步探究多位数的摆法以及简单的计算，学生有更多的时间动手操作，了解我国传统文化，增强民族自豪感，在操作中感受十进位值制，为以后学习更大的数做好铺垫。

四、学生作品展示

五、评价建议与评价样例

评价标准

年级	主题	综合点	评价要素	评价标准	分值	得分	总分
一年级第二学期	用算筹表示多位数及简单计算	与语文、社会等学科整合	了解算筹的起源历史、记数的方法，了解中华传统文化，培养符号意识；能够结合算筹表示多位数的特点，简单说一说其优点和不足，培养分析问题的能力和表达能力	用算筹表示多位数	1		
				初步了解算筹的特点，能够简单说说其优点和不足	1		
			能够通过小组合作，主动探索用算筹表示数的方法，培养合作意识和探究精神	积极思考、主动探索，与同学合作研究算筹表示数字的方法	1		
			能够与同桌合作，完成用算筹形式进行加法或减法的计算，巩固 10 以内的加减法，加深对位值制的理解，培养符号意识、数感、合作意识、规则意识	与同桌合作，按照要求完成加法或减法算式，并准确计算出得数	1		
			能够根据本节课对算筹的了解，谈一谈收获，提出一些自己的想法或问题，培养分析能力、质疑能力	谈一谈自己本节课的收获，提出自己对于算筹的想法或问题。	1		

《铜壶滴漏》

—— 二年级第一学期

肖　畅　常媛媛

一、课程背景

（一）历史文化

铜壶滴漏，是古代的一种计时工具。在没有钟表以前，古人只知道用日和夜来表示时间；后来，人们学会利用测太阳影子的方法来确定时间，这就是日晷。但它只能在晴朗的白天应用，阴雨天和夜间都不行。因此，人们又发明了用滴水或漏沙的方法来计算时间，这就是铜壶滴漏。

在世界各国，也都有类似的水钟。亚历山大的克特西比乌斯于公元前270年左右制造的水钟即为希腊拥有水钟的一个例子。后来，人们发明了钟表，计时就越来越准确了。

（二）对接教材

在我们的教材中，对于我国古代的计时工具也有所介绍。这部分内容主要与"认识时间"的学习有着密切关系。

教材对接

教材分布	主要内容	主要目标
一年级上册 第84页	初步认识钟面上的时针和分针，会认、读、写整时 	结合生活经验，使学生会认、读、写整时

续表

教材分布	主要内容	主要目标
二年级上册 第 90~92 页	认识几时几分，1 时 =60 分 	1. 借助钟面认识时间单位 "分"，知道 1 时 =60 分。 2. 知道在钟面上分针走 1 "小格" 是 1 分钟，初步认识几时几分和几时半。 3. 运用时间的有关知识解决一些简单的实际问题
三年级上册 第 2 页、第 5 页	认识时间单位 "秒"，1 分 =60 秒，体验时间的长短，有关时间的简单计算 	1. 认识时间单位 "秒"，知道 1 分 =60 秒；能选择合适的单位和工具对时间进行度量。 2. 结合生活经验体验时间的长短，初步建立分、秒的时间观念，会用一定的方法估计时间。 3. 结合具体的生活情境，体会时刻与经过时间之间的区别与联系，能解决简单的实际问题
三年级下册 第 82 页	认识年、月、日，了解它们之间的关系；了解 24 时计时法 	1. 使学生认识时间单位年、月、日，了解它们之间的关系；知道大月、小月、二月及其相关知识；知道平年、闰年等方面的基本知识。 2. 使学生了解 24 时计时法，会用 24 时计时法表示时刻；初步理解时间和时刻的意义，会计算简单的经过时间

（三）核心素养

1. 建立时间观念，帮助学生学会学习。

2. 培养学生的合作意识和创新意识。

3. 积淀学生的文化底蕴，夯实多学科通识能力。

二、课程实施

（一）教学目标

1. 了解我国古代用漏壶计时的方法，感受时间虽然看不见、摸不着，但可以用生活中的现象测量出来。

2. 与语文、科学学科融合，以问题引领，使学生通过观察和实验，思考出简易水钟的制作方法，并在实际操作后提出改进建议，激发学生探究用水计时的兴趣，感受时间的宝贵。

3. 学生通过了解古代计时工具的发展历史，感受古人的聪明才智，及其对时间研究的不懈追求，进一步激发学生的创作动力和学习兴趣。

（二）过程实施

★回眸历史——流水就是时间的脚步，了解漏壶用途

1. 问题引入。

提问：同学们都听说过"晨钟暮鼓"吗？

预设：它是指寺庙中早晚报时的钟鼓声，用来形容寺院僧人的生活。比喻可以使人警觉醒悟的话，也形容时光的流逝。

追问：那古人又是怎样来计时的呢？

2. 身边的铜壶滴漏。

（1）钟鼓楼——铜壶滴漏的放置处。

提问：我们身边哪里有铜壶滴漏呢？（钟鼓楼）

追问：钟鼓楼有哪些用途呢？

（2）古人智慧的结晶——了解漏壶原理。

提问：我们的祖先非常聪明，想到了用水计时的方法。他们是怎样利用水来计时的呢？今天我们一起走进广州博物馆，了解铜壶滴漏。（观看《国宝档案》视频片段）

师：各个朝代的漏壶构造不尽相同，一种是壶的底部开一个小孔让水滴漏，观测壶内水量减少的刻度来计算时间，叫泄水型漏壶；另一种是观测水壶里水增加的刻度来计算时间，叫受水型漏壶。中国的漏壶，最先是泄水型，后来泄水型与受水型同时使用。

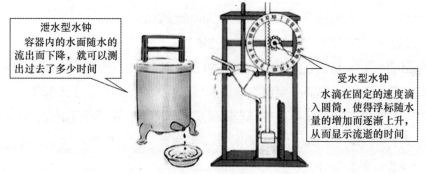

泄水型水钟
容器内的水面随水的流出而下降，就可以测出过去了多少时间

受水型水钟
水滴在固定的速度滴入圆筒，使得浮标随水量的增加而逐渐上升，从而显示流逝的时间

师：了解了铜壶滴漏的设计原理，你有什么疑惑吗？

预设：为什么古人要用至少两个以上的铜壶依次滴漏到最下方的壶中才能观测时间呢？只用一个漏壶不是更便利吗？

汉代文选中的《田漏图》

师：其实我们的祖先最早使用的就是单只漏壶，结构简单，安装方便。但这种漏壶的计时并不十分准确，你知道为什么吗？

实践体验：教师实物操作单只漏壶进行计时。

提问：观察并思考，用单只漏壶计时，是什么影响了计时的准确性？

小结：壶中水量的多少决定了水压的高低，水越多，水压越大，水从小孔中流出的速度就越快；随着壶中水量减少，水压降低，出水量和出水速度也减少。水流速度不均匀就会影响漏壶计时的准确性。

追问：你知道古人是怎么进行改进的吗？

预设：古人想到在漏壶的上面再加上一只漏壶，使上面漏壶漏出的水补充到下面漏壶，提高下面漏壶滴水的稳定性，由此产生了多级漏壶。

小结：人们通过实验发现，水流通过 3 个播水壶时计时最准确，这一结论也与广州博物馆收藏的铜壶滴漏设计相吻合，使学生更加深刻地体会铜壶滴漏设计的科学性。

拓展延伸：由于水的流动还会受到温度等因素影响，尽管是多级漏壶滴水，也难免在时间上有微小误差，你们猜一猜古人又是怎么样去调整铜壶滴漏的呢？

预设：将铜壶滴漏与日晷联合使用进行校准。

★走进文化——聚焦数学元素

1. 古人怎样利用铜壶滴漏看时间呢？

古时	今时
子时	23:00~1:00
丑时	1:00~3:00
寅时	3:00~5:00
卯时	5:00~7:00
辰时	7:00~9:00
巳时	9:00~11:00
午时	11:00~13:00
未时	13:00~15:00
申时	15:00~17:00
酉时	17:00~19:00
戌时	19:00~21:00
亥时	21:00~23:00

铜壶滴漏最下面的水壶中央插着一把铜尺，尺上刻有 12 时辰的刻度，自下而上是子、丑、寅、卯、辰、巳、午、未、申、酉、戌、亥。

提问：咱们现在一天是几个小时呢？（24）

追问：你能计算出铜尺上每个时辰相当于几个小时吗？（2）

小结：铜尺前面插着一根木制的浮标，最下面水壶中的水随时间的推移逐渐增加，浮标也逐渐上升，古人通过看浮标指向的时辰就可以读出当时的时间了。

2. 认读铜壶滴漏时间。

课件出示铜尺与浮标。

小组讨论：铜壶滴漏上所指示时辰，大约是现在的几时呢？

全班分享交流。

3. 小时与一刻钟的由来。

提问：咱们在铜壶滴漏上认读的时间和我们平时常说的几时几分一样吗？（视频介绍）

★实践体验——设计制作简易水钟

你能不能利用铜壶滴漏的原理，设计一个能够计时的小水钟呢？

1. 准备材料：美工刀、马克笔、电子表、矿泉水瓶、水等。

2. 介绍受水型水钟制作方法。

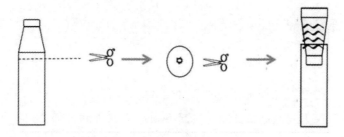

3. 介绍受水型与泄水型水钟联用的制作方法。

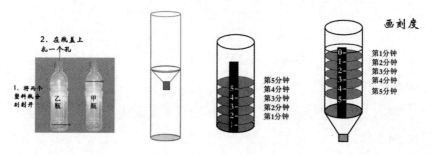

4. 实验探究，合理改进。

师：怎样使我们的水钟计时更准确呢？（学生讨论后交流汇报）

师：你们观察过医院的输液装置吗，它能使我们输的液体匀速地流入体内，我们是不是可以借助这样的装置改进小水钟呢？

出示加装输液装置的水钟，看看它的速度是不是更加均匀了？

★拓展习得——多角度了解铜壶滴漏

1. 铭文记载，传承历史：铜壶滴漏上铸有铭文，为后人了解其来历提供了翔实的记录。

2. 水神玄武，体现文化：铜壶滴漏上的龟形装饰，是中国古代的水神玄武。相传它为北方太极之神，在五行之中，北方属水，所以玄武神就是水神。

3. 铜壶漏断，时间流逝：铜壶滴漏不只是计时工具，还成为时间流逝的象征。中国唐代诗人温庭筠曾写有诗句："铜壶漏断梦初觉，宝马尘高人未知。"

4. 古往今来，作用演变：中国目前完整传世的铜壶滴漏只有三套，其中两套收藏于北京故宫博物院，制造于清乾隆年间，外观庄重奢华，已成为皇帝一统天下的象征。清代后期，自鸣钟开始流行，铜壶滴漏渐渐退出历史舞台，它的作用更像是一件礼器。

三、课程反思

（一）学生反思

1. 写一写学习课程后你的收获是什么？

（1）知道了人们创造计时工具是一个循序渐进的过程，只有不断思考，不断创新，才能有更多的收获，计时才能够越来越精确。

（2）生活中处处都有数学，要学会用数学的眼光探索世界、创造世界。

2. 你知道了哪些古代计时工具？

答：圭表、日晷、沙漏、铜壶滴漏。

（二）教师反思

1. 设计具有层次性的学习单，帮助学生了解古代计时工具，掌握铜壶滴漏计时原理。

2. 提供制作简易铜壶滴漏的统一实验工具，以及铜壶滴漏制作流程图，设计课后体验环节，让学生在课下自由结组动手制作简易水钟，深刻体验流水计时的过程，培养实践操作与沟通交流的能力。

3. 帮助学生建立学习兴趣，鼓励学生对中国传统文化中的数学进行深入研究，潜移默化地培养学生的家国情怀。

四、学生作品展示

五、评价指标

评价标准

年级	主题	综合点	评价要素	评价标准	分值	得分	总分
二年级	铜壶滴漏	与语文、科学等学科整合	通过了解记录时间的古代计时器，感受我国古代劳动人民的聪明才智和创造力	1. 能够说出至少三种古代记录时间的工具。	1		
				2. 可以简单说清一种古代计时工具的工作原理	1		
			在动手制作水钟的过程中，让学生认识操作工具，培养学生的合作意识、规则意识，动手操作能力	能够合理利用工具，克服困难，与同学合作制作水钟，并了解水钟的使用方法	1		
			通过课堂上老师的讲解，能对现存铜壶滴漏的相关历史知识有一些了解，感受时间的宝贵	1. 了解现存铜壶滴漏的相关历史知识。	1		
				2. 感受到珍惜时间的重要性，提出至少一条节约时间的方法	1		

《舒肘知寻》

——三年级第二学期

朱　文　万银佳

一、课程背景

（一）历史文化

人类最早的测量活动是在学会计数之后才开始的。人类逐渐了解到一年生草本植物生长的规律，开始了种植活动。农业生产逐渐带给人们比较固定的生活来源。在猎获到野兽或收获农产品的季节，往往由氏族酋长把大家召集在一起，将食物分配给每一个成员。氏族酋长在分配谷物时，很可能选择大小适中的陶质容器作为分配的"标准量器"，这可以说是最早的测量工具。从出土的文物可以证明，在手工业成为独立生产部门以后，人类对数和量有了更进一步的认识。

1. 度——计量长短用的器具称为度。

产生很早，上古时都是以人身体的某个部分或某种动作为命名依据的，例如寸、咫、尺、丈、寻、常、仞（rèn）。在这些名称中，尺是长度的基本单位。一尺的长度与一手长度相近，容易识别，所以我国三国时期王肃编的《孔子家语》一书就有"布指知寸，布手知尺，舒肘知寻"的记载。同学们熟知的"咫尺天涯""近在咫尺""一片孤城万仞山"等词句，都含有古代的长度单位。

2. 量——测定计算容积的器皿称为量。

量器是封建社会计量农产品多少的主要器具，因此容量的计量产生最早，它的单位名称也最复杂。在《左传》《周礼》《仪礼》《尔雅》等经典著作中都有关于容量单位的记载，其专用名称有升、斗、斛（hú）、豆、区、釜、钟，以及溢、掬等。同长度一样，周代以前容量单位也是用人的身体计量，以一手所能盛的叫作溢，两手合盛的叫作掬，掬是最初的基本的容量单位。

3. 衡——测量物体轻重的工具称为衡。

很早以来，铢、两、斤、钧、石都是用作重量的单位。但古时对重量单位的说法复杂不一。例如《孙子算经》卷上："称之所起，起于黍，十黍为一象"（"累"的古字）。

同学们都知道，秦始皇灭六国统一了中国，是一位在中国历史上产生过重大影响的人物。实现了中国历史上第一次度量衡制度的统一。秦元年（公元前221年），秦始皇颁布"一法度衡石丈尺"诏书，规定依秦制划一全国度量衡标准。在李斯的亲自指挥下，把度制以寸、尺、丈引为单位，采用十进制计数；量制以合、升、斗、桶为单位，也采用十进制计算；衡制则以铢、两、斤、钧、石为单位，24铢为一两，16两为一斤，30斤为一钧，4钧为一石固定下来。如以铭文所记数据计，秦度一尺约合今0.23米，秦量一升约合今0.2升，秦衡一斤约合今0.258公斤。为了有效地统一制式、划一器具，度量衡器由官府遵诏书负责监制，民间不得私造。秦律中还规定了量器误差限度，至此战国以来度量衡制不一的局面得以结束。2000多年来，无论朝代更迭，这种计量方法几无更改。甚至时至今日，我们的生活当中依然还有它的身影。从下面这张图就可以了解秦始皇统一度量衡的情况。

秦始皇　度　量　衡

古代的计量单位

长度	丝、秒、纤、微、忽、豪、发、程、厘、分、寸、尺、步、丈、引、仞、寻、常、墨、里、舍
容量	合、升、斗、石、区（ou）、釜、钟、溢、掬、勺、撮
质量	忽、丝、毫、厘、分、钱、铢、两、斤、钧、石、累、勺
成语中的计量	退避三舍、失之毫厘、谬之千里、千钧一发、车载斗量、才高八斗、入木三分

（二）对接教材

在人教版小学数学教材中，很多地方都涉及了有关测量工具的学习与研究。通过对测量工具的了解和学习，可以更好地帮助学生理解"测量单位"。

对接教材

教材分布	主要内容	主要目标
二年级上册 第 3 页、 第 7 页例题 1、 例题 2、例题 8	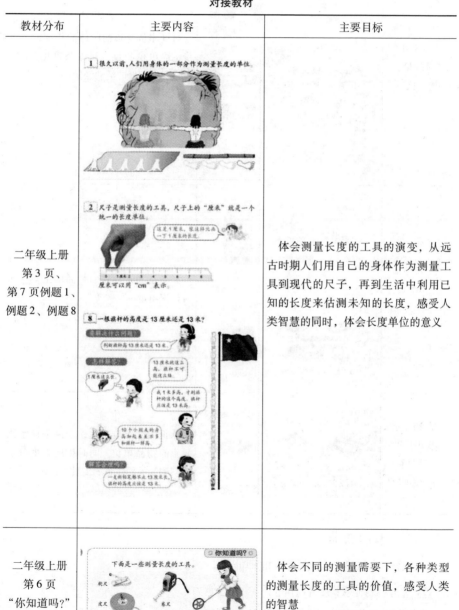	体会测量长度的工具的演变，从远古时期人们用自己的身体作为测量工具到现代的尺子，再到生活中利用已知的长度来估测未知的长度，感受人类智慧的同时，体会长度单位的意义
二年级上册 第 6 页 "你知道吗？"	下面是一些测量长度的工具。　你知道吗？ 软尺　皮尺　卷尺　测量轮	体会不同的测量需要下，各种类型的测量长度的工具的价值，感受人类的智慧

续表

教材分布	主要内容	主要目标
二年级上册第88页"量一量、比一比"		通过测量身边的物体的长度，进一步感悟单位长度，建立长度的表象，积累测量长度的活动经验
二年级下册第101页例题1		天平是测量较轻的物品的工具，同时认识质量单位"克"
二年级下册第103页阅读材料"你知道吗?"		认识质量单位千克，千克是计量比较重的物品单位。同时扩展学生对于不同测量不同质量的工具的认识

（三）核心素养

1. 培养符号意识、数感、推理能力。

2. 培养规则意识、合作意识、表达能力。

3. 积淀文化底蕴，培养文化传承与理解。

二、课程实施

（一）教学目标

1. 通过测量篮球场的实践活动，认识米尺、卷尺、测绳等实地测量工具的用途，掌握尺测、绳测、目测、步测等多种测量方法。能在实践活动中学会灵活运用多种测量工具和方法，较准确地测量出事物的长度。

2. 在测量过程中，通过与同学合作完成任务，学会与他人合作，学会交流与分享。

3. 通过对测量结果的评价，提高反思意识，培养认真做事、严谨学习的良好习惯。

（二）实施过程

★ **回眸历史——了解"度"（计量长短的器具）**

1. "失之毫厘，谬以千里"说起。

（1）典故介绍：

西汉时期，赵充国奉汉宣帝之命去平定西北地区叛乱，他见叛军军心不齐，就采取招抚的办法，使得大部分叛军投诚。可汉宣帝命他出兵，结果出师不利。后来他按皇命收集军粮，造成叛乱，他感慨地说："真是失之毫厘，谬以千里。"

（2）耳熟能详："咫尺天涯""近在咫尺""一片孤城万仞山"。

请同学们借助词典来找出这些词句中的古代的长度单位。

2.《孔子家语》中有："布指知寸，布手知尺，舒肘知寻"的记载。"布手知尺"之说有没有根据呢？有幸的是，国家博物馆和上海博物馆各藏有一支商代象牙尺，尺长约 16 厘米，尺上有分、寸刻度，均为十进位。对此我们作了一个验证，身高在 160 厘米者，拇指至食指之间距离为 16 厘米，一指之宽为 1.6 厘米。考古学家李济先生在 1921 年对当时中国人身高作了一个统计，成年人身高平均为 164～165 厘米。此外，由考古发掘证明的古人身高：女子为 150～160 厘米，男子为 160～165 厘米可证，"布手知尺"说是有根据的。

《孔子家语》中"布指知寸，布手知尺，舒肘知寻，斯不远之则也"说得更加具体，更有可操作性。世界各个民族的先人，最初的测量活动往往都是借助于人体器官来实现的，如手、指、腕、足以及人体的自然身高等。如肘尺（又译作腕尺），是古老的两河流域（美索不达米亚）文明时期的长度单位，大约出现于公元前 6000 年，这个单位的概念是，伸开手臂，从肘关节至中指间的距离。在公元前 2500 年，古巴比伦尼亚王国的长度单位有"指"，一指相当于 1.65 厘米，一尺是 20 指，一腕尺等于 30 指。

★走进文化——聚焦数学元素

在学生了解了古代的"度量衡"基础上，知道了古人是如何测量的，我们在古人智慧的基础上进一步明确活动任务——测量。

首先制定测量方案：

1. 提出活动总要求：这次我们活动的任务是测量一下篮球场的长和宽。

2. 小组讨论：测量篮球场这么大的地方，你有什么好方法吗？

学生讨论，汇报。

学生可能出现的方法：用卷尺量；目测；步测；用自制测绳。

3. 小组讨论：

你为什么选择这种工具？你们觉得在测量时可能会出现什么问题？

（1）尺子不够长怎么办？接头时怎么做记号？

（2）篮球场的边线是有宽度的，测量时量里面还是量外面？

4. 还需要准备哪些工具用品。

带粉笔、铅笔、记录单、照相机。

5. 在学生讨论交流选好了工具的基础上，带学生去篮球场实地看看，感觉一下他们选择的工具是否适用。

★实践体验——实地测量阶段

1. 实际测量：

4 人为一小组，选择喜欢的测量方法测量。

活动要求：

（1）在活动前先与你的组员商量好准备用什么工具、什么方法进行测量。

（2）将你们的活动方案和测量数据记在活动单上。

（3）小组分工合作共同测量篮球场的长和宽。

（4）在活动中注意安全和有秩序地进行。

学生先在教室里通过小组讨论，商量测量的方案和分工情况；再到篮球场进行实地测量，教师指导。

2. 展示分享。

（1）请每组汇报测量结果，并说说你们是按照怎样的步骤进行测量的。（表格）

（2）学生交流在测量中遇到的一些问题和解决的方法。

（3）教师出示实际数据，小组比较数据。

（4）小组讨论交流：测量准确的经验；产生误差的原因。

★拓展习得——将课内学习延伸到课下

1. 课后实践。

借助今天课上学习测量的经验，让学生课下测量一下学校的长或宽，或者回家测量一下院子的长或宽（选择什么样的测量方式，如何计算，如何尽量减少误差）。

测量圆形花坛（选用什么测量工具，如何减少误差）。

如何测量树高，如何测量旗杆的高度（自己查阅资料）。

2. 你还知道生活中有哪些不同的测量工具和测量方式。

三、课程反思

（一）学生反思

1. 上了这节课，你的收获是什么？

我了解了更多的测量工具，以及使用方法和测量的方法。

2. 你喜欢这样的学习方式和内容吗？理由是什么？

喜欢这样的学习方式和内容，因为可以将自己数学书上学到方法运用到生活中解决实际问题，还可以和小组同学一起合作完成任务。

（二）教师反思

1. 教学设计中有哪些环节需要改进？

小组合作测量篮球场的长和宽时，可以给一个组提供测量轮进行测量，丰富学生对测量工具的认识和使用。

2. 在活动实施过程中有哪些地方需要完善？

同学们在测量的过程中有的组测量结果的误差比较大，在全班交流讨论后，学习了其他组的好的经验，再给学生一点时间，按照正确的测量方法进行测量，修正自己组的测量数据。

3. 备注（个性化的思考）：

本节课很好地调动了学生的积极性，教师问同学们想想如果测量操场需要注意什么，同学们没等教师的问题说完就开始议论纷纷了。各抒己见，谈到测量时尺子一定要伸直，同学之间要团结合作，认真读取数据，本组成员要分工合理，这样才能高效高质量地完成任务。通过课前交流，孩子们知道了课上要团结合作，所以在课上孩子们真正地将课前讨论的注意事项落实到了实践活动中，孩子们在宽松愉悦的氛围中高效高质量地完成了本次数学活动。

四、学生作品展示

 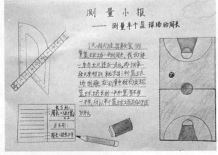

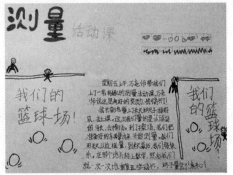

五、评价指标

评价标准

年级	主题	综合点	评价要素	评价标准	分值	得分	总分
三年级第一学期	实际测量	与语文、社会等学科整合	了解度量衡的发展历史、常用的计量单位、计量器具,了解中华传统文化,规则意识;能够选用符合实际的测量形式、测量工具,准确测量	选用符合实际的测量形式。	1		
				选用符合实际的测量工具。	1		
				测量数据准确(允许有一定误差)	1		
			能够通过小组合作,主动探索和实践测量篮球场长和宽的方法,培养合作意识和探究精神	积极思考,与同学合作探索和实践测量方法	1		
			能够根据本节课对实际测量的了解,谈一谈收获,提出一些自己的想法或问题,培养分析能力、质疑能力	谈一谈自己本节课的收获,提出自己对于测量的想法或问题	1		

《四时八节》
——三年级第二学期

张思雯　郭京丽

一、课程背景

（一）历史文化

《周髀算经》卷下："凡为八节二十四气。"赵爽注："二至者，寒暑之极；二分者，阴阳之和；四立者，生长收藏之始；是为八节。"

四时八节是黄历中关于节气的一种说法，在民俗中也表示一些民俗节日。四时：指春夏秋冬四季；八节：指立春、春分、立夏、夏至、立秋、秋分、立冬、冬至，泛指一年四季中各节气。民俗盛行的四时八节，指上元节、花朝节、清明节、立夏节、端午节、中元节、中秋节、重阳节。

早在春秋战国时代，汉族劳动人民就有了日南至、日北至的概念。随后人们根据月初、月中的日月运行位置和天气及动植物生长等自然现象，利用之间的关系，把一年平分为二十四等份，并且给每等份取了个专有名称，这就是二十四节气。

战国后期成书的《吕氏春秋》"十二月纪"中，就有了立春、春分、立夏、夏至、立秋、秋分、立冬、冬至等八个节气名称。这八个节气，是二十四个节气中最重要的节气。标示出季节的转换，清楚地划分出一年的四季。

到秦汉年间，二十四节气已完全确立。

《淮南子》一书就有了和现代完全一样的二十四节气的名称。

公元前 104 年，由邓平等制定的《太初历》，正式把二十四节气订于历法，明确了二十四节气的天文位置。

二十四节气的命名反映了季节、物候现象、气候变化。反映季节的是立春、春分、立夏、夏至、立秋、秋分、立冬、冬至，又称八位；反映物候现象的是惊蛰、清明、小满、芒种；反映气候变化的有雨水、谷雨、小暑、大暑、处暑、白露、寒露、霜降、小雪、大雪、小寒、大寒。

（二）对接教材

教材对接

教材分布	主要内容	主要目标
三年级下册第六单元年月日中的知识补充	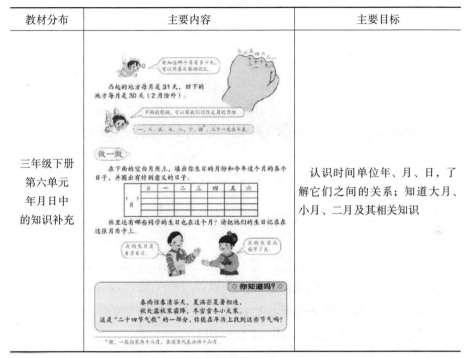	认识时间单位年、月、日，了解它们之间的关系；知道大月、小月、二月及其相关知识

（三）核心素养

1. 培养学生的探究能力，收集、处理信息的能力。

2. 培养学生的合作意识和应用意识，激发学生对科学及非文化遗产的兴趣，传承我国的传统文化。

二、课程实施

（一）教学目标

1. 初步了解二十四节气的相关知识，向学生介绍二十四节气与天文、气候和农业生产等方面的紧密联系，了解二十四节气与年月日之间的关系。

2. 在学习过程中培养学生的合作意识、创新意识，在汇报交流过程中培养学生的表达能力以及归纳概括能力。

3. 让学生通过亲身体会，培养并发展学生对科学及非文化遗产的兴趣，传承我国的文化传统，体会数学与生活的密切关系。

（二）实施过程

★回眸历史——了解二十四节气的由来

1. 图片引入

同学们，你们认识它吗？（圭表）

圭表是古代汉族科学家发明的度量日影长度的一种天文仪器，由"圭"和"表"两个部件组成。圭表和日晷一样，也是利用日影进行测量的古代天文仪器，早在公元前 7 世纪，中国就开始使用了。圭表是测定正午的日影长度以定节令，定回归年或阳历年。在很长一段历史时期内，中国所测定的回归年数值的准确度都居世界第一。通过进一步研究计算，古代汉族学者还掌握了二十四节气的圭表日影长度。这样，圭表不仅可以用来制定节令，而且还可以用来在历书中排出未来的阳历年以及二十四节令的日期，作为指导汉族劳动人民农事活动的重要依据。

同学们，你们知道春分、芒种、冬至都是什么吗？（二十四节气）刚才我们认识的圭表就是用来制定节令，确定二十四节令的日期。

2. 图片联想

（1）观察图片——呈现剩下的 21 个节气图片。

（2）民间谚语："二月清明一片青，三月清明草不生。"

同学们，你们能猜出这句谚语说的是哪个节气吗？

全年二十四个节气，在阳历的月日是确定的，在阴历是不一定的。清明节在阳历四月五日，在常年是阴历三月初。如果碰到有闰月的阴历年，很可能在阴历二月初。那么，阴历二月行的是阳历四月的天气。三月行的是阳历五月的天气，比较平年的二月三月，要暖得多了，所以说清明节在二月，野外一片青；清明节在三月，大地还未回春。

——广西贵县

再考考你们，"雨春夹一冬，必定暖烘烘"。

根据我国习惯，阴历正月初一和立春都被认为是春的开始日。在阴历连续平年之后，立春就在阴历十二月中，和阴历正月初一隔着半个月的时光。这半个月在阴历年底，还是冬天。这就是"两春夹一冬"的意思。

查历年纪录，长江流域在阳历一二月之交，天气最冷。立春在阳历二月五日左右，长江下游的最冷天气行将结束，天气就可变暖了。但是按照习惯说法，这时还是残冬岁底的时候，所以有此一说。

——河南开封

（3）教师介绍二十四节气的历史（教师参考历史文化背景材料）。

★走进文化——聚焦数学元素

1. 二十四节气歌。

由于节气比较多，人们为了方便记住这些节气，把它编成了诗歌。同学们，你们会背吗？

学生齐背二十四节气歌。

师：只会背可不行，里面蕴含着不少的学问呢！你能根据这四句话说一说都有哪些节气吗？

师：有人认为二十四节气从属农历，其实，它是根据阳历划定的，即根据太阳在黄道上的位置，把一年划分为 24 个彼此相等的段落。也就是把黄道分成 24 个等份，每等份各占黄经 15°。由于太阳通过每等份所需的时间几乎相等，二十四节气的公历日期每年大致相同：上半年在 6 日、21 日前后，下半年在 8 日、23 日前后。你能在年历上找到这些节气吗？请你以小组合作的形式，在年历上找一找、圈一圈。

全班汇报交流。

你对二十四节气还有哪些了解？

2. 二十四节气的含义和分类。

古人为了准确地把握好时间和季节变化，特意设定了二十四节气，它反映了季节、气候现象、气候变化等，所以二十四节气可不是随机命名的，它是从四个方面进行分类的，也方便我们记忆。你知道二十四节气是从哪四个方面进行分类的吗？

表示季节变化的有：立春、春分、立夏、夏至、立秋、秋分、立冬、冬至八个节气。

象征温度变化的有：小暑、大暑、处暑、小寒、大寒五个节气。

反映降水量的则是：雨水、谷雨、白露、寒露、霜降、小雪、大雪七个节气。

反应物候现象或农事活动的节气有：惊蛰、清明、小满、芒种四个节气。

3. 小组合作学习。

每个节气到底都代表什么呢?

学习建议：

（1）四个人为 1 小组，每组分配到三个节气名称，组内自由分配。

（2）根据老师提供的资料，找到相关节气的知识。

（3）组内汇报补充。

（4）全班交流总结。

4. 熟记二十四节气歌。

学生以小组为单位，带着对二十四节气的初步了解，对照农历上面圈出的每一个日期，熟记二十四节气歌，并体会气候节律。

古人设定二十四节气自有他们的道理，不同的节气有不同的气候、风俗活动。

★实践体验——搜集相关资料

学生汇报交流课前以小组为单位搜集的与二十四节气相关的内容（包括二十四节气的时间、农事、民俗活动、相关谚语等）。

每个小组可以表演、PPT 展示等形式进行汇报。最后以小报的形式呈现二十四节气的相关知识。

★拓展习得——宣传二十四节气知识

营造校园氛围，让墙壁、橱窗、板报、小报成为传播二十四节气知识的重要途径。

三、课程反思

（一）学生反思

1. 这样的课程学习与以往数学课有什么不同?

生动有趣、学习的方式多样。

2. 写一写课程学习后你的收获是什么?

不仅了解了一些物候知识,还体会到了古人对自然观察的能力。

3. 是否喜欢这样的学习方式和内容,理由是什么? 把你的感受跟家长交流一下,也可以让家长在下面写几句话。

喜欢这样的学习方式,在学习的过程中可以充分地和同学们进行交流和探讨,还能够合作学习。同时这样的课程内容还能丰富课外知识。

(二) 教师反思

1. 教学设计中有哪些环节需要改进?

在小组学习前,可以引导学生查看年历,简单了解每个月都有哪几个节气,每个月的节气都在哪些天,这中间又有什么规律。

2. 在课堂实施过程中有哪些地方需要完善?

由于课堂中学生合作学习时间较长,学生在分工合作上会出现小的摩擦,由此教师要引导学生学会小组合作。

(1) 每组选一个组长负责,组织学生做好分工、讨论。

(2) 合作学习时,教师要深入到小组中去,倾听小组成员的发言,掌握各小组合作学习的进程及在合作学习中出现的问题,及时了解各小组在合作学习过程中遇到的困难和问题,并且给予必要的指导。

(3) 组织学生汇报交流,交流中体现分工与合作。

3. 备注 (个性化的思考):

把课堂完全交给学生,通过自学获取与二十四节气相关的知识,同时培养学生信息收集、处理的能力。

四、学生作品展示

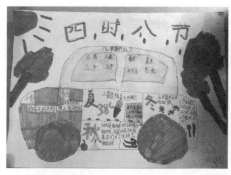

　　同学们根据所学习的二十四节气相关知识，制作了"二十四节气树脂植物钟"。

五、评价指标

评价标准

年级	主题	综合点	评价要素	评价标准	分值	得分	总分
三年级	四时八节	与语文、美术、科学等学科整合	通过组内自学，对二十四节气进行简单的认识，培养学生处理信息的能力，了解中华传统文化	1. 能够从资料中找到所有相关内容，并清晰表达。	1		
				2. 能够认真倾听同学的发言	1		
			学生以小组形式收集二十四节气的时间、农事、民俗活动等资料，并能够清晰表达出来。培养学生收集和处理信息的能力	1. 汇报形式有趣新颖，能够和同学分享更多方面的知识。	1		
				2. 小报制作新颖，有创意	2		

《以一当五》

——四年级第一学期

淮瑞英　王　滢

一、课程背景

（一）历史文化

中国是算盘的故乡，它是我们祖先创造发明的一种简便的计算工具，是由古代的"筹算"演变而来（筹算是指以算筹作为工具，进行加、减、乘、除、开方以及其他的代数计算、解方程）。自古以来，算盘都是用来算账的，也正因如此，算盘被当做富贵的吉祥物，为人们所推崇。更有民间风俗将算盘作为女子出嫁的嫁妆，以祝福新人生活富足安宁，广茂财源，招财进宝。算盘除了指一种计算工具以外，也比喻计划、打算做一些事情，例如在许多文学著作中也常见"算盘"的应用，如《红楼梦》："我心里却有个算盘，还不至此田地。"老舍《四世同堂》："如果你们俩胆敢合起来算计我，那就打错了算盘。"在民间，常会听到"金算盘""铁算盘"之类的比喻，形容的也多是"算进不算出"的精明。

在计算机已被普遍使用的今天，古老的算盘不仅没有被废弃，反而因它的灵便、准确等优点，在许多国家方兴未艾。因此，人们往往把算盘的发明与中国古代四大发明相提并论，联合国教科文组织将珠算列入人类非物质文化遗产。

现存的算盘形状不一、材质各异。一般的算盘多为木制（或塑料制品），矩形木框内排列一串串等数目的算珠，有一道横梁把珠统分为上下两部分，算珠内贯直柱，也就是"档"，一般为9档、11档或13档。档中横以梁，梁上1珠，这珠为5；梁下5珠，每珠为1。用算盘计算称珠算，珠算有对应的四则运算法则，统称珠算法则。随着算盘的使用，人们总结出许多珠算口诀，使计算的速度更快了。相对于一般运算来看，熟练的珠算不逊于计算器，尤其在加减法方面。

（二）对接教材

在人教版小学数学教材中很多地方都涉及了有关"算盘"的学习与研究。通过对算盘的了解和学习，可以更好地帮助学生理解"十进位值制计数法"以及"数位"的知识，同时培养学生的数感和数形结合的意识。

对接教材

教材分布	主要内容	主要目标
一年级上册第 60 页阅读材料"你知道吗?"	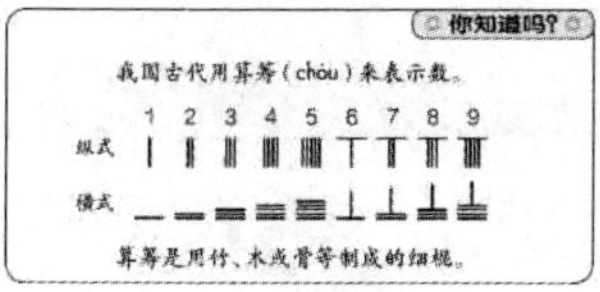	对算筹有所了解，体会古人计数的方法，感受到数学文化
二年级下册第 78 页阅读材料"你知道吗?"	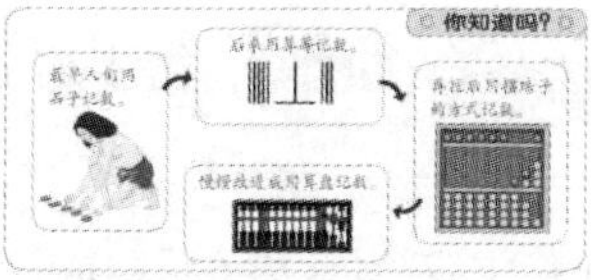	体会十进位值制记数法，感受我国古代的数学成就
四年级上册第 23 页"计算工具的认识"		了解不同时期人们使用的计算工具，感受古代人民的聪明智慧以及现代技术的发展
四年级上册第 24 页"算盘"	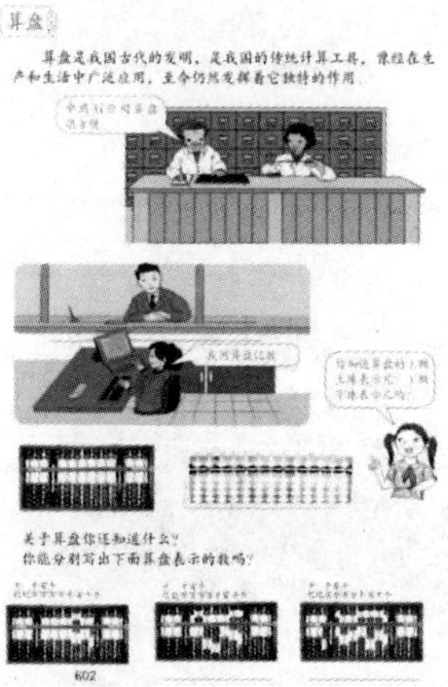	了解算盘的历史渊源，学会使用算盘表示数，并进行简单的加法计算，感受我国古代传统文化

（三）核心素养

1. 培养数感、推理能力以及运算能力。

2. 培养规则意识、合作意识以及表达能力。

3. 积淀文化底蕴，感受中华传统文化的博大精深。

二、课程实施

（一）教学目标

1. 认识算盘，了解我国古代用算盘计算的方法，能用算盘表示万以上的数，并尝试用算盘进行简单的加法运算，培养学生的数感、推理能力以及计算能力。

2. 在实际操作中，培养规则意识、合作意识，初步培养学生的分析能力和表达能力。

3. 了解算盘的发展历程，浸润数学文化，感受我国古代数学的成就，增强民族自豪感。

（二）实施过程

★回眸历史——了解算盘的演变历史

1. 猜谜引入。

教师：同学们，请你猜一猜下面这个谜语：

<blockquote>

一座城四面墙，

一群珠宝里面藏。

若用小手拨一拨，

噼里啪啦连声响。

</blockquote>

学生思考并回答。

教师揭晓谜底"算盘"及展示算盘的图片。

2. 介绍"算盘"的起源：

教师参考历史文化材料，向学生简要介绍算盘的历史渊源。算盘是我国古代的伟大发明之一，我们的祖先在 600 多年前发明了算盘，并用算盘进行计算。所以算盘是我国的优秀文化遗产。算盘还传到日本、朝鲜、美国、东南亚、欧洲等许多国家和地区。

★走进文化——聚焦数学元素

1. 认识算盘。

（1）教师：仔细观察算盘，说说算盘里都有些什么？

预设："框""梁""档""上珠""下珠"。

（2）学习儿歌，帮助学生记忆：

小小算珠溜溜圆，

梁把算珠分上下，

中间档来串一串。

框把算珠全围上。

2. 了解算珠。

（1）算珠离梁。

教师：我们一起来用算盘表示 1~9 这几个数字吧，现在能直接拨数吗？

预设：不能，算盘现在太乱了。

教师：没错，我们需要先把算盘上的所有算珠离梁。

（2）上下有别。

教师：我们先试着拨出"1"，自己在算盘上试一试，你发现了什么？

预设：算盘有上珠和下珠，不知道该用哪部分。

教师：太棒了，算盘中的上珠下珠是有区别的，上珠以一当五，下珠以一当一。现在你再试一试。你发现了什么？

预设：有好多种方法，因为有很多档都可以拨一个下珠表示"1"。

3. 了解定位。

教师：这个问题太好了，那你能表示 10 吗？你发现了什么？

预设：我不知道哪一位表示十位。

教师：怎样才能确定呢？

预设：设定一位为个位，就可以表示 10，还可以表示 100。

教师：太好了，快在自己的算盘上选定个位吧。你是怎么选的？

预设：我想尽量选在靠右的位置。

★ 实践体验——算盘拨数体会位值制

1. 在算盘上表示 100 以内的数。

教师：请你选择一个位置确定个位，表示出 2、4、8。

教师：接下来老师将随机出一些百以内的数，看看谁拨的快。

出题：13、76、59……同学之间互相说一说是怎样拨的。

2. 在算盘上表示万以上的数。

教师：下面我们来拨一些更大的数，你们可以吗？

教师：做好准备了吗？接下来老师将随机出一些万以上的数字，看看谁拨的快。

出题：20149453、93473746、38272509……

★ 拓展习得——利用口诀简单计算

1. 直接加。

（1）用算盘计算：$2 + 2 = \Box$；$1 + 7 = \Box$。

试着说一说你的计算方法。

（2）总结：当两数相加时，本档算珠够加，本着"加看外珠（靠框的珠），够加直加"，直接从本档中加上加数。

（3）练习：$1 + 1$、$2 + 5$、$3 + 6$、$5 + 4$、$8 + 1$

$48623 + 21153$、$123456789 + 876543210$

2. 用补数加（补五的加）。

（1）用算盘计算：$2 + 3 = \Box$（下 5 去 3 的凑数 2）；$4 + 4 = \Box$（下 5 去 4 的凑数 1）

试着说一说你的计算方法。

（2）总结：当盘面上被加数已占去部分下珠，再加上小于 5 的数，下珠不够用，需拨上珠，但同时要把多加的数加数的凑数从下珠中减去，这叫做补五的加。其运算要领是"下珠不够，补五减凑。"

（3）练习：$1 + 4$、$2 + 4$、$3 + 3$、$4 + 3$

241324 + 445534、414321133 + 3423564422

3. 用补数加（补十的加）。

（1）用算盘计算：2 + 8 = □（去掉 8 的补数 2 然后进 1）；8 + 7 = □（去掉 7 的补数 3 然后进 1）

试着说一说你的计算方法。

（2）总结：在同一档两数相加的和大于或等于 10，必须向左进位才可完成的计算，可以用补数的加法（本档满 10，减补数加 10）。

（3）练习：1 + 9、2 + 8、3 + 7、4 + 8、6 + 5、6 + 4、7 + 8、9 + 6

28546702 + 347865、149845 + 74921006

4. 拓展提升。

（1）想一想，我国古人使用算盘计算有什么优点，又有什么不足之处呢？

（2）你还想了解有关算盘的什么知识？

预设学生提问：

怎样用算盘计算减法、乘法、除法运算？

在古代其他国家有什么计算工具？

三、课程反思

（一）学生反思

1. 上了这节课，你最大的收获是什么？

我知道了算盘是我们祖先发明创造的一种计算工具，我还知道了算盘各部分名称，也知道怎么用算盘进行加法计算。

2. 你喜欢使用算盘进行加法运算吗？为什么？

我喜欢。因为算法巧妙，和我们现在学的算法有异曲同工之妙。

（二）教师反思

1. 教学设计中有哪些环节需要改进？

在新课讲解时，要有生生互动讨论、探究，同时培养学生初步了解用数学知识解决生活中的实际问题的过程。

2. 在课堂实施过程中有哪些地方需要完善？

（1）准备阶段：可以让学生调查算盘的来历。

（2）实施阶段：小组讨论，指导要加强。

四、学生作品展示

五、评价指标

评价标准

年级	主题	综合点	评价要素	评价标准	分值	得分	总分
四年级第一学期	用算盘表示数并会计算简单的加法	与语文、社会等学科整合	了解算盘的起源历史、计算的方法，了解中华传统文化，培养符号意识；能够结合珠算的特点，简单说一说其优点和不足，培养分析问题能力和表达能力	使用直接加和补数加两种珠算方法。	1		
				初步了解算盘的特点，能够简单说一说其优点和不足	1		
			能够通过小组合作，主动探索用算盘计算的方法，培养合作意识和探究精神	积极思考、主动探索，与同学合作研究珠算的方法	1		
			能够与同桌合作，完成用珠算加法的练习，培养符号意识、数感，培养合作意识、规则意识	与同桌合作，按照要求完成珠算加法练习	1		
			能够根据本节课对算盘的了解，谈一谈收获，提出一些自己的想法或问题，培养分析能力、质疑能力	谈一谈自己本节课的收获，提出自己对于算盘的想法或问题	1		

《奇巧七板》

——五年级第一学期

杨昕明　李冬梅　张文佳

一、课程背景

（一）历史文化

"七巧板"又称七巧图、智慧板，是中国民间流传的智力玩具。据说，这种玩具是由一种古代家具演变来的。宋朝有个叫黄伯思的人，对几何图形很有研究，发明了一种用 6 张小桌子组成的"宴几"——请客吃饭的小桌子。后来有人把它改进为 7 张桌组成的宴几，可以根据吃饭人数的不同，把桌子拼成不同的形状，比如，3 人拼成三角形，4 人拼成四方形，6 人拼成六方形……这样用餐时人人方便，气氛更好。有人把宴几缩小改变到只有七块板，用它拼图，就演变成一种玩具。

"七巧板"的历史至少可以追溯到公元前 1 世纪，到了明代基本定型。明、清两代在民间广泛流传。到了明末清初，皇宫里的人经常用它来庆贺节日和娱乐，拼成各种吉祥图案和文字，故宫博物院至今还保存着当时的七巧板。清陆以湉在《冷庐杂识》卷一中写道："近又有七巧图，七巧板其式五，其数七，其变化之式多至千余。体物肖形，随手变幻，盖游戏之具，足以排闷破寂，故世俗皆喜为之。"七巧板是我们祖先的一项卓越创造。

18 世纪，七巧板传到国外，引起了外国人的极大兴趣，有些人通宵达旦地玩它，并叫它"唐图"，意思是"来自中国的拼图"。在西方，也被人们称为"东方魔板"。

（二）对接教材

七巧板本身含有的基本图形、组合图形以及通过拼摆的不规则图形，都可以作为直接或间接辅助学生学习"图形与几何"领域中平面图形相关知识的学习工具。在教材中很多地方都涉及了有关"七巧板"的学习与研究。

对接教材

教材分布	主要内容	主要目标
一年级下册 第 4 页例 3		认识七巧板。 通过七巧板的拼摆进一步巩固对平面图形的认识
二年级上册 第 45 页练习	13.（1）说一说七巧板中的每块板是什么形状，上面各有哪些角？ （2）比一比 5 块三角形板的各个角的大小，你有什么发现？ （3）用两块板拼直角，你能拼出几个？拼钝角呢？	通过七巧板巩固对角的认识
二年级上册 第六单元 第 72 页	7 的乘法口诀	学习 7 的乘法口诀时，以七巧板为研究素材
四年级上册 第 69 页练习	13. 用七巧板拼一拼。 （1）用其中的两块拼一个梯形。 （2）用其中的三块拼一个平行四边形。 （3）用其中的四块拼一个等腰梯形。	通过七巧板的拼摆巩固对平行四边形和梯形特征的认识
五年级上册 第 103 页	这个由一副七巧板拼出的正方形边长为 12 cm，你能求出每个图形的面积吗？ 说一说你是怎样算的	通过七巧板巩固平面图形面积的计算

续表

教材分布	主要内容	主要目标
五年级下册 第 87 页	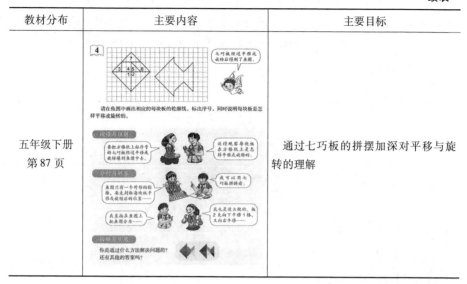	通过七巧板的拼摆加深对平移与旋转的理解

（三）核心素养

1. 通过对七巧板的拼摆培养学生的空间观念和推理能力。

2. 培养学生的规则意识、合作意识和创新意识。

3. 积淀学生的文化底蕴，夯实多学科通识能力。

二、课程实施

（一）教学目标

1. 通过认识七巧板、制作七巧板、拼摆七巧板，加深学生对已经学过的平面图形的理解，发展空间观念，培养推理能力。

2. 在操作过程中培养学生的规则意识、合作意识、创新意识，夯实学生自小筑基的多学科通识能力。

3. 通过对七巧板演变发展过程的了解，认识我国传统文化的智慧结晶，让学生在活动中欣赏图形拼组所创造出的美，体会数学与生活的密切关系。

（二）实施过程

★回眸历史——了解七巧板的起源

1. 介绍"七巧板"历史。

2. 学生交流自学成果。

七巧板受到世界各国人们的喜爱。至今英国剑桥大学图书馆里还珍藏着一部《七巧新谱》。美国作家埃德加·爱伦坡特竟用象牙精制了一副七巧板。因能启迪智慧，美国人至今还在流行着全国性的"全美拼图竞标赛"。

想不想亲自动手制作一副属于自己的七巧板呢？

★走进文化——聚焦数学元素

1. 七巧板的组成。

从上图中你能找到哪些学过的平面图形？它们各有几块？

2. 各平面图形间的关系。

3. 蕴含的数学元素。

（1）巩固平面图形的面积计算。

如：下图是由一副七巧板拼出的正方形，边长为 12cm，你能求出每个图形的面积吗？说一说你是怎样计算的。（此题出现在五年级上册的教材中）

（2）巩固图形运动的相关知识。

对于七巧板的研究，不仅可以帮学生学习平面图形，还可以通过在方格纸上平移、旋转的方式用七巧板拼图，加深学生对已经学过的平移、旋转等知识的理解，发展其空间观念。

如：七巧板经过平移或旋转后得到了鱼图。（此题是五年级下册的例题）

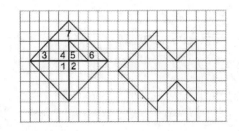

4. 绘制七巧板平面图。

（1）分析七巧板中平面图形间的关系。

（2）依据关系绘制七巧板。

在方格纸中绘制七巧板的过程很简单，只要在一张正方形纸中按照要求正确的画出 5 条线段就可以了。

绘制七巧板的过程：

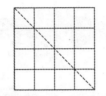

（1）准备好正方形纸。

（2）画对角线，这时把正方形分成了两个什么图形?

（3）画第二条线段，这时把正方形分成了几个什么样的图形?

（4）画第三条线段，这时把正方形分成了几个什么样的图形?

（5）画第四条线段分割出一个正方形和一个三角形。

（6）画第五条线段分割出一个三角形和一个平行四边形。

★实践体验——制作七巧板

1. 认识工具。

我们在分割七巧板时要用到一些工具，一起来认识一下。

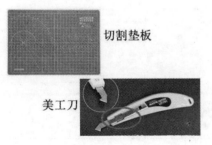

切割垫板

美工刀

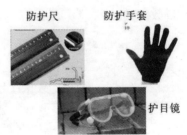

防护尺　　防护手套

护目镜

2. 安全教育。

（1）听从老师指挥，严禁使用工具打闹。

（2）操作前检查工具是否齐全良好。

（3）操作时应佩戴护目镜、手套等防护设备。

（4）工具用完要及时收纳，不要随意乱放。

3. 实际操作。

（1）切割——借助工具切割七巧板。

（2）涂色——给七巧板涂色。

★**拓展习得——玩转七巧板**

1. 复原七巧板。

2. 拼常见的基本图形。

（1）规则介绍：

①七块板都用上。

②放置在同一平面内。（注意：不能将板竖起来，也不能将一块板叠加在另一块板上）

③拼学过的平面图形。（如长方形、梯形、三角形、平行四边形）

（2）解决操作中的学生质疑。（教师在此环节中可以解决以下问题）

①巩固平面图形特征。

②加深对平移和旋转的理解。

③操作中运用学习经验解决问题。

3. 拼数字或图案。

4. 创意拼摆七巧板。

学生利用自己手中的七巧板拼摆出自己喜欢的图案，并和小组内的同学互相交流。

5. 用多副七巧板拼图。

学生合作利用两副或两副以上的七巧板创作自己喜欢的图案。

6. 拓展提升。

（1）我国数学家王富春、熊全治证明了七巧板只能拼出 13 个不同的凸多边形，你能试着把它们都拼摆出来吗？

（2）你还想了解有关七巧板的哪些内容？由此你联想到了什么？

三、课程反思

（一）学生反思

"今天我们上了一堂有趣的综合实践课，主题是七巧板，这节课与平常形式不同，这节课非常有趣，让我们印象深刻。

这节课主要讲了七巧板的历史。七巧板竟然闻名于古今中外，真的太了不起了！还介绍了七巧板的样子、形状，还有与七巧板有关的数学计算，还是挺不简单的。

最有趣的还是要数我们制作的过程了！在制作时，我们的用品材料很多，有护目镜、美工刀、安全手套、正方形的板子等等，我们在老师的指导与帮助下，自己制作了一副完美的七巧板。

通过这节课，我学到了七巧板的历史，以及七巧板的制作过程。我希望以后还能有更多像这样生动有趣的课程。"

（二）教师反思

《七巧板》是五年级上册品源至慧课程内容之一。七巧板的内容与学生生活实际联系密切，在教学中，从七巧板的渊源入手，介绍七巧板的历史，学生们更加感受到古人的聪明与智慧，激发了学生的民族自豪感，同时也激发学生对我国悠久历史文化作进一步探究的兴趣。再依据学生的认知水平，为学生提供丰富的观察、操作、合作交流的机会，在活动中让学生亲自感知、亲身体验，在感知体验中进行思考和探索，通过思考和探索发现新知，从而培养了学生的探索意识，培养学生的动手操作能力、观察能力及合作意识，使学生尝到了由于自主学习而获得新知的喜悦。

1. 本内容设计的优势

（1）中华传统文化的传播。学生通过课前对七巧板资料的查找，对其演变发展过程有了一定的了解，由"宴几"到玩具，由国内的七巧图、智慧版到国外的唐图、东方魔板，由木质到象牙，由娱乐到比赛……无一不在向世界宣告七巧板是我们祖先的一项卓越创造，是我国传统文化的智慧结晶，学生的自豪感油然而生。

（2）数学元素的浸润。尽管综合实践活动课更突出学生的活动能力、学科的融通、人际的交往等，但数学课终究离不开数学味。因此，本课程中融入数学元素，使学生在活动中与数学知识勾连，使学生的思维更开放，渗透了转化的数学思想方法。

（3）操作技能的培养。学生对各种工具充满好奇，跃跃欲试。动手前的安全教育、工具的使用须知尤为重要。几个小视频、几张照片，很好地解决了这个问题。

2. 本内容需要改进的方面

（1）制作七巧板的材料较硬，不利于学生操作，不仅增加了危险系数，而且做出的七巧板的边不直，不利于拼摆、涂色。

（2）工具的使用不知是否有后续课程的延续，同一类的课程才会有利于学生操作能力的培养。

四、学生作品展示

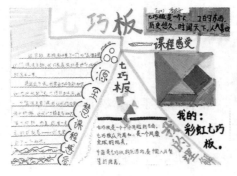

五、评价指标

评价标准

年级	主题	综合点	评价要素	评价标准	分值	得分	总分
五年级	奇巧七板	与美术、科学等学科整合	了解中华传统文化。通过了解七巧板的构成及七巧板的制作原理和方法，巩固对平面图形特征的认识与掌握。 在动手制作七巧板的过程中，让学生认识操作工具，培养学生的合作意识、规则意识、动手操作能力	能够选择恰当的方式了解七巧板的文化背景，并结合七巧板说出基本图形的特征。	1		
				能够结合七巧板各图形边角的关系，在正方形板上绘制出平面图。	1		
				能够利用木工工具与同学合作制作一副七巧板，了解七块板之间的大小关系	1		
			利用一副或多副七巧板创造性拼图，体会图形的变换，发展空间观念及动手操作能力和创作能力，培养学生探究精神和合作意识，并引导学生学会倾听与评价	能利用一副七巧板按不同的方法拼摆、组合成各种各样的几何图形和形象，如桥梁、船只、房屋、手枪或是跑步、跌倒、玩耍、跳舞、站立的人物等。	1		
				利用多副七巧板的组合，充分发挥想象力、创造力，拼摆出富有意境的画面	1		

《玩转陀螺》

——五年级第二学期

王 艳 韩晓梅 李海龙 李晓桐

一、课程背景

（一）历史文化

1. 历史演变

陀螺出现于 1700 多年前的晋代。那时中国还出现了另一种有趣的玩具——竹蜻蜓。这种玩具在 18 世纪被西方人称为"中国陀螺"。为什么把竹蜻蜓叫做"中国陀螺"呢？原来正式提出"陀螺"这个词语的，是 19 世纪中叶的法国物理学家博科。在英语中，陀螺（gyroscope）就是"回转体"的意思。陀螺是在地上转的回转体，竹蜻蜓是在空中转的回转体，所以竹蜻蜓也可以说是一种陀螺。在我们的周围，小到原子大到地球，都可以看成回转的螺旋。

我国古代陀螺演变的过程如下：

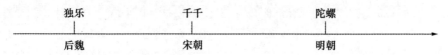

2. 陀螺的玩法

陀螺有很多的样式与玩法，是许多人共同的记忆，是受欢迎的游戏之一。

3. 陀螺制作方法

一般常见的陀螺，大致是用木头、塑胶或金属制的倒圆锥形状，玩者会因不同方式的玩法，将陀螺钉制作成圆柱形、斧头状或尖锐形。一般来讲，儿童便于玩木制陀螺，木制陀螺的材质十分重要，通常是选用硬材，如樟树、番石榴树或龙眼木等。从古至今试做比较，不同年代的童玩发展虽不尽相同，但都带给孩童们增添许多回味无穷的童年记趣。

（二）对接教材

本节课的意义主要是让学生感知传统文化和体会数学实验的思想，通过猜想、动手操作、验证的过程体会解决问题的方式方法，体会数学作为工具在生活中的作用，感受知识带来的快乐。

对接教材

教材分布	主要内容	主要目标
二年级下册第 29 页例 1		使学生初步体会生活中的对称现象，能识别轴对称图形，能做出轴对称图形。使学生认识轴对称图形的基本特征。通过陀螺巩固轴对称现象
二年级下册第 30、第 31 页例 2、例 3		初步感知平移和旋转现象，能区分这两种现象。感知旋转和平移这两种现象与陀螺的联系

教材分布	主要内容	主要目标
四年级下册 第83、 第84页 例1		使学生正确认识图形的对称轴，探索轴对称图形的特征。 巩固轴对称图形的特征
五年级下册 第83页 例1、例2、 例3		进一步探索图形旋转的特征和性质，理解图形的运动与旋转的关系
六年级上册 第67、 第68页 例3		掌握圆面积的计算方法，能够正确计算圆的面积。 巩固圆面积的计算方法

（三）核心素养

1. 通过陀螺的制作培养学生的空间观念和推理能力。

2. 培养学生的合作意识和创新意识。

3. 积淀学生的文化底蕴，夯实多学科通识能力。

二、课程实施

（一）教学目标

1. 了解陀螺的文化背景和实物结构，掌握陀螺转速与旋转时间长短的关系。

2. 通过动手设计实验，验证影响陀螺旋转的因素，初步感知数学实验方法的严谨性，提高独立思考和解决问题的能力。

3. 在陀螺旋转过程中，获得美的享受和动手实践成功的乐趣。

（二）教学重点及难点

重点：

1. 了解陀螺的文化背景。

2. 通过数学实验感知纸陀螺的影响及陀螺旋转的因素。

难点：设计实验，分析总结影响转速的因素。

（三）实施过程

★回眸历史——了解陀螺的发展史

1. 介绍陀螺的历史。

陀螺虽小，但作为一种玩具，却有着悠久的历史。早在 1926 年，山西夏县西阴村仰韶文化遗址中便出土了一个陶制的小陀螺。可见，陀螺在我国至少有四五千年的历史。

唐朝陶制小陀螺

民国时期陶制小陀螺

2. 陀螺的发展。

陀螺的发明与发展，经历过手旋陀螺、鞭旋陀螺和鸣声陀螺（即"空钟"）三个阶段。

3. 学生交流自学成果。

★走进文化——了解陀螺数学元素

1. 陀螺为什么不倒？首先需要理解离心力（惯性）。

因为陀螺的运动由两个运动合成：绕中轴的自转和中轴绕垂线的反向圆锥运动。选取陀螺上最靠近中垂线（图中和平面垂直那条线）的一个质点和最远离中垂线的一个质点作为参考，反向的圆锥运动使得两个质点一个加速另一个减速，因此造成水平上的离心力不平衡。

2. 陀螺的旋转原理（课件）：自转，公转。

陀螺在旋转的时候，不但围绕本身的轴线转动，而且还围绕一个垂直轴作锥形运动。也就是说，陀螺一面围绕本身的轴线作"自转"，一面围绕垂直轴作"公转"。陀螺围绕自身轴线作"自转"运动速度的快慢，决定着陀螺摆动角的大小。转得越慢，摆动角越大，稳定性越差。转得越快，摆动角越小，因而稳定性也就越好。

★实践体验——验证转速的影响因素

1. 设计实验

（1）教师提问：陀螺旋转的速度和哪些因素有关？

（2）小组讨论：猜想归纳陀螺转速的影响因素。

实验1：

实验问题：木棍安装的位置与旋转的时间有无关系？

实验猜测：安装的位置越靠下（重心越低），转的越久。

实验材料：木棍、圆片、尺子、铅笔。

相同条件：圆片质量要一样、圆片大小要一样、用的力气要一样大、木棍粗细要一样。

不同条件：木棍安装的位置不一样。

实验步骤：

（1）用尺子、铅笔在木棍上分别画出 2 厘米、4 厘米、6 厘米。（自下向上）

（2）把木棍插在圆片正中心。

（3）圆片分别安装在刻度处，转动、计时，反复做三次。

实验记录：

	第一次	第二次	第三次
慢　速			
中　速			
快　速			

实验 2：

实验问题：旋转的速度与旋转的时间有无关系？

实验猜测：转动越快，转的越久。

实验材料：木棍、圆片。

相同条件：圆片质量要一样，木棍粗细、长短要一样。

不同条件：转动的速度不一样。

实验步骤：

（1）把木棍插在圆片正中心。

（2）分别用慢速、中速和快速转动、计时，反复做三次。

实验记录：

	第一次	第二次	第三次
慢　速			
中　速			
快　速			

实验 3：

实验问题：陀螺重量与旋转的时间有无关系？

实验猜测：陀螺越重，转的越久。

实验材料：木棍、圆片。

相同条件：陀螺质量、圆片大小、用的力气、木棍粗细长短都要一样。

不同条件：陀螺重量不一样。

实验步骤：

（1）分别用 1~3 个圆片组成陀螺。

（2）把木棍插在陀螺正中心。

（3）转动、计时，反复做三次。

实验记录：

	第一次	第二次	第三次
慢　速			
中　速			
快　速			

实验4：一张空白表格

学生自主设计实验，提出假设，进行实验，得出结论。

	第一次	第二次	第三次
慢　速			
中　速			
快　速			

2. 制作陀螺

设计一个漂亮的陀螺。

第一步：用圆规在木板上画一个圆，然后用刻刀将这个圆裁出来。

第二步：根据顺时针的顺序给卡片涂颜色，设计自己喜欢的图案。

第三步：用改锥打孔，将小木棍穿过小孔，依据实验的结论安装小棍，保证下面的长度多于上面的长度。

第四步：旋转陀螺，随着陀螺的旋转，所有的颜色都无法辨别出来，形成美丽图案。

★拓展习得——玩转陀螺

（1）体验自制陀螺的旋转画面。

（2）欣赏优秀的陀螺作品，进一步启发学生。

三、课程反思

（一）学生反思

学生 1：我喜欢这种个性的创作过程，当平面图案动起来时形成的画面让我很激动。

学生 2：在不断尝试与失败中努力，最后的成功会觉得一切都值了。

学生 3：我一直在想怎么能让它转的再久点，看来我得再看一遍《盗梦空间》了。

（二）教师反思

"玩转陀螺"是一节综合实践课，学生在动手操作中感悟其中蕴含的数学道理，在经历尝试－失败的过程中体会做事情的哲学。在整个过程中，学生通过设计陀螺激发其内心的驱动力，通过转动的陀螺，检验自己耐挫折的能力，检验自己做事情是否有条理，体味思考的意义。这对学生是很重要的体验，在不断的反思中战胜自己，增强自身素养。

本节课初步让学生体味实验的科学性和严谨性，让数据说话是很重要的思路，当我们对一件事或者一个问题无从下手时，先做个实验吧。无数的定论或者定理都是科学家在不断的实验中发现的，学生觉得新奇又有趣，我想这是综合实践课的意义所在，它可以为学生埋下科学的种子。

四、学生作品展示

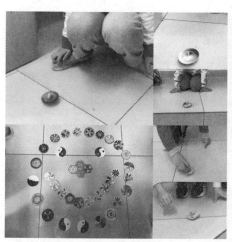

五、评价建议

评价标准

年级	主题	综合点	评价要素	评价标准	分值	得分	总分
五年级、六年级	玩转陀螺	与美术、科学等学科整合	了解中华传统文化。通过了解陀螺的构成及设计原理；巩固对平面图形特征的认识与掌握	能够选择恰当的方式了解陀螺的文化背景，并能够结合陀螺说出基本图形的特征。	1		
				根据图形之间的关系，在平板上设计陀螺图案	1		
			在动手制作陀螺的过程中，让学生认识操作工具，培养学生的合作意识、规则意识、动手操作能力	能够合理利用工具，克服困难，与同学合作制作陀螺	1		
			培养学生的创造能力、探究精神与合作意识	通过设计的实验方案进行实验，并得出结论。	1		
				展示自己的作品	1		

《我爱文创》

——六年级第二学期

李军红　化子怡　付　航

一、课程背景

（一）历史文化

所谓"红木"，是明清以来对稀有硬木的统称。红木为热带地区所产，最初是指红色的硬木，品种较多。国家根据密度等指标对红木进行了规范，把红木规范为：二科、五属、八类、三十三种。红木在中国被人们所熟悉和使用还要追溯于 1405 年，郑和七次下西洋，每次回国都用红木压船舱，木匠们把带回的木质坚硬、细腻，纹理好的红木做成家具、工艺品供给帝后们享用。各国在与中国定期和不定期的贸易交往中，也时常会有一定数量的名贵红木。到后期红木大量输入中国，直至王朝灭亡才流入民间。红木从明清至今一直深受人们的珍爱。

（二）对接教材

红木书签的抛光工艺是很有学问的，在制作中，手工打磨是最为重要的一环，至少要选择不同型号的砂纸，经过从粗到细的 5 道打磨工序，将书签表面打磨得平滑无比。书签表面的美观性、质量的好与坏在很大程度上取决于砂纸选择的合理性以及手法打磨技巧的娴熟。而在数学课堂中，教师经常会启发孩子们的思维，做到合理统筹，有序思考，正如红木书签制作程序一样，每一道工序都要认真思考辨析、合理有序进行，才能使操作过程完整有效。

（三）核心素养

1. 通过了解红木历史文化，增加学生的人文积淀、人文情怀，感受传统文化带给学生的思考与创新的理念。

2. 通过参与红木书签的整个制作过程，培养学生勇于探究的科学精神，以及数学直观想象、合理安排、全面统筹、有序思考等学科素养的培养。

对接教材

教材分布	主要内容	主要目标
一年级下册 三单元 《分类与整理》	③ 分类与整理	1. 学生通过分一分的活动，初步体会分类的思想，培养初步的分类能力。 2. 初步养成有条理思考问题、整理物品的习惯。 3. 通过分一分、看一看，培养学生的操作、观察、判断和语言表达能力。 4. 让学生体会到生活中处处有数学，养成有条理的生活习惯，能用所学知识解决生活中的实际问题
三年级 《数学广角》 教材 第 112～113 页 例 1 "搭配问题"	⑧ 数学广角	1. 通过观察、操作、实验等活动使学生初步掌握有序搭配的方法与策略。 2. 让学生在操作中体验数学方法的多样化和最优化，具有初步的符号感和数学思考。 3. 让学生体验到生活中处处有数学知识，培养学数学、用数学的兴趣
六年级上册 第六单元 教材 第 82～83 页 百分数的意义	⑥ 百分数（一）	1. 从生活实际出发，感知和理解百分数的意义，知道它在生活中的应用；能正确的读写百分数。 2. 结合相关材料信息进行思想品德、家国情怀的教育

3. 培养学生乐学善学、实践创新、合作交流的能力。

4. 积淀学生的文化底蕴，夯实多学科的整合通识能力。

二、课程实施

（一）教学目标

1. 在红木书签的完整制作过程中，培养学生的统筹安排、有序思考，以及动手实践能力，夯实学生自小筑基的多学科整合通识能力。

2. 在了解红木构造特性的学习过程中，培养学生的阅读能力、提取问题信息的能力，感受数学知识蕴含其中的价值所在。

3. 通过对红木历史文化的了解，感受到中国劳动人民的智慧，增强民族自豪感；体会古人的工匠精神，体会数学与生活的密切联系，培养学生用数学的眼光看世界。

（二）实施过程

★回眸历史——红木历史

1. 红木的定义

红木必须同时具备以下三方面条件：

（1）树种："五属八类"。其中，五属：紫檀、黄檀、柿属、崖豆、铁刀木；八类：紫檀木、花梨木、香枝木、黑酸枝木、红酸枝木、乌木、条纹乌木和鸡翅木。

（2）结构：木材结构甚细至细，平均导管弦向直径在规定数值以下。具体标准是：紫檀木：平均导管弦向直径不大于 160 微米；花梨木、黑酸枝木、红酸枝木、鸡翅木：平均导管弦向直径不大于 200 微米；乌木、条纹乌木：平均导管弦向直径不大于 150 微米。

（3）密度：木材含水率 12% 时每类气干密度在一定数值之上。具体是：紫檀木：气干密度大于 1.00 克/立方厘米；花梨木：气干密度等于或大于 0.76 克/立方厘米；黑酸枝木、红酸枝木、乌木、条纹乌木：气干密度等于或大于 0.85 克/立方厘米；鸡翅木：气干密度等于或大于 0.85 克/立方厘米。

2. 红木的种类

所谓"红木"，从一开始并不是某一特定树种的家具，而是明清以来对稀有硬木优质家具的统称。

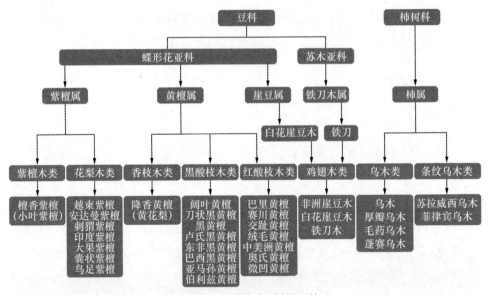

国际红木5属8类33树种延伸图

红木为热带地区所产。最初是指红色的硬木，品种较多；国家根据密度等指标对红木进行了规范，把红木规范为：二科、五属、八类、三十三种。

3. 红木家具的选材等级

第一等，黄花梨、紫檀木。

第二等，黑酸枝、乌纹木、非洲紫檀木。

第三等，红酸枝。

第四等，其他酸枝木。

第五等，东南亚花梨木、鸡翅木、豆科类的"红檀"木以及南美、非洲白酸枝等。

第六等，其他类"红木"。

了解了这么多红木的知识？想不想亲自动手制作一枚属于自己的红木书签呢？

★走进文化——聚焦数学元素

1. 红木品种及特征

红木必须在树种、结构、密度三个方面同时具备以下条件：

（1）红木树种有哪些？（设计意图：培养学生的分类思想）

（2）红木的平均导管弦向直径范围是什么？（设计意图：培养学生的空间观念）

（3）红木的密度要达到怎样的标准？（设计意图：培养学生阅读提取信息的能力，进一步理解百分数的意义）

2. 蕴含的数学元素

（1）合理安排制作步骤。

想一想，制作红木书签，我们需要哪些步骤？（设计意图：合理选择砂纸、打磨程序的有序性）

（2）设计图纸。

将你喜欢的图案或诗句印制在书签上。（设计意图：培养学生的想象力、创造力）

★实践体验——制作红木书签

1. 安全教育

（1）听从老师指挥，严禁使用工具打闹。

（2）操作前检查工具是否齐全良好。

（3）操作时应严格按照操作顺序进行，如遇到问题，需要从第一步开始。

2. 认识工具

我们一起来认识一下这节课我们需要用到的工具：砂纸。

砂纸的目数：每平方英寸内含有多少砂粒？如 1000 目，每个砂粒大小约 25.4 微米。目数越大，砂纸越细。

3. 抛光工艺

（1）选材：选择你喜欢的红木板材。

（2）打磨：从低到高依次打磨。

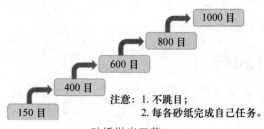

注意：1. 不跳目；
2. 每各砂纸完成自己任务。

砂纸抛光工艺

★拓展习得——毕业寄语

1. 书签的绘制

绘制喜欢的毕业寄语，或者喜欢的图案。

2. 个性创意

可以给书签打孔加流苏装饰等。

三、课程反思

(一) 学生反思

一节别具风格的数学课,收获的不仅仅是一枚小小的红木书签,它带给我们的是快乐、新奇,丰富了我们课本之外的知识、技能,同时也将我们数学课堂中学到的合理统筹、有序思考的数学思想方法融入其中。我们与老师一起见证了博大精深的传统文化源远流长的价值所在,在即将毕业的时刻,这枚亲手制作的毕业书签留给我们的是满满的回忆……

(二) 教师反思

制作红木书签是数学学科在传承中国传统文化的无边界课程"品源至慧"时量身打造的以动手实践为特色的课程,整个实践过程中学生亲身感受红木传统的制作工艺。通过对红木历史的介绍,学生了解到红木的分类、产地、作用、价值,特别是利用红木边角料手工打磨毕业书签的全过程,体会到木工制作流程、技巧、方法,大胆实践,提高了动手能力。在整个实践活动中,学生有充足的时间动手操作,体现了综合实践活动的实践性。同时学生在具体实践操作中又注重了问题意识和探究能力的培养,学生会及时发现这里面隐藏的数学知识,并积极思考解决这些问题的方法,以便调整自己的制作技巧、进度。学生在打磨制作书签的过程中,认真、细心、耐心,具有了一定的工匠精神。在最后个性创意环节,又将美术、语文整合,体现了多学科的综合性。整个实践活动中,学生的积极性高涨,并且意犹未尽、收获满满。

四、学生作品展示

五、评价指标

评价标准

年级	主题	综合点	评价要素	评价标准	分值	得分	总分
六年级	我爱文创	与数学、美术、劳动、语文多学科整合	通过了解红木历史以及红木书签的制作工艺，培养学生统筹有序的思考能力，以及对中国传统文化的传承与发扬	1. 能够选择恰当的方式了解红木的文化背景，并且能了解抛光的制作工艺	1		5分
				2. 知道红木的种类，以及每一种红木的特性功能	1		
			在动手制作红木书签的过程中，让学生认识操作工具，培养学生的有序思维、动手实践能力	能够合理选择工具，了解制作书签的工具——砂纸的分类及功效	1		
			创意书签，利用绘画、文学知识、完善书签内容，培养学生的创新思维及合理想象的能力	1. 会用砂纸打磨书签的模板，掌握抛光的简单工序。	1		
				2. 能够利用绘画、文学知识，进行书签的完善，绘制毕业寄语。自主创作，作品内容新颖，有创新	1		

第 **2** 单元

学思知行"新课堂"

——在今天的课堂成就未来的学生

伴随着学校课程改革的深入，以无边界课程资源为依托的"学思知行"课堂模型已经成熟。以学生的学为中心，以教师的教为支持的教学理念已浸润到我们的数学课堂上。

我校数学老师们积极投入到数学教学改革中，老师们善于学习、爱思考，并深刻地认识到：数学教学要以学生的发展为根本出发点，要关注学生的真正获得。经过老师们的潜心研究，我们的课堂发生了巨大的变化。我们不再唯教材论，而是将教材中的内容与孩子们的实际生活有效关联；我们在整体把握教材的基础上将散点状的教学结构化；我们不再是牵着学生被动学习，而是为学生创设开放的教学环境；我们不仅关注师生之间的对话交流，更关注学生间的对话与交流；我们重视对学生的有效评价，实现从关注结果性评价到过程性评价的转变。

课堂教学作为一个复杂的社会系统，充满着未知和不确定性。传统课堂为了学习目标的达成，舍弃了目标之外的一切生长。既定的预设使得课堂变得机械化，甚至走向虚假。我们的课堂不再强调教学目标的唯一性，更加聚焦学生学习的过程，注重课堂的真实生成，保护学生的好奇心，激发求知欲，甚至引发学生的质疑与挑战。实践中，教师为学生创设"发现—创意—行动—反思—分享"的"学思知行"课堂学习模式，引导学生主动发现、勇敢质疑、创意表达、大胆实践、体会感悟、交流分享。

在学思知行课堂教学氛围的浸润中，我们的课堂上教师和学生平等对话，学生不再是一个个相对独立的个体，而是可以相互依赖和相互支持的学习伙伴。知识不再是他人所独享的权威，而是多重对话后的主动建构。越来越多的孩子会思考、会研究、会表达、会应用，具有数学学科特点的"四会"课堂鲜活地呈现在我们面前。孩子们在数学课堂上专注学习着，精彩绽放着；孩子们在课堂上自主探索、交流讨论、积极体验，数学学习兴趣得到了持久发展；孩子们在课堂上专心听讲、主动提问、深入思考，数学思维获得不断提高；孩子们在课堂上的创意形式多样、想象丰富，他们思考和发现的角度新颖，既着眼于变化又能够多向关联；孩子们在课堂上的表达自然大方、感情丰富，他们的表达主题鲜明、叙述清晰，言简意赅。

伴随着课堂变革，我们的课堂评价也发生着改变。我们将学生课堂表现分为"专注（Absorption）"和"绽放（Blossom）"两个成长维度。AB 评价以思维和兴趣的发展衡量学生的专注品质，促使学生"积极思考、精力集中、主动参与、持久发展"的全面提升；以创意和表达的情况评价学生的绽放程度，促使学生形成"想象丰富、形式多样、自然大方、表情达意"的学习成果。根据评价记录表，可以绘制课堂和学生个人课堂参与度曲线图，标识课堂生长点和学生个人在课堂中的动态表现，发现课堂和学生的优势点及需要改进的方向。AB 评价使得专注与绽放成为史家特有的校园表情。

数学课堂变革的过程中我们也在思考：小学数学学习应该给孩子留下什么？我们想应该是利于学生可持续发展的可以带得走的数学的思考方式和思想方法，浸润的是对数学的热爱以及对数学的积极态度。伴随着我们的数学教学实践，孩子们的数学综合素养得到了全方位提升，特别是数学思维品质得到了发展。让立足于今天课堂中的孩子们能够在未来遇见更好的自己！

《1000以内数的认识》教学设计

樊　咏

一、课前新思考

（一）指导思想与理论依据

新课标指出：建立数感有助于学生理解现实生活中数的意义，理解或表述具体情境中的数量关系。在教学数的认识时，小学生能说出各个数位的名称，识别各数位上数字的意义；结合显示素材感受大数的意义，并能进行估计；能结合具体情境初步理解数的意义，能认、读、写数。

（二）教学背景分析

1. 教学内容

人教版二年级下册第七单元例1。

2. 教材分析

本节课的教学是在学生已经学习了"20以内数的认识""100以内数的认识"的基础上，将认数的范围扩展到万以内数的认识。这部分知识不仅是计算的基础，而且在日常生活中有着广泛的应用。

3. 学情分析

二年级的学生，他们在生活中听别人说起过比100大的数，自己也从书上、电视上听说过，所以对1000以内数的认识是有一定的基础的，但在他们的脑海里却没有数感。还发现学生会按照100以内的数数方法数1000以内的数，有不错的数数能力。但"拐弯处"数数对于大部分的学生来说还是有一定的困难的，同时学生对于生活中估计事物数量的多少时大多都凭着感觉猜测。所以为突破重难点，关键要遵循儿童认识事物的一般规律，从具体到抽象，借助直观操作，为学生的学习活动架起一座认知桥梁。

【我的思考】

鉴于学生思维发展的特点，学生在认数的过程中离不开直观的模型。

"形"作为学生学习的载体，能将抽象的数形象化。本节课在教学中充分利用直观模型，使学生在观察、操作等活动的基础上掌握较抽象的内容，深化对大数的认识，培养学生的数感。

（三）教学目标和重难点

1. 教学目标

（1）认识千以内的数，会数千以内的数；体会相邻两个计数单位间的十进关系。

（2）经历数数的过程，通过观察、猜想、操作和推理，初步培养学生的估数意识，逐步发展学生的数感。

（3）感知现实世界中普遍存在的"数"，体验到生活中处处有数学，激发学生学习数学的积极性。

2. 教学重点

认识千以内的数，会数千以内的数；体会相邻两个计数单位间的十进关系。

3. 教学难点

正确数出接近几百几十、整百时"拐弯处"的数。

（四）教学流程图

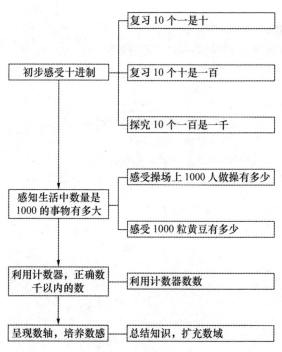

二、课堂新实践

(一) 教学过程

教学过程（文字描述）	"学思知行"课堂教学模式的体现
一、初步感受十进制 师：同学们，你们知道这是什么图形吗？ 师：谁来数数有多少个正方体？ 师：为了能够看得更清楚，咱们把这 10 个整理一下。 师：一个一个地数，10 个一是多少？ （板书：10 个一是十） 师：你们猜一猜这些有多少个正方体？ 师：要想准确地知道到底有多少个我们应该怎么办呢？ 师：你们觉得好数吗？ 师：如果让你把它们重新摆放一下，你想怎么整理就好数了？ 师：一十一十地数，10 个十是多少？ （板书：10 个十是一百） 师：这里有几个小正方体？ 师：现在呢？ 师：200 是几个百？ 师：那快数数这里面有多少个小正方体呢？四个同学一组用学具来数一数。 师：你是这样数的，我们一起来看一看。 师：刚才同学们是从右往左数的，还可以怎么数呢？ 师：刚才我们是从不同的角度数出了这里面有 1000 个小正方体。1000 里面有几个一百？10 个一百是多少？ （板书：10 个一百是一千） 师：刚才我们是一个一个、十个十个、一百一百地数的，如果我们遇到更大的数，我们可以怎么数呢？以后我们还会学习更大的数。 师：今天这节课，我们就先来学习 1000 以内的数。 （板书：1000 以内数的认识）	通过数小正方体，体会数较多物体个数时的策略——借助不同的计数单位数数，再次感受十进关系；同时，将"数"和"形"紧密结合，以"形"感知、理解、表达数，培养学生的数感
二、感知生活中数量是 1000 的事物有多大 师：在我们的日常生活中，有很多数量是 1000 的物品。 同学们，要是有 1000 个人站在操场上会是什么样呢？下面，咱们先来看看咱们班有多少人，快四处看看。 师：咱们全年级要是都到操场做操，大约有多少人？ 师：你们想象一下，如果有 1000 个人在操场做操会是什么样呢？你们有什么感受呢？同学们感受到 1000 个人真多！	

教学过程（文字描述）	"学思知行"课堂教学模式的体现
师：你们看这是什么？ 师：你们有什么好的方法来数出大约 1000 颗黄豆？ 　（讨论） 师：老师听明白了，不管你们想怎么数，你们都找到了一个标准，然后去数有几个这样的标准。 师：你们看，老师这有 2 个杯子，一个大约能装 10 颗黄豆，一个大约能装 100 颗黄豆，你们选择用哪个？为什么？ 师：咱们一起来数一数，要量几次啊？为什么？ 　（师盛黄豆） 师：你们看，这是刚才的黄豆，这是什么豆？如果把 1000 颗绿豆也倒进这个瓶子里，是不是也在这个位置呢？为什么？ 师：你们看，老师又数了 1000 颗黑豆、1000 粒大米、1000 颗红豆，虽然它们都是 1000，但是它们的高度是不一样的。 师：生活中还有很多数量是 1000 的物品，有兴趣的同学可以课下去找一找。	借助具体事物感知 1000，建立 1000 的直观表象，理解数的实际意义；在估的过程中，初步体会到有了一个标准后就可以依照标准去比较，从而初步感受估计的策略和方法；运用数的十进关系解决问题，进而感受数学与生活的紧密联系，感悟数学的价值
三、利用计数器，正确数千以内的数 师：你们看这是什么？计数器也可以表示 1000 以内的数。下面，我们就借助计数器来数一数。 　（出示课件） 　（1）从一百起，一个一个地数到一百二十。 师：同学们，我们在数的时候有什么要提醒大家注意的吗？在哪位上拨珠子？ 师：刚才我们在数数的时候，109 的下一个数是多少呢？谁来给大家拨一拨。 师："109"中的"9"表示什么？ 师：回忆一下，刚才我们数的小正方体，你能从里面找到 9 个一吗？ 　（2）从一百二十起，一十一十地数到二百一十。 师：数的时候应该注意什么？在哪位上拨珠子？ 师：刚才我们在数的时候，190 再添上 10 是多少？谁来给大家拨一拨。 师：190 里面也有一个 9，这个 9 表示什么呢？ 师：咱们还从这幅图里找一找，哪能表示 9 个十？ 师：百位上的 1 表示什么？谁来找一找？ 　（3）从一百九十八起，一个一个地数到二百零三。 师：我们在数数的时候，从哪位上拨珠子？为什么？	首先通过在计数器这种齐性、逻辑结构化的学具上拨数，找到 109、119 后面的一个数是多少，然后不借助学具，直接数出后面的一个数。从用计数器抽象表示过渡到直接口头数数，这样逐步抽象的过程中，帮助学生突破接近几百几十"拐弯处"数数的难点

续表

教学过程（文字描述）	"学思知行"课堂教学模式的体现
师：我们在数的时候，199 的下一个数是多少？谁来给大家拨一拨。 （4）师：刚才我们借助了计数器来数数，如果不用计数器了，你还会数吗？ （板书）　　一百二十九　　一百三十 　　　　　　三百七十九　　三百八十 　　　　　　六百四十九　　六百五十 师：你们怎么这么快就说出来了，有什么好的方法吗？ ①个位添上 1，为什么十位会有变化呢？ ②百位不变，为什么百位不变？ ③百位上有没有变的时候呢？（学生举例） 师：这些数有什么特点呢？ 师：（出示）千位。"千位"也是我们必须要认识的一个数位，你能描述一下它的位置吗？ 师：刚才我们拨 999 时有那么多珠子，添上 1 个珠子之后，怎么就变成 1 个珠子了呢？ 师：这一个珠子在千位上表示 1000，它可以表示 1000 个小正方体，1000 个人，1000 个黄豆，那 1000 还能表示什么呢？	
四、呈现数轴，培养数感，感受数域的扩充 师：（出示数轴） 师：你们认识吗？ 师：一年级学过 100 以内的数，在哪儿呢？ 师：用这样长的线段表示 100 的话，请你估一估 1000 在哪儿呢？ 师：800 在哪儿呢？说说你的想法。 师：这些数有什么特点吗？ 师：数轴上是不是只有这些整百的数呢？	呈现数轴，引导学生感受数域的扩充，培养学生的数感
五、全课小结 师：随着我们不断的学习，我们还会认识更多的数。通过这节课的学习，你有什么收获呢？	

（二）教学设计的新转变

1. 从传统教教材到灵活用教材——凸显教学观念的转变

课堂上运用多媒体进行教学，给学生展示小正方体，经历一个一个数的，整十、整百和几百几十几的数数过程，使学生感知并体验 1000 以内数的形成。借助计数器教学，在计数器上拨珠子，加深印象。

2. 从被动式教学到开放式教学——凸显教学方式的转变

本节课通过形象操作来突破难点。让学生通过数数，从一个一个的数小正方体，10 个一是十，到十个十个的数，10 个十是一百，再一百一百地数，10 个一百是一千，让学生明白数数的规律，同时认识新的计数单位"千"，渗透相邻计数单位之间十进制的关系。

三、课后新感悟

紧密联系实际，感悟数学本质

"1000 以内数的认识"是在学生学习 100 以内数的基础上，对数的认识的进一步学习，也是学生对 1000 以内数的认识的延伸和扩展。同时，它又有着一个非常重要的地位，就是要为学习万以内数的认识做好铺垫，因为 1000 或 10000 都是比较大的数。在学生的认识还很有限的基础上，如何让学生能尽快地建立起数的概念和意识，在这里显得格外重要；而怎样把学生原有的认识基础、认识规律与"以学生的发展为本"的教学理念结合起来又是本次教学的关键。

我在确定教学目标时，力求体现"以学生的发展为本"的教学理念，让学生能认识 1000 以内的数，建立计数单位"千"的概念，认识各数位上数字的意义，同时，注重培养数感，结合现实，让学生感受大数的意义，让学生通过猜想、操作、讨论等培养学习数学的兴趣和自信心，逐步发展学生的数感。在环节设计中，我发现部分学生在课外或生活经验中，已经接触到 1000 以内的数，形成了个人认知范畴，学生已经有自己的表达方式。利用学生这点认知规律，从数数开始激发学生的求知热情，逐步过渡到读数、写数、到生活中去用数，发展学生的数感，体验数学的乐趣。因此，本节课上，我力求突出以下几点。

第一，让学生初步感受十进制。通过数小正方体，体会数较多物体个数时的策略——借助不同的计数单位数数，再次感受十进关系；同时，将"数"和"形"紧密结合，以"形"感知、理解、表达数，培养学生的数感。

第二，感知生活中数量是 1000 的事物有多大。借助具体事物感知 1000，建立 1000 的直观表象，理解数的实际意义。在估的过程中，初步体会到有了一个标准后就可以依照标准去比较，从而初步感受估计的策略和方法；运用数的十进关系解决问题，进而感受数学与生活的紧密联系，感悟数学的价值。

第三，利用计数器，正确数千以内的数。首先通过在计数器这种齐性、逻辑结构化的学具上拨数，找到 109 后面的一个数是多少，然后不借助学具，直接数出后面的一个数。从用计数器抽象表示过渡到直接口头数数，这样逐步抽象的过程中，帮助学生突破接近几百几十"拐弯处"数数的难点。

第四，呈现数轴，培养数感，感受数域的扩充。呈现数轴，引导学生感受数域的扩充，培养学生的数感。

《有余数的除法》教学设计

李焕玲 杨敬芝

一、课前新思考

(一) 指导思想与理论依据

《新课程标准》指出:"学数学"不如"做数学"。在数学活动中,让学生动手操作体验数学知识的形成过程,理解数学概念之间的联系十分重要。

几何直观是《标准》提出的十大核心概念之一,因此借助几何直观来促进学生理解用图形来描述和分析问题,通过用图想事、借图促思、按图说理,将抽象思维与形象思维结合起来,把复杂的数学问题变得简明、形象,从而有助于学生思考、探索,突破学习难点,获得对数学知识的过程性理解。

(二) 教学背景分析

1. 教学内容

人教版二年级下册第六单元例 1、例 2。

2. 教材分析

有余数的除法是二年级下册六单元中的内容,是在学生已经初步了解乘除法的意义,学会用乘法口诀求商的基础上进行教学的。有余数的除法是今后继续学习一位数除多位数等除法的重要基础,并且这部分内容在日常生活中也有着重要的应用。因此,这部分知识的学习具有承上启下的作用,学好这部分知识对于学生以后的学习有着至关重要的作用。

3. 学情分析

学生在幼儿阶段就有分东西的体验,在生活中积累了有关平均分的经验,知道平均分物时有两种结果,一种是恰好分完的情况,另一种是平均分后还有剩余的情况。

那么学生对于学习有余数除法还有哪些经验和知识基础，还存在哪些问题与困惑呢？为此我对二年级（11）班36名学生进行了前测。

前测题目：

按要求先圈一圈，再填空。

(1)8个苹果每2个一份，可以分成（　　）份。

　　列式 _____

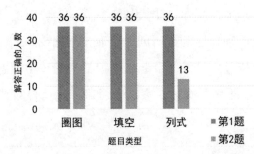

(2)9个苹果每2个一份，可以分成（　　）份，还剩（　　）个。

　　还能列出算式吗？_____

前测统计结果：

解答正确的人数

题目类型	圈图	填空	列式
第1题	36	36	36
第2题	36	36	13

前测分析：从前测结果看，学生对于除法含义的掌握比较扎实，但对有剩余的平均分，多数学生能够用除法算式解决，但是在算式表达时，错误较多。例如：$8 \div 3 = 2$（没有表示出余数）；还有 $8 - 3 - 3 = 2$（连减形式）等。看来学生运用表内除法的旧知能够自主迁移到有余数除法，但是存在的主要问题是无法建立操作直观和符号表达之间的联系，对平均分和除法的认识不够全面和深刻。

【我的思考】

1. 基于学生的知识基础，对教材进行整合，让学生充分、深入理解有余数除法的含义。

2. 利用学生已有知识经验，引导自主探究。

3. 借助操作活动，沟通不同表征方式间的关系，促进学生对数学概念的真正理解。

4. 设计多次观察对比, 沟通知识之间的联系, 帮助学生理解有余数除法的含义。

（三）教学目标和重难点

1. 教学目标

（1）使学生理解余数及有余数除法的含义, 会写、会读有余数除法算式。知道余数一定要比除数小。

（2）通过操作、观察、对比等活动, 自主探索除数和余数的大小关系, 培养学生的观察、归纳和概括能力。

（3）渗透借助直观研究问题的意识和方法, 使学生体验数学知识与现实生活的密切联系。

2. 教学重点

理解余数及有余数除法的含义, 知道余数一定要比除数小。

3. 教学难点

发现余数一定比除数小的关系。

（四）教学流程图

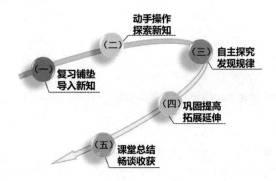

二、课堂新实践

（一）教学过程

教学过程（文字描述）	"学思知行"课堂教学模式的体现
一、复习铺垫, 导入新知 （一）谈话引入 　大家看看这些小朋友在做什么呢？（用小棒摆正方形） 　如果想摆一个独立的正方形, 需要几根小棒？（4 根）	借助操作活动, 唤起学生对平均分的认知, 为有余数除法做好铺垫

续表

教学过程（文字描述）	"学思知行"课堂教学模式的体现
（二）出示问题 　有 8 根小棒，每 4 根摆一个正方形，能摆几个？ **（三）动手操作** 　8 根　□□ **（四）算式表示** 　1. 你能把刚才摆的过程用一个算式表示出来吗？ 　　8÷4＝2（个） 　2. 提出问题：为什么用除法计算？	
二、动手操作，探究新知 **（一）动手操作，初步感知余数的含义** 　1. 出示问题 　有 9 根小棒，每 4 根摆一个正方形，能摆几个？ 　2. 动手操作 　请大家用手中的小棒边说边摆一摆。 　9 根　□□∣ 　3. 设问质疑 　（1）剩下的这一根小棒，怎么不摆了？为什么？ 　（2）交流讨论。 　（3）小结过渡：有 9 根小棒，摆了 2 个独立的正方形，还剩 1 根，这 1 根小棒不够再分一份了，就是剩余的部分。 　4. 引导理解 　（1）设问：这种有剩余，没有正好分完的情况，还是平均分吗？ 　（2）总结：虽然有剩余，但也是平均分，也用除法来解决。 **（二）算式表征，理解有余数除法的含义** 　1. 自主尝试 　你能用一个算式来表示这个平均分的过程吗？在纸上写一写。 　2. 交流讨论 　预设 1：9÷4＝2 　预设 2：9÷4＝2 余 1 　预设 3：9÷4＝2……1 　预设 4：9÷4＝2（个）……1（根） 　3. 理解算式 　9÷4＝2（个）……1（根） 　（1）你能结合图说一说 9、4、2、1 各表示什么意思？ 　（2）说一说这个算式表示什么意思？	引导学生大胆质疑。在问题驱动下，学生可以有条理，逻辑清晰地分析问题，并流畅地表达自己的想法 借助学生已有经验，使学生感知剩余；在操作、对比中逐步引导学生理解有余数除法的含义，并学会正确读、写有余数除法算式

教学过程（文字描述）	"学思知行"课堂教学模式的体现
4. 认识余数 （1）当剩余的部分不够再分一份时，就把剩余的数叫余数。 （2）谁能完整的介绍一下有余数的除法算式中各部分名称。 **5. 修正算式** **6. 对比理解** 这两道题都是平均分，都用除法解决，有什么不同吗？ 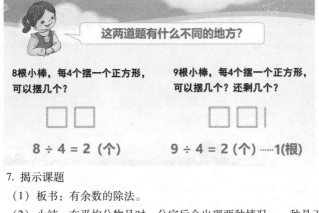 **7. 揭示课题** （1）板书：有余数的除法。 （2）小结：在平均分物品时，分完后会出现两种情况：一种是正好分完，另一种是还有剩余。虽然分完的情况不同，但它们都用除法计算。	
三、自主探究，发现规律 **（一）动手操作，自主尝试体会算式表征** 　探究步骤：独立完成，用 10、11、12 根小棒摆独立的正方形，并根据摆的过程，在学习单上列出算式，再思考下面的问题。	在操作中使学生感受到摆、说的过程与算式表示的意思相同，为抽象的算式建立表象支撑，加深对有余数除法含义的理解，同时培养学生思维的灵活性

小棒根数	算　式
8 根	8÷4＝2（个）
9 根	9÷4＝2（个）……1（根）
10 根	
11 根	
12 根	
仔细观察每个算式，你发现了什么？ 思考：13、14、15、16 根小棒能摆几个独立正方形？	

续表

教学过程（文字描述）	"学思知行"课堂教学模式的体现
（二）汇报交流，深化理解有余数除法 10 根　□ □ ‖　10÷4=2（个）……2（根） 11 根　□ □ ⫼　11÷4=2（个）……3（根） 12 根　□ □ □　12÷4=3（个） 1. 设问：为什么到 12 根小棒这里就没有余数了呢？ 2. 汇报：用 13、14、15、16 根小棒分别能摆几个独立正方形，并说一说算式。 13 根　□ □ □ ｜　13÷4=3（个）……1（根） 14 根　□ □ □ ‖　14÷4=3（个）……2（根） 15 根　□ □ □ ⫼　15÷4=3（个）……3（根） 16 根　□ □ □ □　16÷4=4（个） （三）交流分享，发现余数与除数的关系 1. 仔细观察每个算式你发现了什么？ 2. 总结：余数一定要比除数小。 **板书：余数＜除数**	
四、巩固提高，拓展延伸 1. 用一堆小棒摆⬠，如果有剩余，可能会剩几根小棒？ 2. 如果用这些小棒摆△，可能会剩几根小棒？为什么？ 3. 在下面算式中，除数是 8 时，余数可能是多少？ 　□÷8＝□……□ 4. 在下面算式中，余数是 6 时，除数可能是几？ 　□÷□＝□……6 5. 有一堆小棒，摆了 4 个⬠，还剩 2 根，这堆小棒一共有（ ）根。 　（ ）÷5＝4（个）……2（根）	在观察、讨论交流中，学生发现从上到下所用小棒总根数的连续变化情况、直观地看到操作结果以及余数的变化情况，在观察、比较和分析中，总结出余数与除数的关系

续表

教学过程（文字描述）	"学思知行"课堂教学模式的体现
五、课堂总结，畅谈收获	利用"余数比除数小"的解决问题中，深化有余数除法含义的理解以及余数和除数关系的运用，培养学生思维的灵活性

（二）教学设计的新转变

1. 从传统教教材到灵活用教材——凸显教学观念的转变

根据学生前测的实际情况：将教材进行整合，切实提升课堂教学效率，合理巧妙地用好了课堂上的每一分钟。课上注重操作，促进学生对"有余数除法"的过程性理解，并建立操作过程、语言表达、符号表征之间的关系，实现学生对数学概念的理解，而不是反复练习上。

2. 从被动式教学到开放式教学——凸显教学方式的转变

让学生学会质疑，学会思考并解决。教学中先用 8 根小棒，每 4 根小棒摆一个独立的正方形，可以摆几个正方形？复习 $8 \div 4 = 2$ 这一旧知识。接着让学生用 9 根小棒摆正方形，可以摆几个正方形？拼摆过程中，有的学生露出疑惑的表情，有的学生质疑："这一根小棒放到哪里呢？"由此引发了学生的讨论。这一学生的自主发现，能够激发学生们继续探索新知的欲望，调动了学生主动参与，使学生能够体会到恰好分完和有余数的两种情况。

三、课后新感悟

由"学"变"探"

在掌握余数的概念后，通过让学生继续摆 10、11、12 根小棒并根据结果列算式，帮助学生巩固有余数除法算式的正确书写格式。同时还请学生猜想 13、14、15、16 根小棒能摆几个正方形，剩余几根？让学生充分观察这组算式。小组讨论"仔细观察每个算式你发现了什么"使学生发散思维，归纳总结出余数和除数的关系，并最终深刻体会到：余数小于除数。当余数和除数相等或大于除数时，还可以继续分。在此基础上，请学生猜一猜

"如有除数是5，余数最大是几"，使学生明白"不管除数是几，余数都比除数小"，更进一步加深了"余数"的理解。

　　总之，在课堂教学中，教师密切联系数学与生活实际，通过直观形象操作、自我探究等形式，让学生积极主动参与学习。通过自己的思索，发现问题、解决问题，使学生有了思维空间，有展示自己的机会，使学生获得了成功，树立了信心。

《混合运算解决问题》教学设计

张春艳

一、课前新思考

（一）指导思想与理论依据

《课程标准（2011 年版）》对"问题解决"的要求是"获得分析和解决问题的一些基本方法，体验解决问题方法的多样性，发展创新意识"。

一方面，数学家波利亚指出：解题的价值不是答案的本身，而在于弄清"是怎样想到这个解法的？""是什么促使你这样想，这样做的？"。另一方面，建构主义认为，知识建构的过程应有交流、磋商，并进行自我调整和修正。

基于以上的认识，本节课我想以自主体验为前提，以合作交流为依托，力求体现深化解决问题的步骤，拓展解决问题的策略方法，提升学生解决问题的能力，使学生体会到解决问题可以有不同策略，每一个人都应当有自己对问题的理解，并形成自己解决问题的基本策略，培养学生的应用意识和创新精神。

（二）教学背景分析

1. 教学内容

人教版三年级下册第五单元例 4。

2. 教材分析

"问题解决"贯穿于数学课程的全部教学过程中，融于"数与代数""图形与几何""统计与概率"和"综合与实践"四个领域中。教材中所涉及的所有解决问题的例题，可以从两个角度分析，一是经历解题的步骤，二是解决问题的策略。

从经历解题的步骤上看：教材是逐步让学生学习并体会到要解决一个数学问题所要经历的步骤，即：理解现实的问题情境，发现要解决的数学问题（"知道了什么"）——分析问题从而找到解决的方案并解决（"怎样解答?"）——对解答的结果和解决的方法进行检验、回顾与反思（"解答正确吗?"）。

从解决问题的策略上看：学生之前已经学习过解决问题的一些策略和方法，比如画图、列算式法，后面我们还会学习列举、列表、倒推、替换、假设等策略和方法。

本例题是需要两步计算才能解决的较简单的实际问题。教材用烤面包的情景提供了现实素材，通过解决问题的三步骤让学生经历解决问题的全过程。由于信息的复杂性，学生又是第一次接触这类问题，因此，教材通过用色条图表示信息和问题的方法，以更好地理解问题，为后面学习用线段图表示信息和问题做好准备。本节课重在梳理信息和画图的方法，重在让学生理解这类问题的结构，学会找出中间问题进而解决问题，发现并提出中间问题是一个非常重要的载体。

3. 学情分析

知识上，本节课前学生已经掌握了加法模型、减法模型、乘法模型、除法模型，对于两步的解决问题只限于会解决连加、连减，看图解决的乘加、乘减的两步问题。而这节课是在学生已经掌握了含有两级运算的混合运算顺序，并能正确按照运算顺序进行脱式计算的基础上进行的。

能力上，本节课学生具备了提出问题、分析问题、解决问题的能力，具备了运用画图策略解决问题的方法。

【我的思考】

1. 如何借助直观图让学生明白较复杂数量之间的关系?

2. 如何在图与算的方法中沟通联系，从而明白两步式题的解题结构?

3. 如何与三年级上册的"归一问题"进行有机地的整合?

（三）教学目标和重难点

1. 教学目标

（1）在掌握两步解决问题的结构基础上，会分析数量关系，并正确解答，培养分析和解决问题的能力。

（2）在经历探索和交流解决实际问题的完整过程中，感受解决问题的分析方法，意识到画图策略、审题策略是帮助解决问题的有力手段。

（3）在解决问题的过程中，体会到数学在生活中的应用，同时培养认真观察、独立思考、合作交流等良好的学习习惯。

2. 教学重点

利用画图策略、审题策略等手段分析数量之间的关系，并正确解答。

3. 教学难点

会找出隐藏的中间问题，并合理利用小括号列综合算式解决问题。

（四）教学流程图

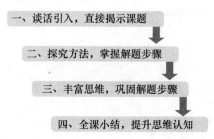

一、谈话引入，直接揭示课题

↓

二、探究方法，掌握解题步骤

↓

三、丰富思维，巩固解题步骤

↓

四、全课小结，提升思维认知

二、课堂新实践

（一）教学过程

教学过程（文字描述）	"学思知行"课堂教学模式的体现
一、谈话引入，直接揭示课题 1. 到目前为止我们都学习了几种运算？哪四种？ 2. 今天我们就用这四种运算解决一下生活中的问题。（板书课题：解决问题） **二、探究方法，掌握解题步骤** 1. 出示主题图：还剩几个没烤？ 	简单对话沟通运算与解决问题之间的联系，调动学生学习的积极性

续表

教学过程（文字描述）	"学思知行"课堂 教学模式的体现
（1）你都知道了什么？ （2）这个问题你会解答吗？ 预设：90 − 36 = 54（个） 设问：为什么用减法计算？"每次能烤 9 个"这个信息为什么不用？ （3）小结：看来要想解决一个问题，只要找到跟他有关系的 2 条信息就可以了。	复习减法结构，通过分析，体会数量之间的关系，剔除多余信息
2. 出示第 2 个问题：剩下的还要烤几次？ （1）设问：信息不变，把问题变一下，你还会解答吗？ 你是怎么想的？把你的想法写在纸上。 （2）汇报。 ①画：让学生到前面来说说自己是怎样想的。 预设 1：实物画法 	在信息不变，问题改变的情况下，产生冲突意识，激发求知欲，充分给予学生独立思考的时间和空间，尽可能全面地展示学生独一无二的想法
预设 2：抽象画法 	通过有层次的展示学生作品，逐步体会从实物图到抽象图，再到两步图及线段图的过程，通过层层深入的交流，从而形象地分析出数量之间的关系，找到中间问题
预设 3：两步画法 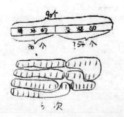 设问：你为什么要先从 90 个面包中去掉已经烤好的 36 个呢？ ②算： 分步算式：90 − 36 = 54（个）	在画完图的基础上，通过对题意的理解，抽象出符号的数学算式，让学生流畅地表达自己每一步算式的想法，从而提升思维

教学过程（文字描述）	"学思知行"课堂教学模式的体现
$54 \div 9 = 6$（次） 设问：能讲讲你的想法吗？为什么要先算 $90 - 36$？能在图中找到你的这个想法吗？ 综合算式：$(90 - 36) \div 9 = 54 \div 9 = 6$（次） 设问：为什么加小括号呢？不加行吗？ ③预设错例： 算式：$36 \div 9 = 4$（次） 设问：听了刚才同学们的分析，你觉得你的问题出在哪了？ （3）梳理解题方法，掌握结构。 梳理：让我们一起回忆一下刚才同学们的思考过程，不论是画还是算，同学们都是想先算什么？再算什么？ 设问：①跟我们刚才解决的问题对比一下，哪相同，哪不同？ ②为什么这个问题一步就能解决？第二道题要两步？ 设问：什么问题可以用一步解决，什么问题需要用两步？ 小结：解决一个问题需要两个和它有关的信息，如果其中的一个信息直接给了，另一个信息没有直接告诉我们，我们要先求出它来，再解决最后的问题，这就是我们今天学习的用两步解决问题。 （4）解答正确吗？	在学生多种想法的碰撞中，通过全班交流、讨论，沟通图与算式的联系，对比一步与两步解决问题的区别，从而建立解决两步问题方法的结构
三、丰富思维，巩固解题步骤 1. 做一做。 第一组比第二组多花多少钱？  第一组比第二组多花了多少钱？ （1）你都知道了什么？ （2）怎样解答呢？先静静地思考一下，并把你的想法写在纸上。 （3）同桌互相说一说想法。 （4）谁来说说你是怎样解答的。 设问：拿到这道题，你是怎么想的？ （5）小结：分析时还可以先看看问题是什么，寻找跟问题有关系的两条信息，如果有一条没有告诉你，我们应该先解决这个问题，然后再解决最后的问题。	在解决问题的过程中培养学生多角度思考问题的能力。通过分析，找到解决问题的着眼点，从而正确解决问题

续表

教学过程（文字描述）	"学思知行"课堂教学模式的体现
2. 三年级上册"解决问题"。 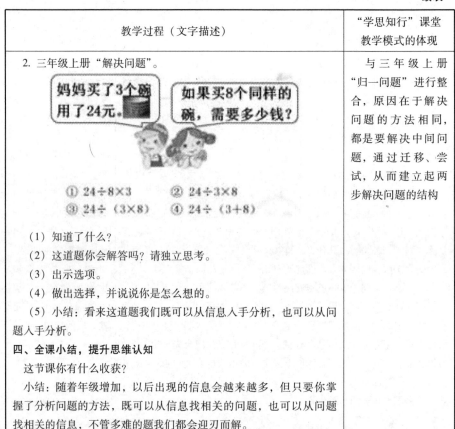 （1）知道了什么？ （2）这道题你会解答吗？请独立思考。 （3）出示选项。 （4）做出选择，并说说你是怎么想的。 （5）小结：看来这道题我们既可以从信息入手分析，也可以从问题入手分析。 **四、全课小结，提升思维认知** 这节课你有什么收获？ 小结：随着年级增加，以后出现的信息会越来越多，但只要你掌握了分析问题的方法，既可以从信息找相关的问题，也可以从问题找相关的信息，不管多难的题我们都会迎刃而解。	与三年级上册"归一问题"进行整合，原因在于解决问题的方法相同，都是要解决中间问题，通过迁移、尝试，从而建立起两步解决问题的结构

（二）教学设计的新转变

1. 从传统教教材到灵活用教材——凸显教学观念的转变

传统的教学都是就例题而进行新课的教学，新授学完后再进行针对性的练习，而本课不但能从学生已学习过的多余信息解决问题出发，又在学后的应用中巧妙地引入三年级的类似解决问题进行延伸，可以说起到了很好的承上启下作用，凸显了教学观念的转变。

2. 从被动式教学到开放式教学——凸显教学方式的转变

对于解决问题，传统的教学就是老师讲学生学，或者学生讲学生学，而本课教师把所有的时间和空间交给了学生，让他们尽情地暴露自己的想法，又通过有层次的展示，引领学生进一步分析出数量之间的关系，又在一次次的沟通联系中梳理解决问题方法的结构，整节课上起来轻松，开放性强，课堂气氛活跃，凸显了教学方式的转变。

三、课后新感悟

适时整合　大胆创新

　　这节整合课跟以往的同册书整合不同，它是跨越了二年级下册与三年级上册的整合，虽然在备课前我们产生了各种质疑和猜测，但实践证明，学生对于这种有联系的知识掌握起来并不困难。一是这两个例题的分析方法相同，尤其是从分析法和综合法上看，学生都能很快地找到中间问题，从而解出最后问题。二是在数学思想上有着出奇的雷同，那就是都借助了"画图策略"，学生通过画图能够分析出数量关系，从而把知识降低了难度。从开始的"混合运算两步解决问题"的新授探究，到最后放手到三年级上册"归一解决问题"的实际应用。事实证明，学生接受起来还是很顺利的，思维上也还是可以衔接上的，教学效果很好。

《运算定律与简算》教学设计

林 琳

一、课前新思考

（一）指导思想与理论依据

1. 数感

《课程标准（2011 年版）》提出："数感主要是指关于数与数量、数量关系、运算结果估计等方面的感悟。建立数感有助于学生理解现实生活中数的意义，理解或表述具体情境中的数量关系。"

2. 运算能力

《课程标准（2011 年版）》提出："能够根据法则和运算律正确地进行运算的能力。培养运算能力有助于学生理解运算的算理，寻求合理简洁的运算途径解决问题。"

（二）教学背景分析

1. 教学内容

人教版四年级下册第十单元运算定律复习。

2. 教材分析

关于运算定律这一内容，学生在一、二、三年级的学习中已经有了广泛接触，如列式可以是 $1+2$，也可以是 $2+1$，学生对加法、乘法的可交换性、可结合性，已经有了充分的认知经验。本学期第三单元让学生结合已有经验，从具体数据的讨论，上升到规律的发现与归纳，最终形成相应的数学模型。在第六单元学习了小数加减法后，加法的运算定律又推广到了小数。对于小学生来说，运算定律的提炼与概括具有高度的抽象性，学生由原来零散的感性认识上升到理性认识。

3. 学情分析

学生的知识起点：运算定律在整数里的运用以及加法运算定律在小数里的运用。经验起点：经历过猜想、举例、验证、结论、应用等研究问题的过程，有一定的数感。

【我的思考】

基于以上分析，我们可以发现整数运算定律推广到小数、分数对于学生来说并不难理解，但是由于数域的限制，本节课的立足点就是想让孩子对于知识有一个完整的认识，感受到知识的连续性。

（三）教学目标和重难点

1. 教学目标

（1）通过运用运算定律和运算性质进行简算，进一步巩固运算定律与性质。

（2）在观察、对比、分析的过程中，进一步提高学生的计算能力。

（3）培养学生养成良好的审题习惯。

2. 教学重点和难点

根据数据和运算符号的特点灵活计算。

（四）教学流程图

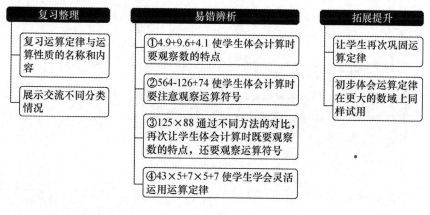

二、课堂新实践

（一）教学过程

教学过程（文字描述）	"学思知行"课堂教学模式的体现
一、整理复习 展示学生的整理小报。 1. 罗列运算定律，学生说清整理的运算定律及字母表示形式。	

教学过程（文字描述）	"学思知行"课堂教学模式的体现
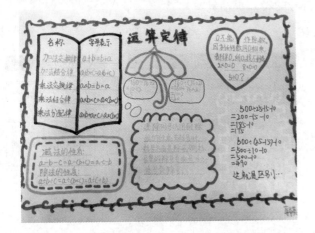　2. 按运算定律与性质进行分类整理。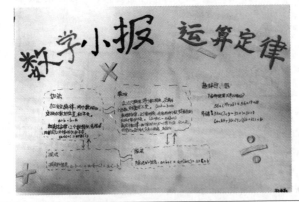　3. 按运算级别进行分类整理。	由学生自己整理的小报入手，调动学生学习的积极性，复习有关知识，为后面学习做铺垫　　让学生体会不同的分类整理，加深学生对运算定律的理解，有利于学生理清各运算定律的联系和区别

教学过程（文字描述）	"学思知行"课堂教学模式的体现
4. 其他整理小报。 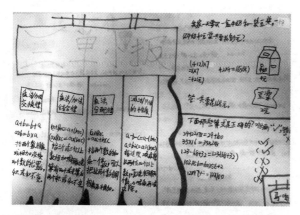 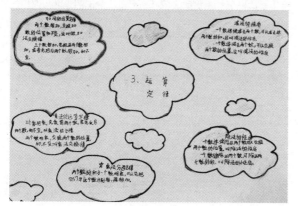 　　师小结：同学们用了不同的标准对运算定律和性质进行了分类，大家以后也可以这样分类整理。 **二、易错题练习** 　　（其他图片） 　　①4.9＋9.6＋4.1　　②132－68＋32 　　③125×88　　　　　④43×5＋7×5＋7 1. 学生自主练习，全班订正，辨析错例。 第①题出示正确做法：	通过同学们的展示交流，给学生知识梳理方法加以指导 　　易错题也从学生整理的小报中来，引发学生兴趣，提升学生整理小报的动力

教学过程（文字描述）	"学思知行"课堂教学模式的体现
$4.9 + 9.6 + 4.1$ $= 4.9 + 4.1 + 9.6$ $= 9 + 9.6$ $= 18.6$ 师：你运用了什么运算定律？为什么？ 生：运用了加法交换律，因为数可以凑整，还是连加。 出示错例： $4.9 + 9.6 + 4.1$ $= 4.9 + 4.1 + 9.6$ $= 10 + 9.6$ $= 19.6$ 师：这种做法错在哪？为什么？ 师：出这道题的同学，你为什么这样出？想提醒大家什么？ 生：凑整不一定是整十或整百。 2. 使学生体会计算时要观察数的特点。 第②题出示正确做法： $132 - 68 + 32$ $= 64 + 32$ $= 96$ 师：说说你的想法。 生：不能用运算定律简算，所以按运算顺序做。 出示错例： $132 - 68 + 32$ $= 132 - （68 + 32）$ $= 132 - 100$ $= 32$ 师：这种做法错在哪？为什么？ 师：出这道题的同学，你为什么这样出？想提醒大家什么？ 生：这题容易跟减法运算性质相混，在连减时才能用减法运算性质。 3. 使学生体会计算时要注意观察运算符号。 第③题出示两种解题方法： $125 × 88$　　　　　$125 × 88$ $= 125 × 11 × 8$　　$= 125 × （80 + 8）$ $= 125 × 8 × 11$　　$= 125 × 80 + 125 × 8$ $= 1000 × 11$　　　$= 10000 + 1000$ $= 11000$　　　　　$= 11000$	学生在交流辨析过程中，体会做题时要注意观察数的特点 　学生在交流辨析过程中，体会做题时要注意观察运算符号

续表

教学过程（文字描述）	"学思知行"课堂教学模式的体现
师：请两位同学分别说说自己是怎么做的？ 生1：把88拆成8×11，运用乘法交换律做。 生2：把88拆成80+8，运用乘法分配律做。 总结：通过不同方法的对比，再次让学生体会计算时既要观察数的特点，还要观察运算符号。 第④题出示正确做法： $43 \times 5 + 7 \times 5 + 7$ $=（43+7）\times 5 + 7$ $=50 \times 5 + 7$ $=250 + 7$ $=257$ 师：说说你的想法？ 生：这道题只能一部分用乘法分配律。 出示错例： $43 \times 5 + 7 \times 5 + 7$ $=（43+7+7）\times 5$ $=57 \times 5$ $=285$ 4. 使学生学会灵活运用运算定律。 学生修改自己的错题。 师：通过刚才解决这四道易错题，谁来说说我们在计算时要先干什么？ 生：要先审题。 师：审题都要审什么？ 生：要审数的特点和运算符号。 师小结：在计算时，我们要先审题，根据数的特点和运算符号选择合适的运算定律计算。 **三、拓展提升** ①从中选择一些数编算式并计算，数可以重复。 ②使它能运用运算定律和运算性质进行简算。 125　　3.2　　　4.8　　8　　　73　　27 学生自主编题，全班汇报交流。 1. 学生会编出 $73 - 4.8 - 3.2$、$125 \times 73 + 125 \times 27$ 等题。 师：这道题用什么运算定律解决？他做得对吗？ 学生进行判断说明。 2. 学生可能编出 $125 \times 3.2 + 125 \times 4.8$、$3.2 + 3/5 + 4.8 + 2/5$ 等题。	学生在交流对比过程中，体会做题时既要观察数的特点，还要观察运算符号 学生在交流辨析过程中，体会做题时要学会灵活运用运算定律 通过对四道易错题的辨析，让学生体会审题的重要性，做题前先观察数与运算符号的特点，选择合适的运算定律计算，培养孩子认真审题的好习惯，提高孩子的运算能力 本环节设计了开放性的题目，在学生自主编题过程中，一方面让学生再次巩固运算定律。另一方面，通过前面的

教学过程（文字描述）	"学思知行"课堂教学模式的体现
师：这样的题你们会做吗？哪个不会？ 生：小数乘整数，小数加减分数，我们没学过。 师：你们能解决吗？怎么解决？ 师：我们来看看编这道题的同学是怎么解决的。 师：这道题我们本来不会做，怎么给解决了？ 生：运用了运算定律。 师：通过解决这些题，你有什么发现？ 生：我发现运算定律不仅能解决整数问题，小数和分数问题也可以解决。 师：关于这些问题，我们到了五、六年级还会继续研究。	学习，一些学生可以借助已有经验进行知识的迁移和类推，运用运算定律解决小数、分数的问题。通过交流，让学生初步感悟到运算定律可以解决小数、分数的问题，扩充运算定律使用的数域，培养学生的数感，提前渗透五、六年级的学习内容

（二）教学设计的新转变

1. 从被动式教学到开放式教学——凸显教学方式的转变

本节课从第一环节开始，就由同学们互相介绍交流自己的小报梳理，在学生的交流过程中，加深学生对运算定律的理解，有利于学生理清各运算定律的联系和区别，同时也互相启发了分类的知识梳理方法。第二环节也是从学生的小报中找题，提高了学生做题的兴趣，改变了以往计算课老师出题学生做的枯燥形式。在此过程中让学生学会审题要审数的特点、运算符号，能灵活运用运算定律。第三环节也是由学生自主编题，再次巩固运算定律的同时，渗透五、六年级的学习内容。

2. 从知识的教学到育人的教学——凸显教育价值的转变

在学生交流小报过程中，不只是让学生复习理清运算定律，同时还引导学生注意整理小报的方法，在列全有关知识点的同时，可以将知识点进行分类整理，在制作小报的过程中，再次加深对知识点的理解。在辨析易错题的过程中，让学生充分讨论应该怎样做，错的原因是什么，找到错因，同时总结出正确计算的方法，这样的过程也是在教会学生学会反思，及时积累经验。

三、课后新感悟

调动已有经验，沟通知识联系

通过小报的整理，我们可以看到在学习本课前，孩子对于运算定律的认识还基本上局限在整数范围内。通过这节课的学习，使孩子能够认识到运算定律不仅能够帮助我们解决整数的问题，还能帮助我们解决小数的问题甚至是分数的问题，感受知识间的普遍联系。

新课标强调：要重视直接经验，处理好直接经验与间接经验的关系。课程内容的呈现应注重层次性和多样性。由于学生在整数学习中有了用运算定律进行简便运算的基础，最后设计的编题环节，学生完全可以借助已有知识经验进行知识的迁移和类推，运用运算定律解决小数、分数的问题。课后收上来的学习单上也可以反映出学生对这部分内容已经有了自己的感悟。

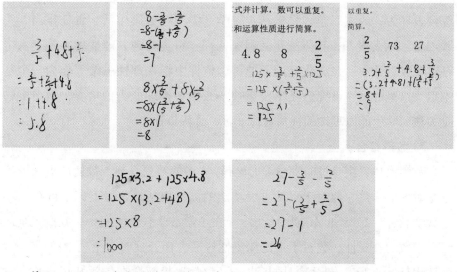

将四、五、六年级的知识点整合在一起，让孩子对运算定律有一个整体认知，让孩子在头脑里将这些知识点有一个整体建构，等到五、六年级讨论时能有更深的认识，研究更深层次的问题，从而做到灵活地解决问题。

《小数的意义》教学设计

李　舟　刘　斐

一、课前新思考

（一）指导思想与理论依据

1. 理性思维

2016 年 9 月教育部颁布的《中国学生发展核心素养》中提出的中国学生发展核心素养，以科学性、时代性和民族性为基本原则，以培养"全面发展的人"为核心，分为"文化基础、自主发展、社会参与"三个大方面；综合表现为"人文底蕴、科学精神、学会学习、健康生活、责任担当、实践创新"六大素养；具体细化为国家认同、审美情趣、理性思维等十八个基本要点。其中，在文化基础下的科学精神中将"理性思维"作为一个基本点。这里的理性思维已经不仅指数学教学中推理能力的培养，而更多的是关注到学生能以理性的视角看待学习、看待事物。

2. 数形结合

数学家华罗庚有过非常精辟的诠释："形使数更直观，数使形更入微。"这是对形对于数、数对于形两方面功能的高度概括。曹培英先生也在《小学数学教育》2015 年 Z1 期中指出："在小学数学教学实践中，我们正是从形对于数的直观性、数对于形的深刻性这两方面开展对学生教学的。"《数学课程标准（2011 年版）》中指出："数学思想蕴含在数学知识形成、发展、应用的过程中，是数学知识和方法更高层次上的抽象和概括。"

（二）教学背景分析

1. 教学内容

人教版四年级下册第四单元例 1。

2. 教材分析

在前面的学习中，学生已经系统认识了整数，知道什么是数位、计数

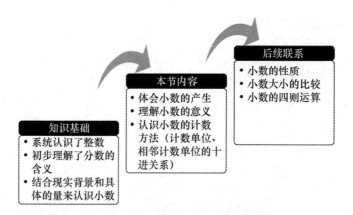

单位、十进制计数法等知识，初步理解了分数的含义，能结合现实背景和具体的量来认识小数，这些知识能在学习中发挥积极的迁移作用。小数实质上是十进分数的另一种表示形式，其依据是十进位值制原则，是对"位值制"的拓展。

　　本节课的学习重点是体会小数的产生、理解小数的意义、认识小数的计数方法（计数单位，相邻计数单位的十进关系），是从本质上来理解小数，是系统学习小数的开始，而这些知识又是后面学习小数的性质、四则运算等知识的基础。教材首先通过实际测量活动，体会小数产生的必要性，然后借助米尺理解小数是十进分数的另一种表示形式。在教材最后"做一做"的部分，又为我们提供了等分成 10 份的线段以及等分成 10 份和 100 份的正方形作为小数计数单位的模型，来帮助学生理解小数和十进分数之间的联系。

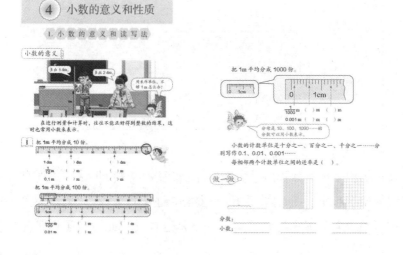

3. 学情分析

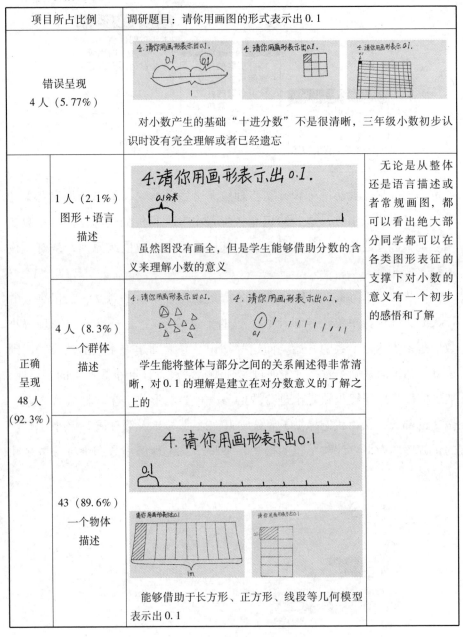

项目所占比例		调研题目：请你用画图的形式表示出0.1	
错误呈现 4人（5.77%）		对小数产生的基础"十进分数"不是很清晰，三年级小数初步认识时没有完全理解或者已经遗忘	
正确 呈现 48人 （92.3%）	1人（2.1%） 图形+语言 描述	虽然图没有画全，但是学生能够借助分数的含义来理解小数的意义	无论是从整体还是语言描述或者常规画图，都可以看出绝大部分同学都可以在各类图形表征的支撑下对小数的意义有一个初步的感悟和了解
	4人（8.3%） 一个群体 描述	学生能将整体与部分之间的关系阐述得非常清晰，对0.1的理解是建立在对分数意义的了解之上的	
	43（89.6%） 一个物体 描述	能够借助于长方形、正方形、线段等几何模型表示出0.1	

【我的思考】

通过前测分析不难看出，由于有了三年级小数初步认识的基础，全班92.3%的学生都能依托具体的图形完整的表述出0.1，但这是不是就说明学生掌握了小数意义呢？我想答案显然不是这样的，此时孩子们虽然能借助具体的图形表示出 0.1 这个小数，但是他对小数的含义并没有上升到一个共性的认识上，即表示十分之几、百分之几、千分之几的数就是小数。那如何才能在课堂上引导学生将这一过程感悟并内化呢？这是我要思考的首要问题。其次，教材在分析中指出：要让学生在具体的情境中加深对小数产生必要性的认识。在这个环节的处理上我主要设想通过两个步骤完成：一是让学生直观感知到只要有需求就可以无限细分下去，随着不断细分精准度也会越来越高；二是精准度越高在生活中是否真的需要呢？借助生活中比赛的激烈情景让学生充分感知要想区分出胜负，就需要将 1 秒不断细分10 份（分秒）、100 份、1000 份（毫秒）、1000000 份（微秒），产生真正的细分需求。

（三）教学目标和重难点

1. 教学目标

（1）进一步理解小数的意义，能够把十进分数改写成小数；认识小数的计数单位及十进关系。

（2）在动手操作、观察思考的过程中，经历小数意义的探索过程。渗透数形结合的方法，培养学生数感、观察、类推和抽象概括的能力。

（3）感受小数与生活紧密联系，体会小数的应用价值。

2. 教学重点

理解小数的意义。

3. 教学难点

小数与十进分数的关系。

（四）教学流程图

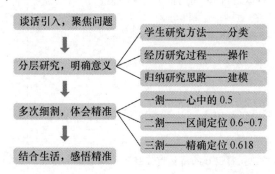

二、课堂新实践

（一）教学过程

教学过程（文字描述）	"学思知行"课堂教学模式的体现
一、谈话引入，聚焦问题 　　以前我们学过很多数，在这条数轴上标出的这些数大家都熟悉吧？那它们是什么数呢？（整数）在两个整数间还能找到哪些数呢？ 　　刚才同学们说了这么多的小数，其实，我们早在三年级时就初步地认识了小数，今天这节课我们一起来深入研究小数。	从原有的认知基础出发帮助学生回忆旧知的同时唤起他们的学习欲望
二、分层研究，明确意义 　　（一）渗透研究方法——分类 　　这么多的小数，我们要想研究，应该先把它们分分类，这样便于我们研究。那你打算怎样分类？请你上来给分分类。也就是说，像0.3这样的小数就是一位小数，0.06这样的小数就是两位小数，0.356这样的小数就是三位小数	为学生渗透解决问题时要有分类研究的意识。这不仅是解决问题经验的积累，更是研究方法的传递
（二）经历研究过程——操作 　　1. 研究一位小数 　　（1）要想弄明白0.3表示什么意义，你觉得我们应该先研究哪个数？（0.1）说得真好。古人云：一生二、二生三、三生万物。那我们就从0.1展开对一位小数的研究。 　　（2）这里有两个图形，一个正方形、一条线段。在这里，我们都把它们看成"1"，你能在这两个图形上找到0.1吗？说一说。 　　预设：把这个图形平均分成10份，其中的一份就是$\frac{1}{10}$，也就是0.1。 　　（3）（课件演示）就像刚才同学们说的，把"1"平均分成10份，每份就是$\frac{1}{10}$，也就是0.1，我们把他们说的记录下来。$\frac{1}{10}$=0.1。$\frac{1}{10}$与0.1表示的意义相同，大小相等。所以我们用"="连接。板书$\frac{1}{10}$=0.1。那0.3呢？在图中又该如何表示呢？想象一下，谁能说说。 　　预设：把"1"平均分成10份，表示这样的3份就是$\frac{3}{10}$，也就是0.3。 　　小结：同学们真棒，凭着良好的感觉首先找到了0.1这个标准，然后还能使用这个0.1来帮助我们继续研究后续的0.3，这种迁移的学习能力真棒！那你们还想在图中表示哪个一位小数？	研究小数从两个"一"开始：一位和0.1，一个是位数上的起始，一个是数字的起始，两个"一"的起始分别指向研究方法的传递和数感的培养 　　用线段模型和面积模型帮助学生将0.1与$\frac{1}{10}$建立起联系，为后续的理解意义做好准备

教学过程（文字描述）	"学思知行"课堂 教学模式的体现
预设：0.5→把"1"平均分成 10 份，其中的 5 份就是 $\frac{5}{10}$，也就是 0.5。 它里面有（5）个 0.1。 0.9→把"1"平均分成 10 份，其中的 9 份就是 $\frac{9}{10}$，也就是 0.9。 它里面有（9）个 0.1。 0.7→把"1"平均分成 10 份，其中的 7 份就是 $\frac{7}{10}$，也就是 0.7。 它里面有（7）个 0.1。 研究到这，那你们发现一位小数都表示什么？（十分之几） 2. 研究两位小数 与大家分享小组的研究成果。 监控：为什么选择 0.01？→标准。 板书： $\frac{1}{100}=0.01$ $\frac{6}{100}=0.06$ 6 个（0.01） $\frac{19}{100}=0.19$ 19 个（0.01） 师：通过以上的研究我们可以得到两位小数都是表示什么？（百分之几） 3. 研究三位小数 （1）推想一下，要是研究三位小数先从哪个小数开始？那如何得到 0.001 呢？ 预设：把"1"平均分成 1000 份，取其中的一份。 师：想法没问题，但操作起来确实有困难。老师这里有一个正方体，表示单位"1"。首先我们将它平均分成 10 份。再平均分成 10 份，再平均分成 10 份，这时候就将这个正方体平均分成了 1000 份。每一份就是 $\frac{1}{1000}$，也就是 0.001。你能在图中找到 0.001 吗？谁上去指一指。 （板书 $\frac{1}{1000}=0.001$） （2）表示 1000 份中的多少份？我们一起来数一数，用分数表示就是 $\frac{356}{1000}$，写成小数就是 0.356。那 0.356 里面有（　　）个 0.001？在这幅图中你还能再找出一个小数吗？$\frac{644}{1000}=0.644$，它里面有（644）个 0.001。	在问题驱动下，孩子们的思维被调动起来。他们可以有条理、逻辑清晰地分析问题，并且可以流畅地表达自己的想法 通过学生的思维，我们可以看到他们思考问题是全面的、深刻的。他们考虑问题是周全的，思维是严谨的 学生经历完整的研究事物的过程，从猜想研究那个数开始，到借助线性和面积表征回忆沟通 0.1 与 $\frac{1}{10}$ 的联系，再到探究这个小数的组成，即计数单位和计数单位的个数的统一，最后发现一位小数的含义。学生在经历一个完整的解决问题的过程中感受着过程，积累着经验

教学过程（文字描述）	"学思知行"课堂教学模式的体现
（3）研究到这里我们不难看出，三位小数都表示千分之几。那四位小数、五位小数呢？……只要有需要，我们就可以将"1"无限细分下去，随之也会产生更小的标准。 三位小数的研究如果靠人力研究，短时间内很难达到一个良好的效果，在学生都能进行很好的研究设想的同时教师给出技术手段的支持，使学生能深刻感知到技术手段对研究的支持是巨大的。同时通过发散联想让学生感受到只要需要，我们就可以将"1"无限地细分下去。 4. 概括小数意义 刚才我们一起对一位、两位、三位小数进行了研究，现在你对小数又有了哪些新的认识？ 监控：均分、十份、百份、千份。 表示十分之几，百分之几，千分之几……这样的数就是小数。 （三）归纳研究思路——建模 1. 回忆研究过程，感悟解决问题方法 回忆一下，刚才我们经历了怎样的研究过程呢？ **收集数据→尝试分类→寻找标准→建立联系→发现规律→归纳总结** **解决一类问题的方法，也是认知世界的途径** 2. 计数单位直观化，完善计数单位的体系 刚才我们在寻找标准的时候你们都不约而同地选择了 0.1、0.01、0.001……你知道像这样的小数在数学中还有一个名字，叫做计数单位。那这些单位间有什么关系呢？ 监控：10 倍、$\frac{1}{10}$、相邻。 在标准的确立上很大程度是依靠了学生良好的数学感觉，在这各个环节中帮助学生对这些标准进行理性和深刻的认识，同时也是帮助学生将小数的计数单位与整数的计数单位进行"对接"，完善计数单位的体系。 **三、多次分割，体会精准** 刚才我们认识了小数，了解了它们之间的进率。下面我们一起来欣赏一组图片。（课件）在这些美丽的图片中也隐藏着一个小数，他被科学家称为美的密码 0.618。在这条数轴上，你能找到与 0.618 相对应的点吗？ 一次指→精确吗？→分→再指→精确吗？→分→再指。 回顾刚才我们找到 0.618 的过程，你想说什么？	数学发展所依赖的思想在本质上有三个：抽象、推理、模型。模型思想作为一种思想，要真正使学生有所感悟，需要经历一个长期的过程。这一过程需要教师在教学过程中逐步渗透和引导学生不断感悟

续表

教学过程（文字描述）	"学思知行"课堂 教学模式的体现
①只要有需要，就可以永远地分下去。 ②越细分，越精确，准确度越高 这个环节主要是通过让学生经历不断细割最终找到精确点的过程，感悟只要有需要就可以永远地分下去；越细分，越精确，准确度越高。 **四、结合生活，感悟精准** 　师：那有些同学可能会说"精确度高有什么用？"我们来看一段视频。请看成绩。如果我只看整数部分能比出名次吗？所以要不断地将一秒细分，再细分，才能比出高低，决出名次，对吗？39.584、39.854、39.919、39.987。 　从孩子们熟知的比赛情景入手，让他们充分感知提高精准性的必要性。	

（二）教学设计的新转变

1. 从传统教教材到灵活用教材——凸显教学观念的转变

在本节课设计之初，我对这节课众多"大家"的设计都进行了拜读。从刘延革老师由米直系统入手强调产生分的需求的《小数的意义》，到华应龙老师的由马云分钱强调计数单位入手的《小数的意义》，再到唐彩缤老师的需要不断通过细割产生更小的计数单位从而逐渐提高精准度的《小数的意义》……我发现虽然大家设计的情景不同，切入点不同，但都是在"数的认识"教学中理解计数单位是掌握数的概念、把握其本质的内涵的核心问题。

在明确了本节概念课的核心后，我又对两个班 52 名同学做了前测调研。通过前测调研不难看出，学生能从依托具体的情景完成对 $0.1 = \frac{1}{10}$ 的自主诠释，那在课堂中是否还需要让学生经历这一环节呢？于是我又查找了相关的文献。美国著名的数学家莱希在他的著作《直观几何》一书中提到多种表征间是可以自由转换的，他依据大量的数据表明，一般人们的认知规律是从直观模型到半直观再到抽象，但是受教者的不同认知基础与学习阅历以及能力的高低都可能是学习过程中不同的表征阶段相关转换共同作用于受教者。作为史家的老师，我深知我们的学生学习能力较强，他们有着极广阔的视野，在教学中许多看似必经的阶段对他们来说可能都缺乏吸引力。这就要求我们教师要依据自己学生的学情和学习能力设计与之相符的教学过程，于是，我在设计时大胆取舍，直接由半直观模型——方格图、数线图、立体图引入，帮助学生在这些模型上完成对小数核心概念——计数单位的累加创造出小数的教学。

2. 从知识的教学到育人的教学——凸显教育价值的转变

在教学过程中教师关注对学生学习方法的渗透，在一位小数研究后教师带领学生"回头看"：刚才我们是如何研究一位小数的？在研究完小数的意义后也是及时回顾：我们的研究过程是怎样的？帮助学生习得知识的同时也感悟思想方法。

在学生研究完小数的意义后教师及时引导他们梳理刚才的学习过程，使他们在积极探究新事物的过程中感受到自己所经历的过程：

收集数据——进行分类——寻找标准——建立联系——找到规律——归纳概括。

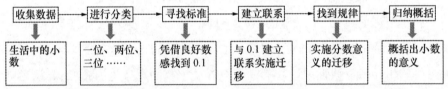

其实这不仅是学生获得新知的必经之路，也是人们探索未知世界的一种方式。我想学生如果日积月累的这样解决问题并反思问题的解决过程，必将成为一个充满理性思维的睿智的社会人。

三、课后新感悟

从教学达成中感悟概念教学的本质

作为数的概念课，本节课中充分地让学生经历抽象、类比、推理、归纳等教学思维过程。抽象是数学的本质，然而在让学生经历抽象的过程中，本节课为知识的发生、发展找到了支点，并有效地促进了学生对知识的理解与沟通。这节课如同一次有关"小数"的主题旅行，让学生从经验出发，停靠了"数形""数量""数感"等中转站，全面了解了小数的意义，并从中获得了知识同化和深化的过程。

数与形结合，经历抽象过程。在数的认识过程中，本节课运用多种模型帮助学生理解数的意义，建立数的概念，比如本节课中的方格图、数轴、正方体等，这样逐渐建立起抽象的数和现实中的数量之间的关系，并且就整数、分数、小数之间的转换关系，以及计数单位之间的进率进行了铺垫，有效突破了难点，揭示了重点。

1. 巧用立方体，经历抽象到直观

"每相邻两个计数单位之间的进率是 10"是学生理解的障碍。通过把一个正方体看成 1，将它平均分成 10 份揭示了 0.1，进而在 0.1 的基础上再平均分成 10 份（把 1 平均分成 100 份），得到了 0.01，再在 0.01 的基础上再平均分成 10 份（把 1 平均分成 1000 份）得到了 0.001。立方体图简洁明了地解释了相邻两个计数单位之间的进率关系，同时为了将这种抽象的关系通过图示更具体化、更直观，我还将 10 个 0.001 是 0.01、10 个 0.01 是 0.1、10 个 0.1 是 1 的过程为学生反向演示出来，使学生在一分一合中将抽象的事物直观化，将它们之间的十进关系清晰化。

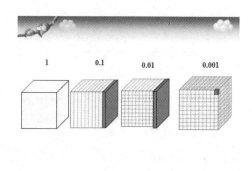

2. 巧用数轴，经历有限到无限

在教学中，学生经历了小数的产生和对意义的理解，如何将整数、分数、小数进行整合确实是个难题。数轴作为小学数学学习的桥梁，出现在课堂的拓展环节。借助自然界的神秘密码 0.618，让学生经历在数线图上经过三次不断细分找到它的过程，引导学生直观感悟只要有需求就可以无限细分下去，随着不断细分精准度也会越来越高。接着再借助生活中比赛的激烈情景让学生充分感知要想区分出胜负就需要将 1 秒不断细分 10 份（分秒）、100 份、1000 份（毫秒）、1000000 份（微秒），产生真正的细分需求。这样既能让学生更好地理解小数的产生，也能促进学生更全面地完善小数的意义。

　　综上所述，百格图、立方体图、数轴不仅是对学生学习需要的考虑，更兼顾了知识的纵向联系，将具体的数逐步抽象出内在关系，又将抽象的关系具体化，是对几何直观的一次有益尝试，更是对知识教学由线——面——体的沟通的成功实践。

《小数的性质》教学设计

王　磊

一、课前新思考

（一）指导思想与理论依据

《义务教育数学课程标准（2011 年版）》强调：课程内容的选择要贴近学生的实际，有利于学生体验与理解、思考与探索。同时指出：学生应当有足够的时间和空间经历观察、实验、猜测、计算、推理、验证等活动过程。教师教学应该以学生的认知发展水平和已有的经验为基础，引导学生独立思考、主动探索、合作交流，获得基本的数学活动经验。

（二）教学背景分析

1. 教学内容

义务教育教科书四年级下册第四单元第二小节"小数的性质和小数的大小比较"。

2. 教材分析

小数的性质是一节概念课，是在学生学习了"小数的意义"的基础上深入学习小数有关知识的开始。这部分内容安排了 4 个例题。例 1、例 2 教学小数的性质，例 3、例 4 教学小数性质的应用。例 3 是根据小数的性质可以把末尾有零的小数化简，例 4 是不改变小数的大小，把一个数改写成指定位数的小数。掌握小数的性质，不但可以加深对小数意义的理解，而且为后面的小数的大小比较、小数四则计算打下坚实的基础。

3. 学情分析

学生具备一些学习概念的经验，有一定的方法基础。在知识上，他们已经较好地认识了小数的意义，会读写小数，能进行一位小数的大小比较及加、减计算。学生对于小数意义的理解建立在：通过"元、角、分""方格纸""长度单位"等模型认识小数与十进分数的关系，以及认识小数的计数单位和小数的位值意义。这些是本节课教学的起点。

【我的思考】

学生达成本节课的知识目标并不困难，难点在于探索小数的性质背后蕴含的道理，使学生知其然，并知其所以然。因此我为学生提供多种探究材料，引导学生通过不同的验证方式，深化对计数单位、对小数性质背后道理的认识，进一步丰富对小数意义的理解。

（三）教学目标和重难点

1. 教学目标

（1）理解并掌握小数的性质，会应用小数的性质化简、改写小数，进一步理解小数的意义。

（2）学生经历借助多样化的学具或模型探索小数性质的过程，在发现－猜想－验证－应用的学习活动中，发展推理、归纳概括的能力，积累数学活动经验。

（3）感悟数学知识间的普遍联系，培养学生主动探究、求真务实、理性辩证的科学态度，感受研究的乐趣，喜欢数学，喜欢思考。

2. 教学重点、难点

理解并掌握小数的性质。

（四）教学流程图

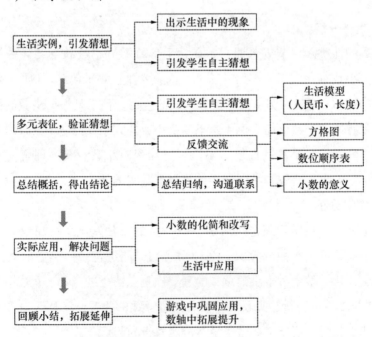

二、课堂新实践

（一）教学过程

教学过程（文字描述）	"学思知行"课堂教学模式的体现
一、生活实例，引发猜想 生活中的小数：  师：生活中有很多这样的现象，你有什么发现吗？ **二、多元表征，验证猜想** （一）合作探究，举例验证 师：是不是你们说的这样呢？我们需要验证一下。下面两人一组，合作探究。 （1）先写一个小数，然后在它的末尾添上 0 或者去掉 0。 （2）验证它们的大小是否相等。 （3）记录你们的验证过程。 　　　　　　　　　研究单 验证过程： 得出结论：_____ （二）反馈交流 1. 借助元角分 　因为 0.3 元是 3 角，0.30 元是 30 分，3 角 ＝30 分，所以 0.3 元 ＝0.30 元，就能说明 0.3 ＝0.30。 2. 借助米尺 　0.3 米，是把 1 米平均分成 10 份，取其中的 3 份，就是十分之三米，也就是 3 分米； 　0.30 米，是把 1 米平均分成 100 份，取其中的 30 份，就是一百分之三十米，也就是 30 厘米； 　因为 3 分米 ＝30 厘米，所以 0.3 米 ＝0.30 米，就能说明 0.3 ＝0.30。	"小数的性质"是蕴含在小数内部的一种变化规律，与生活有紧密的联系。通过出示生活中的一些现象，从而引发学生的猜想，激发学生学习的兴趣，调动学生的已有生活经验。 　在验证活动开始前，通过提问"你想借助什么方式来验证？"让学生经历选择验证工具的过程，明确不同工具的功能，从而提高验证的有效性和科学性，有利于培养学生的数学思考。 　小数的意义是丰富而且多元的，学生应该从多个角度去认识和理解。通过让学生借助"人民币单位""长度单位""方格图""数位顺序表""小数的意义"这些学习工具，分享交流不同的验证方法，进一步深化对"计数单位"的认识

教学过程（文字描述）	"学思知行"课堂教学模式的体现
3. 借助方格图 把一个正方形平均分成 10 份，3 份是这个正方形的十分之三，0.3 表示 3 个十分之一；把同样大的正方形平均分成 100 份，30 份是这个正方形的百分之三十，0.30 表示 30 个百分之一。 因为涂色部分表示的面积大小是相等的，所以 0.3 = 0.30。 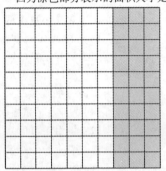 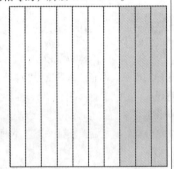 **4. 借助数位顺序表** 学生借助数位顺序表，把小数写入数位表中，发现 0.3 表示 3 个十分之一、30 个百分之一。 因为两个小数的 3 都在十分位上，百分位上的 0 表示这个数位上什么也没有，所以这两个小数的大小是相等的，即 0.3 = 0.30。 **5. 小数的意义** 因为 1 个十分之一是 10 个百分之一，那么 3 个十分之一就是 30 个百分之一，所以 0.3 = 0.30。 **三、总结概括，得出结论** 师：我们刚才验证了这么多等式，现在你能不能概括地说说你的发现。 生：从左往右观察，小数的末尾添上 0，小数的大小不变。 从右往左观察，小数的末尾去掉 0，小数的大小不变。 师：能结合起来说一说吗？ 生：小数的末尾添上 0 或去掉 0，小数的大小不变。 师：这其实是小数里非常重要的一个性质，叫做小数的性质。 **四、实际应用，解决问题** 1. 化简小数 师：不改变数的大小，下面的数中，哪些 0 可以去掉？ 8.70　　　20.040　　　5.00　　　500 2. 改写小数 师：生活中有时也需要把数精确到某一位小数，你能把下面各数改写成三位小数吗？	通过学生的谈论、交流，逐步完善小数的性质，培养学生语言表达的能力 　让学生体会运用小数的性质可以将小数化简或改写，为后续进一步学习小数大小的比较、小数加减法做铺垫

续表

教学过程（文字描述）	"学思知行"课堂教学模式的体现
0.2 =　　　　 4.08 =　　　　 30.0400 =　　　　 12 = 3. 生活中的应用 出示：生活中的一些例子。 **五、回顾小结，拓展延伸** 师生小结：我们看到了生活中的一些现象，进而提出了猜想，然后通过举例验证，得出了"小数的性质"这条结论，最后将它应用于我们的实际生活中，解决了化简、改写等问题。 　1. 游戏 猜一猜老师微信红包里的余额。 　提示 1：这个数里有两个 0，一个 5。（500、50.0、5.00、0.50、0.05） 　提示 2：至少可以去掉一个 0，钱数的多少不变。(5.00、0.50) 　提示 3：小数部分有 5。(0.50) 　2. 师：你能在数轴上找到 0.50 吗？这个点还能表示哪个小数呢？这个点可以表示很多小数，这个点还能表示别的数吗？（分数，十分之五，百分之五十，千分之五百……）这些分数之间有没有什么关系呢？ 　3. 板书设计 小数的性质 小数的末尾添上"0"或者去掉"0"，小数的大小不变。 学生举例。	通过知识的梳理回顾以及解决新的问题，感悟数学知识间的普遍联系，同时引发学生对知识的进一步思考

（二）教学设计的新转变

　　本节课我放手让学生自主探索，为其提供思考和探索的空间，充分调动学生原有的知识经验，有效调动学生学习的内驱力。因为只有亲身经历的探索过程，思维的主动性和创造性才能得到充分发挥，思考力才能得到不断提升。

　　小数意义是丰富多元的，要从多个角度去认识和理解。小数的意义是认识小数性质的重要基础，小数性质实际上是对小数意义的进一步认识。学生具备一些学习概念的经验，有一定的方法基础。基于学生已有经验，本节课我放手让学生自己去探索、去发现，经历自主寻找验证方法、自主举例验证、自主得出结论的过程，让学生感受到自己是学习的主人。汇报交流时，学生通过借助"人民币单位""长度单位""方格图""小数的意义"等方式进行验证，感受不同方法之间存在的联系，深化对"计数单位"

的认识，进而理解小数末尾添上"0"或者去掉"0"小数的大小不变的背后的道理，帮助学生理解数学知识的本质内涵。

三、课后新感悟

联系生活实际，开展自主探究

小数的性质是一节概念课，是在学生学习了"小数的意义"的基础上深入学习小数有关知识的开始。掌握小数的性质，不但可以加深对小数意义的理解，而且为后面的小数的大小比较、小数四则计算打下坚实的基础。

学生达成本节课的知识目标并不困难，难点在于探索小数的性质背后蕴含的道理，使学生知其然，并知其所以然。因此我引导学生经历借助多样化学具探索小数性质的过程，在发现、猜想、验证、应用的学习活动中，发展推理、归纳概括的能力，积累数学活动经验，培养学生理性辩证的科学态度，同时感受数学与生活的紧密联系。通过课堂教学以及专家点评，我有如下几点思考。

（一）联系生活，体现数学价值

1. 生活实例，引发自主猜想

《数学课程标准》明确提出了体会数学与生活之间的联系，运用数学的思维方式进行思考，增强发现和提出问题的能力、分析和解决问题的能力的目标。因此在第一个环节，我将本节课所要研究的问题和生活中常见的现象结合起来，给学生提供熟悉的、感兴趣的一些生活中的现象（如微信红包等），紧密联系学生的生活实际，引发学生自主发现问题、提出问题，激发学生的探究欲望。

2. 实际应用，感受紧密联系

数学源于生活，又应用于生活，学生的生活经验是知识建构的基础。第一个环节学生通过观察生活中的现象引发猜想，第二个环节学生通过已有知识经验，借助"圆、角、分""长度"等生活模型进行验证，第三个环节学生通过观看营养成分表、公园门票、比赛分数这些生活中的实例，体会小数的性质在生活中的实际需要。谈感受时，孩子们也确实体会到了本节课知识与生活中的联系。最后通过利用所学知识解决红包余额的问题，感受到数学离我们很近。每个环节都让学生沉浸在数学与生活之间，让学生感受到小数的性质在生活中有着广泛的应用，感受到数学的价值。

（二）交流分享，培养规划意识

本节课注重学生研究方法的培养，注重培养学生的数学思考和合作与交流。基于四年级学生已经具备了一些学习概念的经验，同时积累了"猜想——验证"的方法。因此在验证活动开始前，通过交流分享验证方法，让学生经历选择验证工具的过程，明确不同工具的功能，从而提高验证的有效性和科学性。

（三）反思之悟，教学设计再思考

本节课充分调动学生的已有经验，但是有三点可以进一步改进。第一点，研究材料可以根据学生需要，在课堂上发放，避免学生在交流验证方法前翻看信封里的学具，以便充分激发学生的数学思考，同时激发学生的研究兴趣和好奇心。第二点，设计弹性的任务驱动，关注学生的素材，给不同层次的学生提出不同的要求，让每个学生在研究过程中都能动起来、思起来。第三点，问题设计的趣味性，比如在猜红包的游戏时，将"想不想知道老师微信红包里的余额"，变成"如果你们猜对老师微信红包的余额就发给你们"，这样的问题对于学生来说才有趣，而不是配合老师。

此外，教学本内容时，应更加注重推理与表达、设计与生成的有机结合，更好地促进学生思维的发展。我也会更加关注学生的数学思考，更加关注课堂生成，将课堂留给学生，让学生成为课堂的主人。

《小数的大小比较》教学设计

高雪艳

一、课前新思考

（一）指导思想与理论依据

1. 学生的认知发展

从皮亚杰儿童认知发展的四个阶段看，四年级的学生处于具体运算向半形式化运算转化阶段，能够做每一件事情，但不考虑事物与事物之间的联系。对四年级的学生可以讲一些道理，但道理不能太深；也可以开始问些为什么，引导学生适当关注事物间的因果和逻辑关系。

2. 数感

《课程标准（实验稿）》首次明确了培养学生的数感，并采用外延描述的方式，提出"数感主要表现在：理解数的意义；能用多种方法来表示数；能在具体的情境中把握数的相对大小关系；能用数来表达和交流信息；能为解决问题而选择适当的算法；能估计运算的结果，并对结果的合理性做出解释"。《课程标准（2011 年版）》基于义务教育阶段数学课程内容的范围并根据学生的实际提出："数感主要是指关于数与数量、数量关系、运算结果估计等方面的感悟。建立数感有助于学生理解现实生活中数的意义，理解或表述具体情境中的数量关系。"

（二）教学背景分析

1. 教学内容

人教版四年级下册第四单元例 5。

2. 教材分析

学生在三年级下册已经学习了"简单的小数大小比较"，即比较一、两位简单的小数大小，一般不脱离现实情景和具体的量来比较，而且小数部分仅限于两位小数。在此基础上本节课深入探究小数的大小比较方法，不仅不受小数位数的限制，而且还要求学生渐渐脱离具体内容采用不同的策略来比较小数的大小。教材中安排了一个"给跳远成绩排名次"的生活情境，结合生活以及学习经验比较出小数的大小，并得出小数大小比较的一般方法。

3. 学情分析

四年级的孩子处于具体运算向半形式化运算转化阶段，他们能够做每一件事情，但不考虑事物与事物之间的联系。所以在教学中要设计游戏及操作活动，借助多样的呈现方式培养学生的逻辑推理能力，提升学生的数感。

课前对学生情况进行了前测，前测情况如下。

前测问题一：比较下面各数的大小。

13.04○13.24　　　　　　126.81○127.81

38.67○26.607　　　　　　304.729○340.73

学生的正确率是 98.6%，说明他们已经能够很准确地解决小数比较大小的问题。

前测问题二：用你学过的知识解释 1.67＞1.25。

能够运用旧知识进行解释的：测试人数 35 人。

运用的方法统计：（1）使用米、分米、厘米的：1 人，占 2.9%。

　　　　　　　　　（2）使用小数与分数之间关系的：2 人，占 5.7%。

　　　　　　　　　（3）使用计算方法的：2 人，占 5.7%。

　　　　　　　　　（4）利用小数意义解释的：4 人，占 11.4%。

　　　　　　　　　（7）比较相同数位的：25 人，占 71.4%。

　　　　　　　　　（8）没有方法的：1 人，占 2.9%。

说明：孩子们能结合学过的知识解释两个数的大小关系，但主要集中在比较相同单位上的计数单位的个数，同时看到孩子们联系旧知识的意识需要进一步培养。

前测问题三：请你写出小数比较大小的方法。

测试情况：清楚方法，描述准确的占 57.1%；清楚方法，描述不准确的占 31.4%；不清楚方法的占 11.4%。纵观数据可以发现，88.6% 的学生是清楚小数比较大小的方法的，只不过有些学生的表述不是很严谨。

【我的思考】

学生的数据让我看到小数比较大小的方法对四年级的学生来说不是问题,他们可以比较准确地完成比较大小的内容。对于小数比较大小的方法,学生们虽然不能完整地表述出来,但是透过他们的描述,可以看到他们是明白方法的。对于比较方法的道理的理解,一部分学生还是不清楚,一部分学生也是不能很好地勾连所学习的知识来解决问题。

面对学生的学习现状,我在思考:"学生们已经掌握了比较的方法,这节课是不是就可以不讲了?让学生们运用方法直接解决问题是不是就可以了?"思考让我明白:在学生的学习经历中有比掌握知识更为重要的,那就是学习方法的积累,数学素养的提升。

所以,本课以"简单的小数大小比较""整数的大小比较"和"小数的意义"为依托,以"学生跳远成绩单"的情境为主线,引导学生探究出小数的大小比较的一般方法,并有效地进行整数和小数比较方法的辨析,避免"位数多的小数就大"的负迁移影响。

教学中通过游戏引导学生观察、推理发现小数比较大小的方法,并在一次次的反思调整中深化知识,提升认识,培养学生的数感和推理能力,提升学生思维的深刻性和灵活性。

(三)教学目标和重难点

1. 教学目标

(1)借助具体问题情境,引导学生探索小数比较大小的方法,明白算理。在解决问题的过程中体验解决问题策略的多样化,并能运用知识解决生活中的问题。

(2)在学习过程中培养学生勇于质疑、多角度思考问题的能力,提升学生的思维品质。

(3)进一步体会数学和生活的联系,渗透具体问题具体分析的思想,培养学生数学研究的兴趣。

2. 教学重点

经历探究过程,明确算理,掌握算法。

3. 教学难点

借助不同表征理解小数比较大小的方法,比较与整数大小比较的异同。

（四）教学流程图

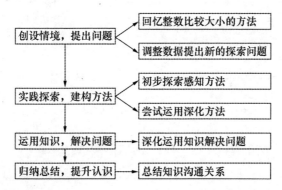

二、课堂新实践

（一）教学过程

教学过程（文字描述）	"学思知行"课堂教学模式的体现
一、创设情境，提出问题 1. 出示：□□□□ □□□□□ 比较两个整数的大小。 预设：整数比较大小，数位多的数大。 2. □□□□ □□□.□□ 预设：直接比较整数部分就可以比较出大小。 3. 在两个方框中间都点上小数点 □□.□□ □□.□□□ 预设：前面大；后面大；不能确定。 4. 小数应该怎样比较大小呢？今天我们一起来研究。（板书：小数的大小比较）	借助游戏导入，调动学生学习的积极性，引出学习问题，引发学生的思考。使学生感受到数学就在身边。 　　学生们可以全面分析和思考问题
二、探索实践，构建方法 （一）初步探索感知方法 1. 出示跳远情境和学生绩单。 项目：男子跳远	在问题驱动下，孩子们的思维被调动起来。他们可以有条理、逻辑清晰地分析问题，并且可以流畅地表达自己的想法

姓名	小岭	小晨	小皓	小兴
成绩	1.98 米	2.03 米	1.□7 米	1.85 米
名次				

2. 观察这张成绩单，你能做出什么判断？

预设：小晨第一名，小岭第二名。（阐述理由）

3. 第三名又是谁呢？

续表

教学过程（文字描述）	"学思知行"课堂 教学模式的体现
预设：第三名可能是小兴，也可能是小皓。 4. 假设小皓是第三名，□里填9是1.97米，怎样比较1.97与1.85的大小？ 预设：从整数部分开始，依次比较出每一位上数的大小。 5. 引导质疑： 预设：我们用的方法合理吗？这个结果准确吗？1.97为什么比1.85大呢？ 6. 活动验证： 小组活动要求： （1）用学过的知识解释1.97＞1.85。 （2）将你们的方法记录在学习单上。 交流预设： （1）从整数部分比起，一位一位地比。 （2）从计数单位个数比。 （3）比较1.97米与1.85米。 （4）比较1.97元与1.85元。 （5）利用分数与小数的关系。 （6）借助数轴进行比较。 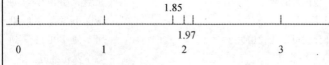 得出验证结论：方法可行，结论正确。 7. 运用方法比较1.87和1.85的大小。 预设：这两个小数的个位和十分位上的数都相同，就要比较百分位上的数的大小。 8. 小皓如果是第四名，你又会有哪些想法？（□里填0到7） （二）尝试运用，深化方法 1. 运用方法继续解决问题：翻开黑板上的数，进一步体会小数比较大小的方法。 预设：（1）先翻开整数部分。 （2）整数部分相同，再比较小数部分。 （3）小数部分，从十分位、百分位依次比较。 （4）通过百分位比出大小，千分位的数就不再考虑了。 2. 归纳方法：比较两个小数的大小，先比较整数部分，整数部分大的那个数就大；整数部分相同的，再比较十分位上的数，十分位上的数大的那个数就大……	通过学生的思维，我们可以看到他们思考问题是全面的、深刻的。他们考虑问题是周全的，思维是严谨的 要引导学生进行大胆质疑，用辩证的眼光看待问题。 引导学生在小组合作中探索方法。学生之间的交流是流畅的，孩子们的表达是规范的。通过各小组交流的方法我们可以看到孩子们思维的多样丰富。在交流中有效勾连起新旧知识间的关系，运用所学的知识直观、巧妙地解决了问题 在解决问题的过程中培养学生多角度思考问题的能力 借助发现的方法有效解决小数比较大小的问题，使学生感受到他们的创造是有价值的

教学过程（文字描述）	"学思知行"课堂教学模式的体现
3. 比较异同：小数的大小比较跟整数的大小比较有什么区别和联系呢？ 相同：都是从高位比起，相同数位上的数进行比较。 不同：整数数位多的数一定大，小数可不一定，要依次去比每一位上的数。 4. 调整深化：现在我们要使后面的小数比前面的大，允许你做一些改动，你有哪些不同的办法？ 预设：（1）移动小数点，使前面小数的整数部分变小，后面小数的整数部分变大。 （2）调换相同数位上的数字，变小第一个小数，变大第二个小数…… **三、运用知识，解决问题（机动）** 1. 下面是四位同学的 50 米跑成绩。但他们的成绩单上的一些数字不小心被弄脏了，看不见了。你能知道他们的成绩分别是多少吗？ 预设：可以根据名次推断成绩。	借助问题情境引发学生进一步探究问题。学生能够自主提出问题并运用知识解决问题，在学习过程中学生们逆向思维的能力也得到了提高。 　在解决翻牌游戏的过程中进一步巩固运用学生发现的方法，并引导学生大胆进行猜想，大胆质疑，使学生能够深入、辩证地思考问题。 　在实践的基础上进行总结和概括，提升学生抽象和概括的能力。在观察和比较中发现整数比较大下和小数比较大小的异同点，引导学生辩证地思考和看待问题。

第一名	1□.50 秒
第二名	11.48 秒
第三名	11.□8 秒
第四名	11.5□ 秒

出示跳远成绩表和 50 米跑成绩表：观察这两张成绩单，你有什么要问的吗？ 预设：在跳远成绩单中是小数越大成绩就越好，可为什么在 50 米跑的成绩单中小数越大成绩却越不好呢？ 预设：跳远比长度，数大的成绩好；跑步比速度，数大的反倒慢。 **四、归纳总结，提升认识** 学生谈收获和体会？	在变化的过程中学生对小数比较的方法进一步深化运用，同时培养学生思维的灵活性。 　小数比较大小的知识在解决问题中的灵活运用，培养学生逆向思考问题的能力。 　引导学生主动质疑，提问。引导学生不断反思与调整

（二）教学设计的新转变

1. 从传统教教材到灵活用教材——凸显教学观念的转变

对学生前测数据的分析使我看到绝大多数学生已经掌握了小数比较大小的方法，但是有部分学生对比较方法的道理并不是十分清楚。所以，本节课我将教学重点放在探究比较方法的道理上，而不是比较方法的反复练习上。这样的教学设计会不会降低学生知识的掌握水平呢？为此我们课后进行了后测，后测情况如下。

后测题一：比较下面各数大小

13.04○13.407	0.81○0.8098	218.67○28.6074
34.73○34.7298	1○0.9999	9.105○9.15

测试正确率99.1%。

后测题二：把下面的数按照从小到大的顺序排列起来。

3407.09、34.709、340.96、34.79、3.4796

测试正确率94.7%。

数据清晰地告诉我们，孩子们明白算理后可以很好地运用算法解决问题。数据也让我们看到比较的方法是可以通过整数有效地迁移的，课堂教学的重点不一定在反复讲解方法和练习上。我们应该将目光放远，让我们的课堂更开放，为学生创设探索、表达的机会，使更多的孩子都能主动地参与到学习中来，让学生能有真正的获得，让孩子能积累下可以带得走的能力继续行走在学习探索的路上。

2. 从被动式教学到开放式教学——凸显教学方式的转变

课堂教学中由游戏导入为学生创设轻松、愉悦的氛围，引导学生主动参与到学习过程中。开放的学习氛围中孩子们的思维被打开，当面对知道的方法和结果时，他们可以大胆质疑，提出：1.97 为什么大于 1.85 呢？我们知道的方法可行不可行？通过孩子们的提问，可以看到他们有想进一步探究的欲望，而接下来的活动环节，孩子们经历了丰富的验证过程，来解释疑问、明确道理，感受到数学是讲道理的。开放的学习氛围中，孩子们可以展开丰富的想象，课堂上呈现出多种表征的方法，并运用所学的知识解释新问题，有效沟通了新、旧知识之间的联系。开放的教学模式使课堂进一步发展了，学习进一步深入了，思维进一步提升了。

三、课后新感悟

多样表达精彩绽放

在学生的学习经历中有比掌握知识更为重要的，那就是学习方法的积累，数学素养的提升。本节课后一些感悟与大家分享。

当学生们运用整数和简单小数的比较方法比出 1.97 > 1.85 时，有个学生提出质疑："1.97 为什么比 1.85 大呢？"问题激起学生们进一步探究的愿望，他们在小组中交流探讨，用不同的方式解释着 1.97 为什么大于 1.85。孩子们的参与热情极高。

在孩子们的积极参与下，各种鲜活的方法呈现出来。

方法一：

学生解释：把 1.97 看作 1.97 元，把 1.85 看作 1.85 元。1.97 元就是 1 元 9 角 7 分，1.85 元就是 1 元 8 角 5 分。比较元部分都是 1 元，角这部分是 9 角比 8 角，因为 9 角比 8 角大，所以 1.97  元大于 1.85 元，这就可以说明 1.97 是大于 1.85 的。

说明：孩子们借助元、角、分模型比较相同单位的数量的多少。

方法二：

学生解释：把 1.97 看作 1.97 米，也就是 1 米 9 分米 7 厘米，是 197 厘米；把 1.85 看作 1.85 米，也就是 1 米 8 分米 5 厘米，是 185 厘米。在米尺中比较可以看到 197 厘米比 185 厘米长，所以  1.97 米大于 1.85 米，因此可以说明 1.97 大于 1.85。

说明：孩子们在米尺中找到具体长度比较出长短，也说明 1 米 = 1 米，9 分米 > 8 分米，孩子们感悟着相同单位数量的比较。

方法三：

学生解释：我们用方格图表示，1.97 就是 1 个一和 97 个百分之一，1.85 就是 1 个一和 85 个百分之一。97 个百分之一比 85 个百分之一要多，所以可以说明 1.97 大于 1.85。

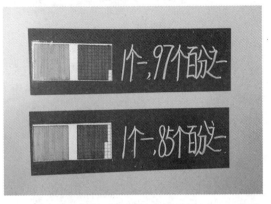

说明：学生们可以借助面积图，用小数的意义来解释相同单位上数大的小数就大。

方法四：

学生解释：我们在数轴上找到了 1.85 和 1.97，可以看到 1.97 比 1.85 离 2 更近，说明 1.97 是比 1.85 大。

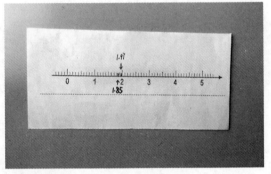

说明：学生们通过数轴比较发现小数在数轴上的位置决定着数的大小，在数轴上越往右数就越大，越往左数就越小。

多种表达方式后面我们看到了什么？

在解决问题的过程中，学生们能联系所学过的知识解释问题。虽然他们的想法各异，所反映出的思维水平也各不相同，但是透过作品我们能够看到他们都在努力呈现着要比较相同单位、相同计数单位的意识。借此时机，教师引导学生们总结小数比较大小的方法。

将具体形象的数据放到数位顺序表中，学生们发现了小数比较大小其实就是在比较相同的计数单位的多少。这正是小数比较大小的本质，不仅小数如此，整数比较大小也是如此。

整数部分			小数点	小数部分			
……	百位	十位	个数	.	十分位	百分位	千分位	……
			1	.	9	7		
			1	.	8	5		
		1	2	.	6	8		
		1	2	.	6	7	9	

十　　　一　　　　　　十分之一　百分之一　千分之一

　　探究活动始于学生的质疑，止于学生的概括提升。在活动过程中，横向沟通了知识，纵向拉伸了学生的思维。在学习中，孩子们经历了由具体形象到抽象概括提升本质的过程，也充分诠释了 1.97 为什么比 1.85 大。

《平移和旋转》教学设计

王 雯

一、课前新思考

（一）指导思想与理论依据

数学课程标准中明确指出：丰富学生对现实空间及图形的认识，建立初步的空间观念，发展形象思维。空间观念作为小学数学学习的重要内容在新课程标准中被明确地提出，足以说明在数学教学活动中，让学生建立空间观念，是新理念下数学教学活动中的一项重要内容，也是学生应具备的一种基本数学素质。

（二）教学背景分析

1. 教学内容

人教版二年级下册第 30 页和第 31 页的例 1、例 2、例 3。

2. 教材分析

本节课内容属于"空间与图形"领域，例 1 和例 3 通过呈现日常生活中的典型实例，帮助学生初步感受平移和旋转的特点，再让学生举一些生活中的例子巩固认识。例 2 教学图形的平移，突出了两点：一是给学生想象的空间；二是突出平移的特点。所以本节课的教学内容基本上都定位在直观认识上，学生逐步学会用数学的眼光观察现实生活中存在着的大量的运动现象，感受数学与生活的联系，为今后学习抽象的图形的运动积累感性经验。

3. 学情分析

平移和旋转是生活中的现象，虽然学生对这些现象并不陌生，但是他们很少从数学的角度去观察这两种现象，更谈不上了解两种现象的本质区别。学生对于平移和旋转两种现象，不容易用言语来表达，而选择用肢体语言表达观察到的运动方式，是因为学生喜欢"动"。这种"动"虽然只是简单的模仿，但易于感知运动方式的不同，符合学生的认知水平。为了更准确了解学生的知识基础、生活经验、思维基础,我采用抽样调研的方式分层对 10 名学生进行调研。

前测目的:了解学生原有的知识基础,生活中都接触过哪些平移和旋转的现象;了解学生的思维基础,他们是如何用言语描述平移和旋转现象。

前测题目:

(1) 你去游乐场玩过吗?你最喜欢哪个游乐项目?

(2) 老师说一个与学生不同运动方式的游乐项目,问:老师喜欢玩××游戏,你能用言语说说我们喜欢的游乐项目有什么不同吗?前测结果:10名同学都有去游乐场玩的经历,对于平移和旋转的本质区别,有 7 名同学可以用"转与不转"来描述、有 2 名同学提到旋转这个词语,还有 1 名同学不会描述。

从前测结果看,学生有较为丰富的生活经验,他们对于这两种现象并不陌生,但是对于两种现象的本质区别不十分清楚,而且不会用言语来描述两种现象。

【我的思考】

基于前测结果,我为学生提供大量的生活素材,帮助学生直观地认识平移和旋转现象。在教学中设计多种活动,充分调动学生多种感官参与学习活动,感知生活中的平移、旋转现象。同时在课的最后回归生活,在解决生活实际问题中,体会数学与现实生活的密切联系。

(三) 教学目标和重难点

1. 教学目标

(1) 借助日常生活中的素材,使学生初步认识平移和旋转现象,并能正确辨认。

(2) 通过观察、操作、比较,使学生体会平移、旋转现象的不同特点,培养学生的观察能力和空间想象能力,发展空间观念。

(3) 感受到图形运动在生活中的应用,体会数学与现实生活的密切联系,感受数学的神奇与魅力。

2. 教学重点

初步认识物体平移、旋转现象,并能正确辨认。

3. 教学难点

能正确辨认生活中的平移、旋转现象。

（四）教学流程图

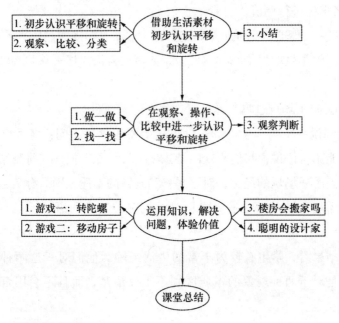

二、课堂新实践

（一）教学过程

教学过程（文字描述）	"学思知行"课堂教学模式的体现
一、借助生活素材，初步认识平移和旋转 　1. 初步认识平移与旋转 　同学们，休息的时候你们最喜欢什么体育活动？其实在生活中，物体运动方式是多种多样的，今天老师给同学们带来了一些运动的物体，我们一起来看看。 　同学们在观察的同时，可以边看边用手势模仿，并说一说这些物体是怎样运动的？ 　2. 观察、比较和分类 　（1）这些物体的运动方式一样吗？你能根据它们不同的运动方式将它们分分类吗？ 　（2）小组讨论。 　（3）集体反馈。 　3. 小结 　（1）像螺旋桨、转椅、风车这样的运动方式，同学们知道叫什么吗？（旋转）。 　（2）像缆车、推拉窗、电梯这样的运动方式叫什么？（平移）	借助和同学们的聊天导入，既贴近学生生活，又调动学生学习的积极性，借助生活素材，初步认识了平移和旋转。 　学生在小组交流、讨论中，结合自己的生活经验和直观感受，尝试将不同的运动方式进行分类。 　老师借助"贴板书"的动作，帮助学生直观感受平移和旋转。

续表

教学过程（文字描述）	"学思知行"课堂 教学模式的体现
贴板书，体会平移和旋转的动作。 **二、在观察、操作、比较中进一步认识平移和旋转** 　1. 做一做 　（1）闭眼回忆刚才观察的生活中的平移和旋转的运动方式是什么样儿？ 　（2）你能用自己的动作或者文具来表演一下平移和旋转吗？ 　（3）身体感受平移和旋转。 　2. 找一找 　教室中的平移和旋转现象有哪些？ 　3. 观察判断 　（1）老师在生活中也拍了一些物体运动的画面，看看里面有没有平移和旋转的现象？ 　（2）小实验：感受没有旋转一周的旋转现象。 **三、运用知识，解决问题，体验价值** 　1. 游戏一：转陀螺 　（1）三个不同形状的陀螺，如旋转起来，可能是什么形状呢？ 　（2）学生猜测。 　（3）小组实验，看看还有什么发现？ 　（4）反馈交流。 　2. 游戏二：移动房子 　（1）打开书第30页，给小房子编号。 　（2）审题。 　（3）操作：用活动小房子在图上边平移边说一说你是怎样平移的？ 　（4）交流反馈。 　设问：2、3、5号小房子为什么没人选呢？（小房子方向不一样） 　3. 楼房会搬家吗 　刚才我们在纸上玩了一个小房子搬家的游戏，你觉得在现实生活中楼房会搬家吗？ 　介绍正广和大楼的情况，请同学分析是否需要拆除大楼。 　观看视频，学生谈感受。 　4. 聪明的设计家 　现在请同学们跟老师一起回到生活中，帮助我们的小朋友来解决一个问题吧。 　小红想帮妈妈挑一个衣柜放在床边，放置衣柜后，衣柜和床的距离只有30厘米，小红到家具城挑选到了这样两种衣柜，如果你是设计师，你会建议她买哪个衣柜呢？为什么？	引导学生用自己的文具表演平移和旋转，学生在全班展示的过程中积极性被调动起来，我们也可以看到，他们的展示体现了思维品质的灵活性。同一种运动方式，利用不同的物品，不同的展示方式，都可以很好地帮助学生理解平移和旋转的特点。 　在这个环节，老师着重处理了没有旋转一周的运动现象，学生可以有条理、逻辑清晰地进行表述和分析，并且可以流畅地表达自己的想法。 　学生对于陀螺的旋转进行分析，老师引导学生进行大胆质疑，用辩证的眼光看待问题。可以看到，孩子们敢于大胆的猜测和分析。 　引导学生围绕"楼房该不该拆"这个问题进行大胆质疑，用辩证的眼光看待问题。我们可以看到孩子们思考问题的过程是全面的、

续表

教学过程（文字描述）	"学思知行"课堂教学模式的体现
四、课堂总结 　通过今天的学习，你最大的收获是什么？	深刻的。他们提出既要支持政府的改建工程，又要保护有价值的文物。 　通过学生的思维，我们可以看到学生运用所学的平移和旋转的知识，直观、巧妙地解决了问题，也体会到了数学就在生活中的道理

（二）教学设计的新转变

本节课知识难度比较低，主要是借助日常生活中的素材，使学生初步认识平移和旋转现象，并能正确辨认。我在设计教学活动时着力体现教育的价值，比如在"大楼能搬家吗？"这个环节，我给学生讲了正广和大楼的历史，随后抛出了问题，请学生思考：面对政府的改建工程，我们是不是应该把大楼拆掉？二年级学生面对这样的问题，大胆思考，勇于表达自己不同的想法，我们看到学生的思考在深入。有的学生最后提出大楼是文物，一定要保护，因为它有历史价值和文化价值，这个想法得到了同学们的肯定。可以说，课堂教学体现了现在所提倡的融合教育，同学们学到的不仅是一节课的知识，更上升到了对文物的保护和对历史文化的保护。

三、课后新感悟

将知识应用于生活，感受数学的价值

数学知识源于生活，并最终服务于生活。在经历一节课的学习后，我有以下的感悟。

《数学课程标准》在实施建议中指出："义务教育阶段的数学课程，应强调从学生已有的生活经验出发，让学生亲身经历将实际问题抽象成数学模型并进行解释与应用的过程。"这就要求数学教学必须从学生熟悉的生活情景和感兴趣的事情出发，要联系生活讲数学，把生活经验数学化，体现

数学"源于生活、寓于生活、用于生活"的思想，突出数学与生活的联系，展示数学的应用价值。因此我在最后的练习环节，设计了有意思的"楼房会搬家吗？"环节。我紧紧勾连前一个在纸上平移小房子的环节，先是抛出问题："纸上的房子可以搬家，现实生活中的楼房可以搬家吗？"通过这个问题，引发了同学们的无限猜想。接着给同学们介绍上海正广和大楼的相关资料。最后围绕"要不要因为支持市政规划而拆除正广和大楼"的问题引发同学们的讨论。同学们有的表示支持市政规划，感觉应该拆除，有的觉得这座大楼历史很悠久，不能随便拆除，从而引发了认知的冲突。接下来我播放了正广和大楼平移的视频资料，很快同学们就发现，生活离不开数学知识，有些生活中的问题，需要我们必须要有一定的数学知识，再结合生活经验才能解决，从而更加深刻地体验到数学与生活是密不可分的，生活服务于数学，数学也为生活服务。所以我最大的感受是：在数学教学中，就是要让学生感受数学就在现实生活周围，体会到生活离不开数学，进而领悟到数学所具有的解决现实问题的应用价值。

《长正方形面积的计算》教学设计

黎 妍

一、课前新思考

（一）指导思想与理论依据

测量长度或线性测量所用的测量单位对面积测量来说是不够的，面积测量的单位必须是二维的，即含有如 1 平方厘米这样的面积。而学生要解决这一问题，就要设法进行面积测量，就要具备能够理解"面积的守恒"心理意识，同时还要具备测量的能力。而这种智慧水平或"运算"水平一般要到 11 或 12 岁才能出现。但在此之前我们可以用数出每个图形中含有多少个基本单位测量的方法，运用等分或标成较小的全等区域并进行计数的办法来确定一个区域的面积，帮助学生理解长度乘以宽度来求出一个长方形的面积。

（二）教学背景分析

1. 教学内容

人教版三年级下册第五单元例 4。

2. 教材分析

面积是几何学的一个重要的基础概念，同时也是小学几何学习的一条主干线。学生是在认识了面积及面积单位基础上开始用一维的信息刻画平面几何图形面积大小。长、正方形面积的本质是面积单位的累加（二维），累加过程中行列的个数转化成长、正方形的长与宽，从而数出每个图形中含有多少个基本单位的测量方法。而这个认识过程，教材是通过不完全归纳法帮助学生建立联系，公式计算只是便于操作化的形式。同时，本人认为从学生在学习长方形面积后根据图形间的转化能够推导出更多多边形面积的角度看，《长正方形面积的计算》这节课的内容算是小学阶段面积教学的一节初始课，所以其重要性不言而喻。

3. 学情分析

学生在认识了长、正方形的特征及周长，初步认识了面积和面积单位的基础上，学习长、正方形的面积计算。通过访谈我们对几名学生进行了课前调查，有一半以上的学生知道长方形的面积公式，但追问其原因时，学生一脸茫然。虽然学生对面积公式并不陌生，但并没有关注知识背后的东西。这也透视出学生在参与观察、实验、猜想、证明、综合实践活动的数学活动中，发展合情推理和演绎推理的能力，将能清晰地表达自己的想法。

【我的思考】

（1）问题的提出源于生活实际体验。

（2）问题的研究通过活动经验积累。

（3）问题的解决获得分析解决方法。

（4）新知联系旧知及拓展激发热情。

（三）教学目标和重难点

1. 教学目标

（1）经历长方形、正方形面积公式的推导过程，获得从度量到计算来研究长、正方形面积的方法。能运用公式进行长、正方形的面积计算，并能解决简单的实际问题。

（2）在参与观察、实验、猜想、证明、综合实践等数学活动中发展合情推理和演绎推理，清晰表达自己的想法，获得分析和解决问题的能力。

（3）在动手操作中体验学习数学的兴趣，通过自主探究得出结论，体会成功的快乐。

2. 教学重点

理解并掌握长、正方形的面积计算公式。

3. 教学难点

理解长方形面积公式的意义。

（四）教学流程图

问题提出
- 综合实践课 → 篮球场周长
- 铺塑胶地面 → 篮球场的面积 = 长 × 宽
- 由难到易 → 研究长方形的面积 = 长 × 宽

实验检验
- 1. 特殊
  - 密铺
  - 一行一列 ⎫ 联系
  - 测量长与宽 ⎭
- 2. 一般 得到结论
- 3. 解决篮球场的面积

寻找联系 长方形面积 → 正方形面积

联系拓展
- 基本练习
- 数形结合
- 面动成体

二、课堂新实践

（一）教学过程

教学过程（文字描述）	"学思知行"课堂教学模式的体现
一、问题提出 出示活动照片 （一）回顾周长 1. 这些照片，记录的是我们在综合实践课上测量篮球场周长时的情景，还记得当时只要测量出，这个问题就解决了。 2. 说说为什么？ 3. 教师根据学生回答概括总结。 （二）提出问题 1. 这学期，我们要为篮球场铺设塑胶地面，这就需要研究什么？ 2. 有什么办法知道它的面积？ **二、实践检验** （一）预设方案提出新问题 预设方案1：直接提出长 × 宽。 1. 谁知道这个办法？ 2. 求周长要测量长、宽，求面积也要测量出长、宽，然后一相乘就是面积大小，这是为什么？ 3. 不清楚为什么就是我们需要研究的。（板书问题：长方形的面积 = 长 × 宽）	问题产生学习动机： 　通过调动学生原有的学习经验，回忆长方形的长与宽是线段，周长是四条线段累加的总和。后面研究面积单位也可以通过测量长与宽来解决，激化矛盾，主动产生质疑，提出问题

教学过程（文字描述）	"学思知行"课堂教学模式的体现
（二）调整方案拟定计划 1. 怎么研究? 教师给出提示:想想前面的学习,我们是怎么测量平面图形面积的大小的呢? 2. 拟定研究计划: （1）先用学过的办法来解决。 （2）然后用新的办法"长×宽"来算。 （3）如果发现结果相等,再寻找这两者之间的联系,问题就能得到解决。（教师梳理方案的简单流程图） 3. 提出困难。 4. 调整方案,研究小长方形。 （三）探究特殊长方形悟理 1. 出示长方形:猜猜面积是多少? 2. 现在用自己的办法准确测量面积大小。（提出要求） 3. 学生动手操作,反馈交流,形成猜想。（教师根据学生情况采样分析） （1）这个长方形的面积是多少? （2）都是 15 平方厘米? 你用的什么方法? 谁来给大家说说? （3）分类汇报。 ①用面积单位测量（密铺）。 学生汇报:…… 教师整理汇报:沿长摆了几个? 有这样的几行? 一共是几个几? 算式表示:$5 \times 3 = 15$。 师:这里的 5 表示什么? 3 表示什么? 并板书出每行个数、行数、总个数、面积。 ②用面积单位密铺（只摆一行一列）。 学生汇报:…… 提问:只摆了一行一列,怎么知道铺满后是 15 个? 小结:这个摆法很巧妙,只摆一行一列,我们就能想到全部铺满后有多少面积单位。 提问:如果沿长一行摆 6 个,摆这样的 4 行,谁知道面积是多少? ③用尺子量长宽。 学生汇报:…… 提问:通过记录,你有什么发现吗? 怎么长 5 厘米,不多不少恰能铺 5 个面积单位?	不显眼的帮助助力思考: 好的思路正是来源于过去的经验和以前获得的知识。不同的学生有不同需求的学习,在交互中完善思路,以获得解决途径 操作获得直观,交流激发灵感: 学生通过学具操作,运用等分进行计数,再通过几何直观,沟通长宽与每行面积单位个数、行数之间的关系,再从数据中确认这两者的关系。将抽象的数学知识具体化,从而激发出思维的火花 学习方法优于知识本身: 第一层的汇报是"由摆到量",按照学生的研究顺序。后面汇报则是变"量再到摆"。逆向思维可以培养学生的创新性能力。 整个研究方法是不完全归纳法,正如古人云:"授之以鱼不如授之以渔"

续表

教学过程（文字描述）	"学思知行"课堂教学模式的体现
（边操作边叙述：只有有 1 厘米，就能对应 1 个面积单位是 1 平方厘米的面积单位，长 5 厘米，里面就有 5 个 1 厘米，也就有 5 个面积单位） 追问：宽 3 厘米怎么就能摆 3 行？说说为什么？ 小结：逆序梳理学生研究材料：量到摆（一行一列）到密铺，整体梳理需找联系，产生猜想。 （四）不完全归纳验证猜想得出公式 1. 质疑：这也可能是巧合，是不是所有的长方形都是这样呢？我们可以怎么办呢？ 2. 引发学生再找几个长方形来试一试。 3. 举例验证汇报结果。 实验汇报的层次变为先测量，通过长与宽反向思考每行的个数行数，再验证。 4. 反序提问再次感悟如果长方形长是 20 厘米，宽是 10 厘米，你能不能直接说出一排摆几个？摆了这样的几排？一共摆几个？面积是多少呢？（多举几个） 5. 通过这几个长方形面积的研究，你知道为什么长方形面积等于长×宽了吗？ （五）解决篮球场面积 **三、需找联系研究正方形面积公式** 长方形面积由长和宽决定，现在根据长与宽，想象长方形的面积。 （一）图形转换 相邻的长、宽一样引出正方形面积公式。 （二）解决实际问题 1. 边长是 3 厘米的正方形，说明每行可以摆几个面积单位，有这样的几行，面积就是多大？ 2. 摆一摆，和你想的一样吗？ **四、练习巩固拓展** （一）基本练习 寻找生活中的长、正方形，只要度量什么，就能求出面积。已知周长是 8 分米的正方形，求其面积。 （二）数形结合 1. 通过今天的学习我们不仅能解决长、正方形的面积计算，还能研究很多其他问题。你看，拓展提升组合图形求面积以及应用转化为点子图，勾连四单元的竖式计算。	高效练习转化为技能： 立体串联了与本节课相关的知识体系，同时强化数形结合的思想。 借"长、正方形公式推导"的形联系四单元点子图，理解计算算理，借图形变形为巧算奠定直观。借长正方形的面积，面动成体拓展经验，使练习高效、转化为技能。

教学过程（文字描述）	"学思知行"课堂 教学模式的体现
  2. 数形结合巧计算（作为拓展，依旧学习情况进行调整）面积的推导帮助我们巧算计算，下节我们继续研究。 　$(10+3)\times(10+5)=10\times10+3\times10+5\times10+3\times5$ 　$13\times15=(13+5)\times10+3\times5=145$ 3. 图形变化巧联系。 　黑板上一个正方形变成 6 个小正方形，组合成正方体，面动成体。提出本课程学习的重要性，为后面的学习奠定基础。	

（二）教学设计的新转变

用激励性的问题帮助学生解答题目，就能培养学生对独立思考的兴趣，并教给他们某些方法。

本堂课设计的新转变就是问题意识的转变。什么样的问题能唤醒学生的求知欲，真正引领学生宝贵的课堂 40 分钟？首先，源自生活经验的问题具有普遍性，自然能够帮助学生更好地理解问题的本身。所以使用三年级上《测量操场》这节综合实践课程的一些材料和学习经验，在此基础上增加塑胶地面，从而提出新问题。其次，提出的问题要让学生理解，"周长的计算用到长、宽，因为是线段的总和，而面积也要用到，这是为什么"自然产生矛盾。再次，让需要解决的问题变得普通化，并拟定相应的解决方案。"想想前面的学习，我们是怎么测量平面图形面积的大小的呢？"让新问题引入一个辅助问题。正是在问题引领中帮助学生解决问题。

三、课后新感悟

学有法　思要深　知其因　行之效

1. 源于生活经验，让问题激发学生学习动机

问题引发思维，从学生的生活经验中寻找、发现问题。学生们通过自己的经历——对篮球场周长的认知来认识面积的累加，也要应用到长与宽。产生矛盾，激发学生发现联系、寻找共性与区别。

2. 学习拟定问题方案，不显眼的帮助助力思考

美国数学家波利亚提出的数学思维的新方法，教师能为学生所做的最好的事情是通过不显眼的帮助引导学生自己获得一个好的思路。而好的思路正是来源于过去的经验和以前获得的知识。当遇到篮球场面积不知如何解决的时候，可以用已有学习经验帮助学习，构建一种解决问题的整体思路，然后试验调整，最终获得解决。让数学的学习能更好地为我们的生活服务。

3. 适时调整应用教材，使其服务于学生需求

直接用教材提供的表格填写数据发现规律，往往带给学生"长×宽"的关联是因为数据间的联系导致。但实质是长宽与每行面积单位个数、行数之间存在关系，如何突破二维面到一维线段的这种联系，就需要通过几何直观，在摆与量的对比中发现两者之间的共性，然后列表格再度验证。

4. 构建图形与计算模型，做高效练习

练习不是以事论事、以题论题，而是通过练习获得、巩固相应的能力。通过"以形助数"帮助学生勾连已有的学习经验，面动成体拓展学习经验，在数形结合这种重要的数学思想的应用过程中，让学生体会到它的优越性，从而体现它的价值。

《探索图形》 教学设计

孙桂丽

一、课前新思考

（一）指导思想与理论依据

1. 范·希尔对学生几何思维的发展水平的分类

范·希尔将学生几何思维的发展水平分为 5 个层次。水平 1：直观化；水平 2：描述；水平 3：抽象；水平 4：形式推理；水平 5：严密性。根据范·希尔对学生几何思维水平的划分，相应的在我们的课堂中也应该在不同阶段给予学生不同的任务和媒介。

2. 课标对空间观念的界定

数学课程标准中指出，空间观念主要指能根据物体特征抽象出几何图形，根据几何图形想象所描述的实际物体；想象出物体的方位和相互之间的位置关系；描述物体的运动和变化；依据语言的描述画出图形。

（二）教学背景分析

1. 教学内容

人教版五年级下册第三单元综合与实践内容。

2. 教材分析

"探索图形"是人教版五年级下册的综合实践活动课，这个教学内容安排在"长方体和正方体"单元教学之后，目的是通过对正方体染色问题的研究，使学生运用所学的正方体的特征、表面积和体积的计算方法等知识综合地分析问题，同时，积累由特殊到一般、寻找规律的数学经验。

3. 学情分析

五年级学生在本单元中已掌握长方体和正方体的特征、表面积与体积的计算等相关知识，具备一定的用找规律的方法解决问题的经验。

我对不同层次的 26 名学生进行了访谈。前测情况如下。

前测问题一：一个三阶的正方体，如果把这个大正方体表面涂上红色，请你想象一下，小正方体会有哪几种涂色情况？

题目分析：本题目考查学生对于涂色种类的认识。

测试情况：测试人数26人，共26道题，错题8道。正确率69.2%。

说明：大多数学生能想到4种涂色情况，少数想不到中心没有涂色的情况。

前测问题二：每种情况的小正方体各有多少块？

题目分析：此题目考查每种情况下学生能否找到其所在位置，并准确地数出个数。

测试情况如下。

涂色情况	三面涂色块数	两面涂色块数	一面涂色块数	没有涂色块数
正确人数	26	18	20	19
正确率	100%	69%	77%	73%

说明：学生对于三面涂色的块数没有争议，能直观地感受到。当两面涂色的块数比较多又不好数时，个别孩子用一面有4个乘6面的方法得到24；一面涂色的块数大部分孩子能找到，就是6个面中间的。而对于中心块没有涂色的情况，对于学生的空间能力就提出了更高的挑战。

前测问题三：出示一个九阶的正方体。要想得到每种涂色情况下小正方体的块数，你想用什么方法？

题目分析：遇到比较复杂的问题时，能否运用化繁为简的策略，探究出规律。

测试情况：测试人数26人，其中7个同学想到了运用化繁为简的策略，先探究出规律，再解决问题；5个同学想通过数一数的方法来解决，6个同学想通过直接计算的方法解决问题；4个同学没有具体思路，没有线索。

说明：本问题属于开放性问题，可以了解学生在解决问题时的不同策略。

【我的思考】

（1）由于没有涂色的部分学生想象起来比较困难，因此我不仅提供了多种探究材料，还借助课件的直观演示，突破难点。

（2）由于学生在解决问题时会呈现不同的思路和方法，所以本节课充分尊重学生已有的知识和经验，在生生互动和交流的基础上，达成共识，探究出找规律、解决问题的思路，同时能够深入图形内部特征的认识。

（三）教学目标和重难点

1. 教学目标

（1）深入对正方体顶点、面、棱、中心特征的认识，培养学生的空间观念。

（2）通过观察、列表、想象、操作等活动，寻找解决问题的数学经验，渗透数形结合、分类、归纳、推理等数学思想，经历"找规律"的全过程。

（3）在相互交流中，能倾听别人意见，及时自我修正、自我反思，增强探索的乐趣与学好数学的信心。

2. 教学重点

清晰正方体各个部分所在的位置特征决定了其涂色情况。

3. 教学难点

能够想到用找规律的方法解决问题并设计找规律的方案。

（四）教学流程图

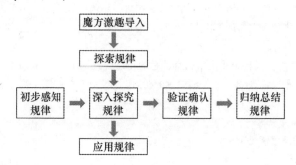

二、课堂新实践

（一）教学过程

教学过程（文字描述）	"学思知行"课堂教学模式的体现
一、师生魔方 PK，激趣引入 　1. 课前三分钟，师生魔方 PK 展示，激趣导入 　　　　　　（魔方图）	借助学生感兴趣的魔方导入，且以师生 PK 的形式调动学生的热情，引出学习问题，引发学生的思考

教学过程（文字描述）	"学思知行"课堂教学模式的体现
2. 介绍魔方 魔方是鲁比克 1976 年发明的，40 多年来风靡全球，引来全世界的无数粉丝为之疯狂。 视频播放：三阶速拧展示；盲拧展示 预设：激发学生对于魔方的热爱，为后续自己探究魔方培养兴趣。 **3. 魔方涂色情况** 如果魔方是实心正方体，每个小正方体的涂色情况是怎样的？ 预设：有涂三种颜色的，有涂两种颜色的，有涂一种颜色的，还有没涂色的。 **4. 实心正方体涂色情况及分布** 预设：学生再次体会小正方块所在的位置决定了它涂色的情况。 小结：小正方块所在的位置决定了它涂色的情况。	从魔方的涂色情况切入，更加亲切，学生们更容易理解。进而迁移到普通的红色三阶正方体的涂色情况，再次体会小正方块所在的位置决定了它涂色的情况
二、探索规律 （一）初步感知规律 1. 探究三阶正方体涂色中的规律 预设：学生探究三阶正方体涂色中的规律，积累找涂色块数的方法，感受到小正方块所在的位置决定了它涂色的情况，决定了它的块数，初步感知规律。 小结：正像刚才同学们说的那样，三面涂色的在顶点上，有 8 个；两面涂色的在棱中间，有 12 个；一面涂色的在面中间，有 6 个；没有涂色的在中心，有 1 个。	三阶正方体涂色中的规律，重点渗透小正方块所在的位置决定了它涂色的情况，体现空间观念培养的层次性
（二）深入探究规律 四阶正方体的涂色情况探究。	方法迁移，培养学生解决问题的能力，有了三阶正方体的研究方法。提供四阶的实物，五阶正方体用立体图引导学生思考其中的共同点和不同点

	三面涂色块数	两面涂色块数	一面涂色块数	没有涂色块数
位置				
三阶正方体				
四阶正方体				
五阶正方体				

预设：学生探究交流四阶正方体涂色中的规律，进一步感受到其涂色情况与三阶正方体的共同方法。要注意的不同点是棱长减 2 引起的只是数量多少的变化。

（三）进一步验证规律

1. 五阶正方体涂色中的规律

小组汇报：生生交流五阶正方体涂色块数。

续表

教学过程（文字描述）	"学思知行"课堂教学模式的体现
2. 统一三阶正方体涂色块数计算的书写格式 3. 没有涂色的中心块的空间想象练习 　想象六阶和十阶正方体内部没有涂色的块数。 　预设：进一步巩固对于正方体内部的空间想象过程，原来大正方体里面套着小正方体。 　（四）归纳规律 　现在请同学们竖着分别观察每种情况，你能发现什么？ 　预设：总结 n 阶正方体的涂色规律，归纳确认规律，渗透由特殊到一般、由简单到复杂、由具体到抽象的归纳模型的过程。 　小结：看来我们从简单的开始研究，找到规律后，很复杂的问题就简单化了！	学生四人一组探究四阶和五阶正方体的涂色情况，这个过程发挥了学生主体地位，生生互动和交流达成共识
三、应用规律 　（一）逆向想象 　一个正方体，有27块没有涂色的小正方块，你能想出它是几阶正方体吗？ 　（二）长方体涂色情况 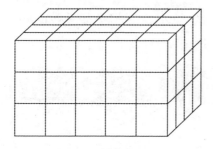 **四、总结反思** 　这节课的学习，你有什么收获想和大家分享吗？ 　预设：（1）知识上；（2）探索规律方法上；（3）情感态度上。	逆向推理，已知没有涂色的正方块数，想象出整体。学生逆向思维的能力和对问题的整体认知也得到提升。 　知识迁移能力，由正方体想象出长方体涂色情况，对于学生思维的灵活性和深刻性提出挑战。 　引导学生反思总结，从知识上、方法上、情感态度上进行反思梳理

（二）教学设计的新转变

1. 从单向的互动到多向的互动——凸显教学对象的转变

　　学生在解决问题时会呈现不同的思路和方法，所以本节课充分尊重学生已有的知识和经验，在生生互动和交流的基础上，达成共识，鼓励多种方法表达，注重学生的情感交流，探

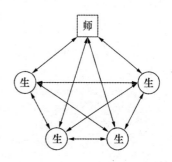

究出找规律、解决问题的思路，真正地促成生生对话。

2. 从传统教教材到灵活用教材——凸显教学观念的转变

"图形与几何"部分对于小学生来说，是数学学习的难点和挑战。学生在学习图形内容时，错误率总是比较高，大量地结合教材反复讲授和反复训练，老师讲的累，学生学得烦，效果不甚理想。如何契合学生好奇、好动的年龄特点，激发学生图形学习的兴趣呢？本节课灵活运用教材，用学生看得见、摸得着的东西——魔方来帮忙，给他们自由发挥、充分想象的载体。

三、课后新感悟

空间观念的培养要"节节高"

1. 注重发展空间观念的层次性

根据范·希尔对学生几何思维水平的划分，我们的课堂中也应该给予学生不同的任务和媒介。首先在三阶正方体时，我们先让学生想象涂色情况，然后结合手中的实物进行直观验证。有了这个经验，四阶正方体提供实物观察，而五阶正方体则抽象到立体图（对于空间观念弱的孩子，先想象再给实物），需要学生的空间想象和推理。

2. 注重规律探究的过程

本节课通过观察、想象、推理、验证等活动，给学生的思维想象提供空间，注重学生空间观念培养的层次性，如在三阶正方体让学生体会到位置决定涂色情况，四阶正方体深入探究规律内部，体会到其与三阶的变化和相通的道理，五阶正方体进一步验证自己的猜想，再深入总结规律。

《条形统计图》教学设计
吴 斯

一、课前新思考

（一）指导思想与理论依据

"统计与概率"对培养学生数据分析观念起着重要的作用，是其他课程无法替代的。《课程标准（2011 年版）》指出"统计与概率"教学的核心目标是发展学生的数据分析观念。条形统计图作为"统计与概率"领域的学习内容，发展学生的"数据分析观念"是教学的要义。

（二）教学背景分析

1. 教学内容

人教版四年级上册第七单元例 1。

2. 教材分析

《条形统计图》是人教版数学四年级上册第七单元的学习内容，属于"统计与概率"部分。本节课学习之前，学生已经积累了初步的统计知识和经验，同时，本节课也是后续学习的重要基础。由此可见，本课内容起着"承上启下"的关键作用。

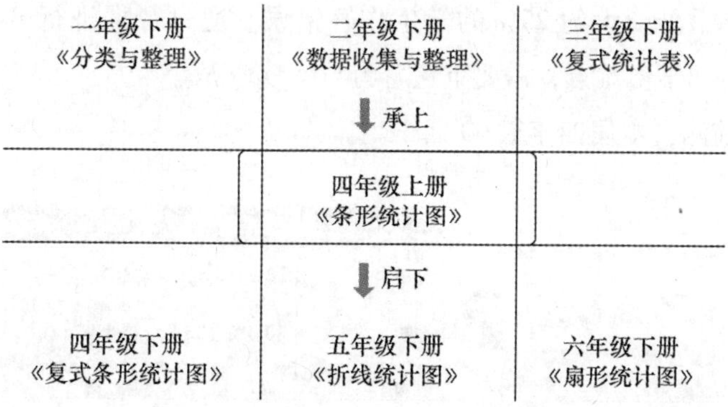

一年级下册《分类与整理》	二年级下册《数据收集与整理》	三年级下册《复式统计表》
	↓承上	
	四年级上册《条形统计图》	
	↓启下	
四年级下册《复式条形统计图》	五年级下册《折线统计图》	六年级下册《扇形统计图》

本单元安排了 3 个例题，本节课是例题 1，可以说是小学阶段统计图学

习的"种子课"，起着至关重要的奠基作用。

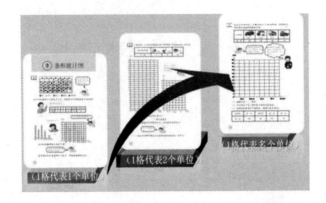

此外，我还学习了其他版本教材，发现几个版本教材选取的素材均来源于实际生活。同时，我还将北师大版"学生自主收集数据"这一理念融入我的教学设计。

3. 学情分析

（1）后测：上一届四年级学生 172 名学生。

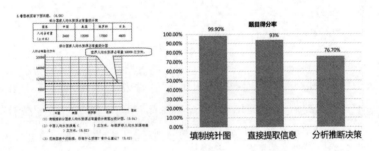

从数据统计可以看出，通过分析数据，并超越数据本身进行推断、决策，得分率最低，大约 25% 的学生作答错误。通过数据进行分析、推断、决策是学生的学习难点，需要重点着力与持续培养。

（2）前测：本届四年级 60 名学生。

整理数据		描述数据	
画正字	10%（6人）	文字	13.3%（8人）
数数	88.3%（53人）	统计表	76.7%（46人）
画勾	1.7%（1人）	象形图	5%（3人）
		条形统计图	5%（3人）

从结果可以看出，学生现阶段已经具备了一定的知识基础和生活经验，5%的学生对条形统计图已经有了初步的认识。

（3）访谈：本届 30 名学生。

访谈：
1.男生穿34号鞋的有几人？
2.穿几号鞋的同学最多？
3.你还能根据数据提出什么问题？
4.如果是你模拟开鞋店，你有什么想法和建议？

分析	
直接读取数据	96.7%（29人）
对比数据	83.4%（25人）
提出建议	33.3%（10人）
提出问题	43.4%（13人）

在此基础上，我又进行了学生访谈，发现能够通过数据提出自己观点进行进一步分析的学生只有 33.3%。

4. 心理特征

除了调研学生的现实基础，我还关注了学生的心理特征。学生在四年级左右，实现了由具体形象思维为主导向抽象逻辑思维为主导的质变。

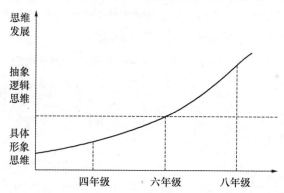

由此可见，填制图和从图中直接读取数据信息，并不是学生学习条形统计图时的难点，而通过数据进行分析、推断、决策才是学习的难点问题。

（三）教学目标和重难点

1. 教学目标

（1）认识条形统计图，理解和掌握条形统计图（1 格表示一个单位）的特点和作用，知道制作条形统计图的一般步骤和方法，会填制简单的条形统计图。

（2）使学生经历完整的数据统计过程，进一步学习描述数据的方法，能够根据条形统计图提出问题，初步体会数据中蕴含的信息，培养学生数据分析观念和应用意识。

（3）积极参与统计的全过程，激发学生学习的欲望，体会条形统计图在生活中的广泛应用，初步感受数据分析的价值，促进学生理性思考。

2. 教学重点

经历数据统计的全过程，认识条形统计图，一格表示一个单位，会填制简单的条形统计图。

3. 教学难点

能综合运用条形统计图中的信息进行数据分析，做出合理的判断和推测。

（四）教学流程图

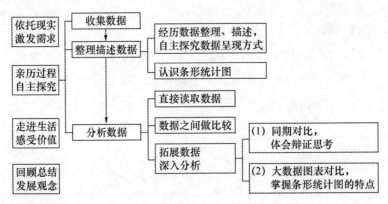

二、课堂新实践

（一）教学过程

教学过程（文字描述）	"学思知行"课堂教学模式的体现
一、依托现实，激发需求 出示新闻，关注数据。 **北京发布最严停工令** 2017.09.17 00:36:04　　　来源：北京晨报 日前，北京市住建委发布《2017-2018 年秋冬季建设系统施工现场扬尘治理攻坚行动方案》，从今年 11 月 15 日至 2018 年 3 月 15 日的采暖季期间，东城区、西城区、朝阳区、海淀区、丰台区、石景山区全部区域，通州区、大兴区、房山区、门头沟区、延庆区、昌平区、怀柔区、密云区、平谷区、顺义区、亦庄经济技术开发区区域及建成区要停止各类道路工程、水利工程等土石方作业和房屋拆迁施工等。	创设贴近学生生活的真实情境，引发学生讨论，唤起学生收集空气质量数据的需求，激发探究兴趣与关注环境的热情

教学过程（文字描述）	"学思知行"课堂教学模式的体现
二、亲历过程，自主探究 （一）收集数据 提问：从哪里收集到这些数据？ 出示：北京市 2017 年 9 月份空气质量情况的原始数据。 | 日期	质量等级	日期	质量等级	日期	质量等级 | |---|---|---|---|---|---| | 9月1日 | 中度污染 | 9月11日 | 优 | 9月21日 | 良 | | 9月2日 | 轻度污染 | 9月12日 | 优 | 9月22日 | 良 | | 9月3日 | 良 | 9月13日 | 轻度污染 | 9月23日 | 轻度污染 | | 9月4日 | 轻度污染 | 9月14日 | 轻度污染 | 9月24日 | 良 | | 9月5日 | 良 | 9月15日 | 良 | 9月25日 | 轻度污染 | | 9月6日 | 优 | 9月16日 | 轻度污染 | 9月26日 | 良 | | 9月7日 | 良 | 9月17日 | 优 | 9月27日 | 良 | | 9月8日 | 轻度污染 | 9月18日 | 良 | 9月28日 | 优 | | 9月9日 | 轻度污染 | 9月19日 | 优 | 9月29日 | 良 | | 9月10日 | 轻度污染 | 9月20日 | 优 | 9月30日 | 轻度污染 | （二）整理、描述数据 1. 经历数据整理、描述，自主探究数据呈现方式。 （1）提问：这么多凌乱的数据，我们可以怎么办？ （2）出示活动要求： ①独立思考，根据表中数据进行分类整理。 ②把整理的结果用自己喜欢的方式（文字、画图、表格等）表示出来。 （3）学生自主整理数据，并把统计的过程记录在学习单上。 （4）汇报交流。 预设1：文字　　　　　　　预设2：统计表 预设3：象形图　　　　　　预设4：条形统计图 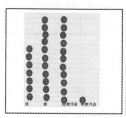 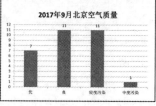 2. 认识条形统计图。 （1）电脑动态呈现统计图，在对比联系中突出条形统计图的特征。	根据需求出示收集的原始数据，使学生体会统计中的数据必须是真实的，同时知道如何收集数据，认识收集数据的重要性 　　让学生经历收集、整理数据的过程，激活学生已有的知识经验，激发学生创新表示数据的意识 　　通过电脑变魔术，在"象形图→格子图→条形统计图"的表征进阶基础上，实现从"象形图"到"条形统计图"的结构替换，并且通过隐藏格子，使学生直观感受到纵轴的作用

教学过程（文字描述）	"学思知行"课堂教学模式的体现
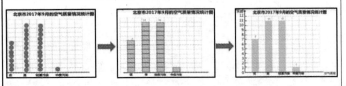 （2）揭示课题。 （3）结合课件了解条形统计图的组成结构。 （4）拼图游戏，深化认识。 （三）分析数据 即直接读取数据，数据之间做比较，拓展数据，深入分析。 1. 同期对比，体会辩证思考。 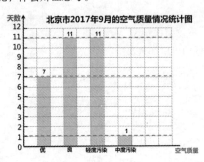 提问：要想知道空气质量是否改善，光知道今年9月的情况行吗？ 出示2016年9月的统计表。 提问：你能根据它填制条形统计图吗？ 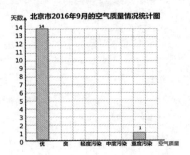 （1）学生根据统计表填制统计图。 （2）从图中你读出了什么信息？和同桌交流一下。 （3）和2017年的图进行对比，你觉得北京的空气质量改善了吗？ 2. 大数图表对比，掌握条形统计图的特点。 出示2016年和2017年前10个月的空气质量达标天数（优＋良）统计表和统计图，在对比中体会条形统计图的特征。	注重引导学生从不同层次读取图中信息，发展数据分析观念，同时培养学生多角度、辩证、全面思考问题的能力，提升理性思维素养 通过图表的对比，使学生体悟条形统计图能够直观地看出数据的多少，加深对条形统计图特点的认识

续表

教学过程（文字描述）	"学思知行"课堂教学模式的体现

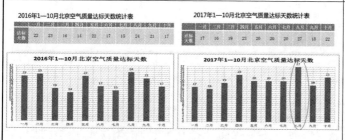

小结：条形统计图能清楚、直观地表示出数量的多少。

教师：其实，这两幅图还能合成一幅呢，它就是我们以后会进一步学习到的"复式条形统计图"。

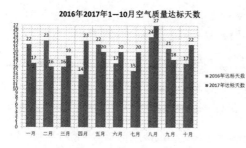

提问：再看我们上课前的这条"最严停工令"，你觉得它的颁布有没有道理？咱们能为治理雾霾做些什么？

三、走进生活，感受价值

四、回顾总结，发展观念

布置课后小调查：

在 1～10 月数据增加的冲击下，渗透大数据意识，强化体验和甄别，切实感悟到最严停工令颁布的必要性，也为今后进一步学习复式条形统计图做了铺垫。

结合素材，有机地渗透了环境保护的思想意识，落实了情感、态度、价值观的培养目标

（二）教学设计的新转变

1. 从传统教教材到灵活用教材——凸显教学观念的转变

本节课，我将真实问题素材贯穿始终。在入课选材时，我结合时事新闻，选取了"北京最严停工令"这一贴近学生现实的真实情境，引发学生讨论，唤起学生收集空气质量数据的需求，激发探究兴趣与关注环境的热情。在新课部分，我从北京市气象网站中收集整理了的 2016 年、2017 年的单月、10 个月数据，为学生提供真实可靠的学习素材，使他们的统计更加真实有效。在练习中，我为学生呈现了生活中真实的条形统计图，使得学生体会条形统计图的应用。课后作业，我也紧密结合"北京空气质量"这一情境，让学生用真实的素材去分析真实的问题，结合学到的知识，体会到统计的核心是数据分析观念。

2. 从知识的教学到育人的教学——凸显教育价值的转变

本节课结合真实问题，通过问题引领学生思考，对统计结果进行简单的数据分析，做出合理的判断与推测，在发展数据分析观念的同时，情境的创设从国家层面的事（停工令）到社会层面的事（环保）再到身边的事（冬季取暖），将数学知识和学生的现实世界之间建立紧密的联系，结合素材有机地渗透了环境保护的思想教育，实现价值观引领下的数学课堂。

三、课后新感悟

体会落实处，观念融始终

1. 把真正体会落实处

通常，教学设计时，都是直接让学生观察对比条形统计图和统计表，得出"条形统计图更清楚直观"的结论。学生们也很配合，所以我们对此从未产生过怀疑。但在一次试讲中，一名学生却在座位上嘀咕了一句"我觉得统计表更清楚直观啊，画起来还很简单呢！"由此引发了我的思考。他们为什么不觉得统计图比统计表更直观呢？原来问题出在了"给学生提供什么样的数据"上！为了使学生操作方便，不论是书上的例题，还是我们为学生创设的情境，通常都会使用小且少的数据。统计表在描述数据时，也具有清楚的特点，而四年级的学生在看到统计表中的数据时，往往能够一眼看出，并在脑中快速进行比较，所以会觉得统计表更直观，使统计图

成了 "鸡肋"。为了让学生真正感悟到条形统计图的优势，我把对比环节后移，在分析数据环节为学生提供了大数据下的统计表和条形统计图。我先出示了统计表，让学生告诉我哪月达标天数最多，这时只有两三人举手。接下来，我出示条形统计图，并提出相同问题，几乎全班同学都在第一时间举起了手。学生说："统计表需要一个一个去看去找，而统计图一眼就能看出谁最高，太直观了!" 至此，学生真正认可了条形统计图的优势和特点，体会到了条形统计图能更加直观地表示数据的多少。

2. 将发展观念融始终

统计知识不是一个知识点，也不是一种操作技能，不能把统计知识的教学当成知识点去传授，或者单纯把它当技能来训练。统计教学更重要的是培养一种统计的意识，一种数据分析的思想，在统计教学过程中，要始终围绕这个目标有层次、有方法地组织教学，让学生在不断地体会、应用中发展数据分析观念。教学伊始，我借助真实问题，使学生能够想到用数据说话，产生需求。在条形统计图的学习中，让学生经历完整的统计过程，引导学生体会数据中蕴含的信息，学会用数据分析解决问题，感受数据的价值，发展数据分析观念。在总结时，我又提出 "人们一说到冬天就觉得空气质量会变差，你们觉得有道理吗?" 使学生再次明确我们要用数据说话，将数据分析观念应用到生活中。

《小小设计师》教学设计

金 晶

一、课前新思考

（一）指导思想与理论依据

新课标指出："积累数学活动经验、培养学生应用意识和创新意识是数学课程的重要目标，应贯穿整个数学课程之中，'综合与实践'是实现这些目标的重要和有效的载体。"

（二）教学背景分析

1. 教学内容

人教版二年级下册综合与实践主题活动课。

2. 教材分析

《小小设计师》是人教版二年级下册综合与实践主题活动课，在第三单元《图形的运动》，即认识轴对称、了解平移和旋转现象之后进行学习的。

本课的目的就是让学生结合欣赏与创作图案的过程，进一步明确图形运动的知识，体会其知识在图案设计中的应用，并能用自己的语言描述图形的运动，逐步发展空间观念，感受生活中的数学美，培养创新精神和实践能力。同时为五年级进一步学习、探索图形旋转的特征和性质、运用所学知识设计图案和解决简单问题打下坚实的基础。

3. 学情分析

课前进行了抽样访谈调查，共6名学生。

访谈内容及结果如下。

访谈题目：

①先观察下图是否是轴对称图形，再找一找这些图案是由哪一个图形经过运动得到的？

②先想一想，再说一说，这一个图形是通过怎样的运动得到现在的这些图案的？

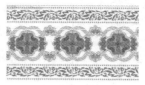

访谈结果：

6 人中有 1 人没有找到其中一幅图的基本图形，还有 1 人以一行图案为基本图形。

6 人都说出基本图形是通过平移或旋转得到的图案。

通过访谈，我了解到学生能直观地找到基本图形并辨析图形运动的现象，但同时我也发现学生观察的角度比较单一，对于一组图案作为基本图形进行运动得到新图案，学生还是存在困难的。

【我的思考】

本课我会提供大量的图案，从整体上感受美。再设计找、说、摆、想等系列实践活动，运用多个感官参与学习，营造自主探究、独立思考、合作交流的机会，引导学生多角度观察，确定不同的基本图形，经历图案设计的过程，明确设计图案的方法。在活动当中培养学生的数学表达能力和空间想象能力，促进学生思维的发展。

（三）教学目标和重难点

1. 教学目标

（1）使学生能辨认生活中的一些图案是由一个图形经过轴对称、平移等运动得到的。能在正方形中设计图形，并能用所设计的基本图形通过轴对称、平移等运动创造出自己喜欢的图案。能将多个同样的图案用图形的运动拼在一起，并会用自己的语言描述图形的运动。

（2）让学生经历观察、操作及合作交流的过程，获得对图形运动设计图案的基本方法，在想象图形运动的过程中发展学生的空间观念。

（3）在欣赏图形的运动所创造出的美丽图案的过程中，进一步感受轴对称、平移和旋转在生活中的广泛应用，感受数学的美，体会数学的价值。

2. 教学重点

根据给定的图案找基本图形，并能用图形的运动等知识创作图案。

3. 教学难点

根据给定的图案，正确想象基本图形的运动方式。

（四）教学流程图

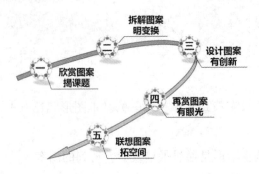

二、课堂新实践

（一）教学过程

教学过程（文字描述）	"学思知行"课堂教学模式的体现
一、欣赏图案揭课题 　同学们，你们都看过《国家宝藏》这个节目吗？第一集故宫推出了一个国宝级瓷器——瓷母。老师非常喜欢，去故宫看了这些展品。你们知道这些是什么吗？   　青花瓷又称白地青花瓷，简称青花，清朝康熙年间发展到了顶峰，现在故宫博物院保存了一些。 　师：你们看到这么漂亮的青花瓷图案，想了解些什么？ 　师：这么漂亮的图案是怎么设计出来的呢？今天我们就去探究一番，去发现其中的秘密，并尝试着做一名小小的设计师。 　板题：小小设计师	结合故宫藏品——青花瓷，引出问题，激发学生的好奇心与求知欲

续表

教学过程（文字描述）	"学思知行"课堂 教学模式的体现
二、拆解图案明变换    1. 说一说。 （1）观察这三个青花瓷图案，你发现了什么？ （2）小组合作研究：这些图案是由哪一个图形经过什么运动得到的？ 2. 学生汇报。 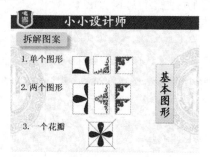 师：我们发现每个图案都是由一个图形经过图形运动而得到的，我们把这些图形叫作基本图形。 3. 看一看。 课件演示运动的过程。 小结：我们发现这些图案都是由一个基本图形经过图形运动而得到的。 **三、设计图案有创新** （一）个人设计图案 1. 教师：你想不想运用这些基本图形自己设计一个新的小图案？怎么设计呢？ （1）剪出基本图形。 （2）想象图形运动。 （3）设计出新的图案。 2. 学生自主设计。 3. 展示交流。 边展示边说一说你是怎么设计出这个图案的？	在好奇心的引领下，孩子们的思维被调动起来，通过观察主动去发现其中隐藏的数学知识 通过学生的研究汇报，我们可以看出学生在积极的思考，运用想象把图形运动用语言描述出来 运用技术演示图案形成的过程，使学生进一步形成图形运动表象，把图案与图形运动联系起来

续表

教学过程（文字描述）	"学思知行"课堂教学模式的体现
预设拼摆的图案： 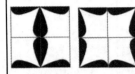  提出问题：当我们用同一种基本图形设计时，为什么得到了不同的图案呢？ 　　小结：同一个基本图形用不同的运动方式就会得到不同的图案。 　　4. 你刚才想象的图案和你真正动手运动后得到的图案一样吗？为什么？ 　　小结：在图案进行运动时，每一步都要非常认真，要按照你想的运动方式来操作，才能设计出你想要的图案。 　　5. 大家回忆一下这些图案是怎么设计出来的？ 　　板书：基本图形——图形运动——形成图案 　　师：通过以上步骤就可以设计出完整的图案了。 　　（二）设计组合图案 　　1. 想象一下，如果有同样的4个小图案组合在一起是什么样子？ 学生合作设计组合图案。 　　预设： 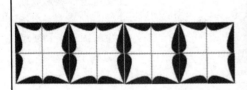 　　师：4个同样的小图案组成一组新图案，如果我有8个这样的小图案，能设计出几组这样的图案？你是怎么知道的？ 　　2. 图案知识拓展。 　　师：刚才我们经历了把基本图形进行图形运动设计出小图案，再把小图案进行图形运动形成了一幅更大的新图案。 　　像这样只在左、右或只在上、下两个方向上不断平移一个基本图形而得到的图案，叫作二方连续图案。	在设计图案的过程中深入体会图形运动的实际应用，感受数学就在身边。 　　学生运用语言描述图案的设计过程，巩固建立空间观念，发展空间思维 　　在问题引领下，激发学生的思维，深入理解图形运动的变化可以设计出不同的图案

教学过程（文字描述）	"学思知行"课堂教学模式的体现
像这样把一个基本图案向上、下、左、右四个方向上平移得到的新图案，叫作四方连续图案 **四、再赏图案有眼光** 　　1. 今天我们发现了设计图案的方法，再看看这些青花瓷上的图案，你能用数学的眼光去观察，说一说这些图案是怎么设计出来的吗？ 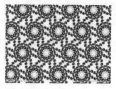 　　2. 生活中的图案。 　　不仅青花瓷上的图案是运用这个方法设计出来的，生活中有很多东西的图案设计都可以看作是图形的运动得到的。 　　3. 自创图案。 　　我们探寻了图案设计的小秘密，其实我们自己也能设计出美丽的图案，看看这个同学设计的"瓷盘"。  **五、联想图案拓空间** 　　如果把这些数学知识运用在建筑屋顶的木梁装饰上，层层叠加，那么它就是"藻井"，藻井是常见于宫殿、坛庙建筑中的室内顶棚的独特装饰部分。  故宫养心殿藻井	计算与空间想象相联系，建立知识间的横向联系，触类旁通，与美术设计相结合，适时提升，开拓学生思维 　　用数学的眼光再次观察青花瓷，是数学思维提升的表现，再次感受生活与数学的紧密联系，并激发学生的创作欲望 　　图案设计是动与静的结合，从平面拓展到立体，再次感受数学就在身边，空间观念再次扩展，多向关联

续表

教学过程（文字描述）	"学思知行"课堂教学模式的体现
 故宫太和殿藻井	
教师：有机会希望同学们走进故宫，走进中国，用数学的眼光去发现生活中的美，体会中国美！	

（二）教学设计的新转变

1. 从知识的教学到育人的教学——凸显教育价值的转变

"新课标"重视几何的教育价值，更突出体现了几何学的本质：以图形作为重要的研究对象，以空间形式作为分析和探讨的核心。几何作为一种直观、形象的数学模型，其教学在激发学生的直觉思维、增强学生的好奇心、发展学生创造想象力方面具有不可替代的作用。

所以，在教学中教师从学生实际出发，通过问题引领学生拆解青花瓷的图案，达到观察与想象相结合，然后再运用发现的数学知识进行二次创作设计，使操作与体验相结合，整个活动过程都是通过观察、空间想象等思维活动完成动与静的结合，在学生获得相关知识与技能的同时，积累数学活动经验，最终建立空间观念，使课堂不仅停留在教授知识上，更激发了学生的思维，体现了教育价值。

2. 从传统教教材到灵活用教材——凸显教学观念的转变

综合实践课要注意多角度、多方面、多层次的重构与整合。本课结合中国特色，挖掘中国元素，为学生提供青花瓷的图案进行探究学习，提供这样的中国元素，能让学生更深入地感受中国魅力，并感受其中还蕴含着数与代数、简单推理等知识。把这些数学知识适当地体现出来，使学生感悟到知识不是孤立的，是有联系的，多角度地体现了知识无边界的教学观念，数学不仅在课本上，更是在生活中，还在文化中，我们可以足不出户就能了解中国，使学生感受到学习数学的价值性，体会到身边处处有数学。这些设想都来自教学观念的转变。

三、课后新感悟

小图案大设计

在具有中国特色的背景下设计整个活动，让学生经历"学习——模仿——创造——再创造"的过程，对学生动手操作、观察分析、空间想象等能力进行训练，提高鉴赏和创造能力，并与我校的国博课程内容相联系，在中国器物与建筑上感受数学美、中国美，感受数学学习的价值。

"小小设计师"实践活动重在"设计"，整个活动都是围绕"设计"进行的，改变教学观念，不是拼接图形，而是设计图案，从较高的层次上提取教学活动主线。

通过主导问题——学生合作探索图案的构成，并在探索的过程中与伙伴进行交流，用数学语言描述图案形成的过程，同时培养学生的表达能力。通过互动与对话构筑世界、构筑伙伴、构筑自身，体现学生是学习的主体，激发学生探索未知世界的欲望。

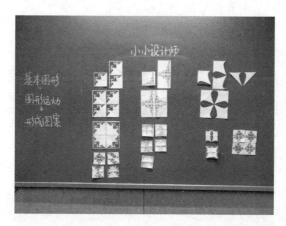

探究发现图案设计的方法后，让学生自主进行创作，是对知识理解的再提升，是发挥学生想象力的好时机。在操作中能看到学生操作的步骤，

说明学生是一边进行思维与想象，一边进行操作，成功地将知识、思维、操作融合起来，体现了学思要联系、知行要统一的理念。

　　这种图案设计方法的应用还延伸至课后，同学们设计各类图案，更加激发了创作的欲望，体现了数学知识的应用价值。

参考文献

孔企平 . 小学数学课程与教学 . 上海：华东师范大学出版社，2016

《搭配中的数学问题》 教学设计

左明旭　高雪艳

一、课前新思考

(一) 指导思想与理论依据

本节课以数学课程标准的基本理念为指导, 在简单的排列与组合问题中, 逐步让学生学会有条理地思考问题; 在交流记录方式中, 初步培养学生的符号意识, 主要突出学生主动理解和运用符号的心理倾向。在学习中, 学生起主体作用, 让学生在精心设计的教学活动中经历、感受、体验, 使学生不仅获得知识, 找到适合自己的学习方法, 还体验学习的成功、享受学习的快乐、形成良好的学习品质, 为学生的终身成长奠基。

(二) 教学背景分析

1. 教学内容

人教版三年级下册第八单元例 2。

2. 教材分析

学生在二年级上册第八单元《数学广角》中已经接触过 "搭配" 问题, 本节课是在二年级初步认知的基础上, 继续让学生通过观察、猜测、试验等活动找出事物之间的排列组合。教材重在向学生渗透简单的排列组合思想, 并初步培养学生有顺序、全面地思考问题的意识, 提升学生的数学思维。所创设的问题情境贴近学生的生活, 且易于理解和探究。总之, 排列与组合不仅是组合数学最初步的知识, 而且也是今后学习概率统计的基础, 对中学阶段的学习帮助尤其大。因此, 本节课起着承前启后的作用。

3. 学情分析

三年级的学生已经具备一定的知识储备和生活经验, 能够将物体进行简单的组合, 但他们的认识水平还停留在感性层面, 对搭配没有深入的认识, 无法做到有序搭配。为了使学生能够轻松、愉快地理解排列组合的思想方法, 本节课在一个趣味情境中将数学思想渗透进去, 寓教于乐, 使学生在情境化、活动化、情感化的探究活动中，经历一个完整的知识建构过程。所以，本节课尽量让学生在解决实际问题的过程中主动发现和获取知识。

课前对学生情况进行了前测，前测情况如下。

前测问题：现有 2 件上衣，2 条裤子，每次上衣穿 1 件，裤子穿 1 条，有几种穿法？

题目分析：题目源于人教版二年级上册第八单元练习二十四第 3 题，此题目想考查学生对有关排列与组合的数学思想方法掌握情况及顺序的、全面思考问题的熟练程度。

测试情况：测试人数 37 人，错题 5 道，正确率 86.5%。在回答正确的 32 人当中，有 15 人用画图的方法解答，有 6 人用文字解答，有 4 人用字母或数字连接，有 2 人用算式的方法解答，有 5 人运用了两种以上的方法进行解答。在参与调查的 37 位同学中，共有 2 种搭配思路：有 30 人是通过固定上装搭裤子，有 2 人是固定裤子搭配上装。

总之，学生们已经能够很准确地选择自己喜欢的方法解决简单的排列组合问题，但在问题解决的表达方式上有待进一步有序和简洁。

【我的思考】

通过对教材分析和学生的前测，本课程力图从学生所熟知的生活情境导入，初步体会生活中的搭配问题，并在衣服的搭配中暴露原始经验，在此基础上，通过独立解决和交流中体会有序、全面思考问题的价值。同时，通过对比思考，感受符号记录的简洁性，初步建立模型。然后在早餐的搭配中运用有序、全面思考问题的方法，通过分类、模型思想解决问题，提升思维水平。最后，通过欣赏生活中的搭配进一步体会数学与生活的密切联系。

（三）教学目标和重难点

1. 教学目标

（1）引导学生在解决实际问题的过程中掌握搭配的方法，能从多种表征里提炼出用图形和符号表达思考过程并记录搭配结果。

（2）使学生在经历逐步抽象并建立模型的过程中，体会有序思考的价值，并在学习中体会分类、数形结合、符号化等数学思想。

（3）让学生在学习过程中感受问题解决的成功体验，体会数学与生活的紧密联系。

2. 教学重点

在学习过程中掌握搭配方法，会用图形和字母表达思考过程并记录搭配结果，建立解决问题的模型。

3. 教学难点

掌握用简洁的方法记录搭配结果，体会思考问题的有序性和简洁性，并建立解决问题的模型。

（四）教学流程图

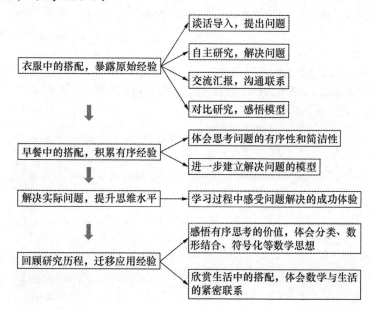

二、课堂新实践

（一）教学过程

教学过程（文字描述）	"学思知行"课堂教学模式的体现
一、衣服中的搭配，暴露原始经验 （一）独立解决，初步交流——体会有序、全面思考问题的价值 1. 谈话导入，体会生活搭配问题。 你们每天是自己搭配衣服吗？你们是依据什么原则搭配的呢？ 2. 提出问题，暴露学生已有经验。 　出示例题：用1件上装和1件下装搭配出1套衣服，2件上装和3件下装可以搭配出多少套衣服呢？请你们静静地想一想。	借助谈话导入，依托学生已有的关于搭配的生活经验，引出学习问题，引发学生的思考，使学生感受到数学与生活的密切联系

教学过程（文字描述）	"学思知行"课堂教学模式的体现
3. 自主研究，记录过程。 请把你的思考过程和结果记录下来。（采样：关注学生的不同表示方法——从无序到有序、从直观到抽象各种生成的素材） 4. 汇报交流，沟通联系。 讨论的主题：一共有多少种不同的搭配方案？你们是怎么思考的？ 黑板展示学生不同的记录方式：图画、图形、文字、符号、计算…… 学生已有经验的四个层次，直观到抽象：图画→图形→文字、符号→计算。 （二）对比研究，深入交流 1. 利用学生资源初步感受符号化的简洁。 师：大家的表达方法都有自己的特点，想不想看看书上用了什么样的表达方式？（课件出示） 2. 看书领悟，进一步体会模型思想的优势。 师：看明白了吗？谁给大家解释一下？ 出示书中的模型： 师：书中的表达好不好？好在哪里？ 这种表达方式突出了数学的简洁美。（板书：简洁） 3. 生活中的应用。 用字母可以表示生活中其他的搭配吗？谁能借助这组搭配关系讲个故事，或举个例子？ **二、早餐中的搭配** 小红妈妈每天都给她精心准备早餐。 出示图：2 种饮料、4 种点心，你知道有多少种不同的早餐搭配方法吗？ 1. 学生独立完成：请你借助我们刚才研究的经验，用比较简洁的方式记录思考过程。 2. 相互交流，与同伴说一说你是按照怎样的顺序思考的。 3. 结合学生的资源，展示分析思考过程（2 个 4，4 个 2），适时处理 $2×4=8$（种），解释自己的想法。 4. 如果点心还是 4 种，增加 1 种饮料，增加几种搭配？再增加 1 种呢？如果一直增加下去呢？你发现什么呢？	全方位展现学生们思考问题的思路及表现形式。 在交流汇报中，学生们的思维被调动起来，在倾听别的同学的想法的基础上，结合自己的思考流畅地表达自己的想法。 通过对比不同学生的表达方式，可以看到他们思考问题是从具体逐步向抽象过渡的，尤其是在看书领悟的过程中，通过对比，体悟符号的简洁性 引导学生结合模型讲故事，进一步加深学生对模型的理解，并为模型的应用奠定基础 在模型应用的过程中培养学生多角度思考问题的能力，不管是固定点心搭饮料或者是固定饮料搭点心，都表示的是几个几

续表

教学过程（文字描述）	"学思知行"课堂教学模式的体现
5. 如果饮料还是 2 种，增加 1 种点心，会增加几种搭配呢？如果有 5 种点心，共有多少种搭配呢？（10 种）如果有 10 种点心，有多少种搭配呢？ **三、解决实际问题，提升思维水平** 　如果小红一个月 30 天，每天都穿不同样的服装，她有多少件上装、多少件下装呢？ 　你觉得小红会选择哪个方案呢？ 　我们用数学的方法帮小红解决了问题，但还要结合生活实际进行选择。 **四、全课总结** 　我们今天的课即将结束，通过今天的学习，你有什么要说的？结合学生谈收获进行全课总结。 **五、欣赏生活中搭配** 　同学们今天的收获都不小，让我们带着收获走进生活，欣赏生活中的搭配吧。	通过"增加 1 种点心增加几种搭配？增加 1 种饮料增加几种搭配？"这个问题的追问，引导学生进一步地深入思考，并深化对这个模型的理解与应用，为模型的推广奠定坚实的基础。 　在交流中有效勾连起新旧知识间的关系，运用所学的知识并结合相关的生活经验直观、巧妙地解决问题。 　通过学生对学习过程的反思，让学生在提出和发现问题、分析和解决问题的过程中获得经验，并逐步把经验内化，进一步感悟有序思考的价值。 　通过欣赏生活中的搭配，让学生体会生活与数学的密切联系，增加对数学的兴趣

（二）教学设计的新转变

1. 从单向的互动到多向的互动——凸显教学对象的转变

在本节课的教学设计中，通过"用 1 件上装和 1 件下装搭配出 1 套衣服，2 件上装和 3 件下装可以搭配出多少套衣服呢？"对这个问题的分析，引导学生在独立思考的基础上，将自己的想法在作业纸上表达出来。然后，教师按照从直观到抽象，采取图画、图形、文字、符号、计算等不同表达方式的同学作品粘贴到黑板上，然后充分发挥学生的主动性，让这些作品的学生和全班进行交流。通过生生之间的沟通，从而获得对知识本质的理解。

2. 从结果性评价到过程性评价——凸显育人功能的转变

评价要以发展的眼光，着眼学生的未来。评价不但要关注学生今天的学业成绩，而且关注学生明天的发展前景。在这节课的教学实施中，每个环节都以学生为本，用发展的眼光评价学生，并注意评价的灵活性。如针对学生不同的表达方式——直观的、抽象的，都给予正向的评价，并发挥教师的主导性和学生的主体性，实时引导学生对知识本质的理解。在教学的最后对学生的学习效果进行了评定。

后测问题：笑笑有不同款式的上衣3件，裤子4条，鞋子2双，她最多会有多少种不同的装束？

题目分析：该测试题目属于比较复杂的类型，综合题目难度应属于中等水平以上。

测试情况：全班37人参加测试，错题数6道，正确率83.8%。

通过后测的分析，我们发现学生对搭配这个知识点掌握得很到位，同时，每个学生在学习知识的过程中，掌握用简洁的方法记录搭配结果，体会思考问题的有序性和简洁性，并建立解决问题的模型。

三、课后新感悟

妙用情境 寓教于乐

本节课是在深入分析教材，全面了解学生实际需求的基础上进行设计的，在设计的过程中，充分借助学生的生活经验，设计学生所熟悉的生活情境。从穿衣、吃饭等生活场景中提出问题，引导学生依据自身的经历来分析问题、解决问题，并在这个过程中，体会思考问题的有序性和简洁性，经历建立解决问题模型的过程，感受数学与生活的密切联系。

总之，"知之者不如好之者，好之者不如乐知者"。一个学生们熟悉的生活情境，几张化静为动、化难为易、化抽象为具体的多媒体课件，一份可爱精致的学具，都能让学生在课堂上快乐学习。同伴们一个肯定的手势，老师一句表扬的话语，都能增强学生们学习的自信心。因为快乐，所以精彩。

《找次品》教学设计
李冬梅

一、课前新思考

（一）指导思想与理论依据

《课程标准（2011 年版）》指出："综合与实践"是指一类以问题为载体、以学生自主参与为主的学习活动。综合与实践也可以理解为"数学探究"和"数学建模或数学实际应用"。

本课主要是以"找次品"这一活动为载体，让学生通过观察、猜测、画图、试验等方式经历推理的过程，寻找规律，总结、提炼出一般方法和优化策略。

（二）教学背景分析

1. 教学内容

人教版五年级下册第八单元。

2. 教材分析

"找次品"是经典的数学智力问题，即"若干个外表完全相同的零件，已知其中一个是次品，次品比正品重一些（或轻一些）。使用一架没有砝码的天平，至少几次就一定能找出这个次品"。

"数学广角"没有承载"双基"目标的重任，因而没必要将其教学的重点放在机械的公式和抽象的模型上，而应把教学重点放在探索和建立模型的过程和体验数学思想方法的应用上。运用数学的思维方式进行思考，增强分析和解决问题的能力，发展合情推理能力，感悟演绎推理思想，学会独立思考。

3. 学情分析

这节课综合了操作、观察、猜想、验证、归纳、推理等活动，再加上其内在规律的隐蔽性，学生研究起来会"一头雾水"。在一节课里希望让学生经历进行推理、懂得化归、绘制表格、发现规律、体会优化、提炼算法等多项内容，对于学生来讲是有一定困难的。

【我的思考】

这节课的难度在哪里呢？解决"找次品"问题要经历一系列严谨而缜密的推理过程，整节课都处于积极思考之中，学生的专注度要很高，这可能是学生未曾经历的。在探究中积累"找次品"的经验，借助"涂画"表达思考过程，获得对抽象的数学方法的体会和理解。在一次次的反思中，提升认识，培养学生探究和推理的能力，提升学生思维的深刻性和灵活性，深化知识，引导学生寻找规律、生成方法。

（三）教学目标和重难点

1. 教学目标

（1）学生初步认识"找次品"这类问题的基本解决策略，并能解决简单的实际问题。

（2）通过观察、猜测、试验、推理等活动，使学生感受运用优化的方法解决问题的有效性，在引导学生探索规律的过程中初步渗透模型思想。

（3）感受到数学在日常生活中的广泛应用，尝试用数学的方法来解决实际生活中的简单问题。

2. 教学重点

初步掌握"找次品"这类问题的基本解决策略，并会解决简单的实际问题。

3. 教学难点

建立数学模型，归纳提炼出解决这类问题的最优策略。

（四）教学流程图

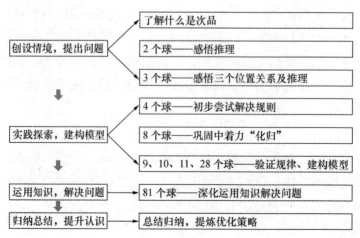

二、课堂新实践

（一）教学过程

教学过程（文字描述）	"学思知行"课堂教学模式的体现
一、揭示研究问题，激发探究愿望 （一）揭示研究问题 2000 年 2 月 23 日，国际乒联特别大会和代表大会在吉隆坡通过 40 毫米大球改革方案，决定从 2000 年 10 月 1 日起，也就是在悉尼奥运会之后，乒乓球比赛将使用重量 2.7 克的大球…… 当球的质量比标准重或轻时，一般称为次品。 今天我们一起研究"找次品"。[板书：找次品] （二）游戏感知 1. 2 个球——感悟推理 （1）有 2 个球，其中 1 个球稍轻，你能设法把它找出来吗？ （2）利用没有砝码的天平 [板书：2（1，1）1 次] 2. 3 个球——感悟三个位置关系及推理 有 3 个球，其中只有 1 个球比其他球稍轻，如果只能利用没有砝码的天平，至少要称几次才能保证找到较轻的那个球？ （1）重点理解"至少要称几次才能保证找到较轻的那个球"。 （2）3 个球怎么找出次品？[板书：3（1，1，1）1 次] 把这 3 个球放在了几个位置？（天平左、天平右、天平外） 3. 对比："2 个"与"3 个" 观察图：从 2 个球中找次品需要 1 次，从 3 个球中找次品，也需要 1 次。为什么球的数量多了 1，而称的次数却没有增加？	引导学生发现、勇于质疑、创意表达、大胆实践、体验感悟、交流分享是本节课设计的主旋律——让学生在学习的课堂上真正发生 由事件引入教学内容，将生活与数学相结合。初步理解"称次品"的方法和如何推理的方法
二、实践操作研究，寻找解决策略 （一）4 个球——尝试解决 有 4 个球，其中只有 1 个球比其他球稍轻，如果只能利用没有砝码的天平，至少要称几次才能保证找到较轻的那个球？ 生 1：每边各放 2 球，一定不平衡，次品在上升那边。再把上升这边的 2 个球每盘各放 1 个，一定不平衡，次品在上升那边。一共称 2 次。[板书：4（2，2）→2（1 次）2 次] 生 2：先拿 2 个球，每个盘子各放 1 个，如果平衡。再称另 2 个球，一定不平衡，上升的就是轻球。一共称 2 次。[板书：4（1，1，2）→2（1 次）2 次] 师：比一比这两种方法，有什么不同？有什么相同？	在原有的知识与能力的基础上，引导学生不断探究，使学生自主获取知识

续表

教学过程（文字描述）	"学思知行"课堂教学模式的体现
（二）8个球——巩固中着力"化归" 1. 探究8个 有8个球，其中只有1个球比其他球稍轻，如果只能利用没有砝码的天平，至少要称几次才能保证找到较轻的那个球？ 活动建议： （1）画一画、写一写，将你的"好方法"，用喜欢的方式表示出来。 （2）说一说、比一比，你有什么发现？ 学生汇报方法；	这一环节是学生将自主研究发现的好方法互动交流。在抽象提炼中感悟，在交流中不断调整，在实践中不断提升，使新的思考不断推论出新的结论与尝试。 将新的创意与大家分享，进行思维的碰撞与交流

方 法	次 数	
1	8 (4, 4)	(3) 次
2	8 (3, 3, 2)	(2) 次
3	8 (2, 2, 4)	(3) 次
4	8 (1, 1, 6)	(3) 次

2. 寻找规律

（1）有的方法用3次，有的用2次，为什么相差1次？

（2）引导思考：称1次后，次品确定在几个球的范围。怎样做就可以让再称时的数量尽可能的少？

方 法	次 数
8 (4, 4)	(3) 次
8 (3, 3, 2)	(2) 次
8 (2, 2, 4)	(3) 次
8 (1, 1, 6)	(3) 次

主动探究和建立模型的过程中体验数学思想方法的应用。学生在思考的过程中，提炼出结论，有的用语言描述，有的用文字呈现，有的用字母表示，使思维进一步得到升华

（三）9个球——验证规律，建构模型

有9个球其中只有1个球比其他球稍轻，如果只能利用没有砝码的天平，至少要称几次才能保证找到较轻的那个球？

[9 (3, 3, 3) →3 (1次) 2次]

（四）应用策略，进一步发现规律

1. 10个球呢？

[10 (3, 3, 4) →4 (2次)) 3次]

2. 11个球呢？

[11 (4, 4, 3) →4 (2次)) 3次]

3. 28个球呢？

进一步研究，经历讨论、猜想、合作交流，在质疑比较中，体会分3份、尽量平均的优化策略，初步感悟分3份比分2份好的道理

教学过程（文字描述）	"学思知行"课堂教学模式的体现
［28（9，9，10）→10（3次））4次］ **三、运用策略，解决更复杂的问题** 有 81 个球，其中只有 1 个球比其他球稍轻，如果只能利用没有砝码的天平，至少要称几次才能保证找到较轻的那个球？ ［板书：81（27，27，27）→27（9，9，9）→9（2次），共 4 次］ **四、总结全课** 师：今天，通过"找次品"的过程，你有什么收获？	行动、反思、分享：综合运用多种数学的思维方式进行思考，增强分析和解决问题的能力，在参与、观察、猜测、试验、推理等数学活动中发展合情推理能力

（二）教学设计的新转变

1. 从知识的教学到育人的教学——凸显教育价值的转变

在"数学广角"的教学中培养学生数学思想方法一直是数学学科的特色。"猜测与验证"是学生开展数学活动的一种重要思想方法。数学课上我们常常凭借数学的直接思维做出各种猜想，进行合情的推理，然后加以证实。在这一过程中增强学生主动探索、获取数学知识的能力，促进学生创新能力的发展。

2. 从被动式教学到开放式教学——凸显教学方式的转变

对于一个问题的解决，重要的不是教师如何将现成的方法传授给学生，而是如何教给学生解决问题的策略，让学生在积极思考、大胆尝试、主动探索中获取成功并体验成功的喜悦。为此，给予学生充足的时间去独立探索，利用画图的方法帮助整理推理的过程，尽量地显现他们的思考过程，再通过对比交流，得出结论。

三、课后新感悟

"涂画研究"让学生的主动探究更精彩

想象力比知识更重要。在数学教学中，引导儿童放开思想，让他们拿起画笔，发挥他们的想象力，让认知从无到有、从少到多、从模糊到清晰，不断地向前发展。

当学生们投入到"找次品"的活动中，他们用对"涂画"的热衷开启了思维的探究。

【镜头 1】2 个球中"找次品"。

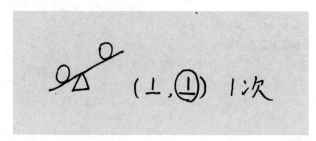

【镜头 2】3 个球中"找次品"。

【镜头 3】4 个球中"找次品"。

【镜头 4】8 个球中"找次品"。

$(1.1.⑥)→(3.③)→(①.1.1)\ 3次.$

$(2.2.4)→(2.2)→(1.1.)\ 3次$

　　思维无限，想象无边。让儿童的思维在"涂画"中放飞，让"涂画"满载着儿童的丰富想象与思考扬帆远航……

《"移动支付"时代的数学打折问题》教学设计

邢　超

一、课前新思考

（一）指导思想与理论依据

"综合与实践"本质上是一种解决问题的活动，具有实践性、综合性和应用性。新课标强调：要设计适于"综合与实践"学习活动的题材，将课堂内的数学活动延伸到课堂外。

"折扣问题"是教材里常出的问题，更是生活中常见的问题。所以，本设计以此为例，突破传统的教学方式，结合"互联网＋"时代下的"移动支付"打折问题，创设情境，坚持学有趣的数学、学有价值的数学、学生活中的数学，使更多的学生有更多的机会参与到教学实践中来。学生们在问题中思考，在思考中感悟，在感悟中有所得。

（二）教学背景分析

1. 教学内容

六年级下册《百分数（二）》单元。

2. 教材分析

学生在六年级上册学习了百分数的认识，理解了百分数的意义以及会用百分数解决一般性的问题。本节课在此基础上深入探究折扣问题，通过对与生活实际密切相关的知识的学习，使学生进一步了解百分数在生活中的具体应用，提升灵活应用数学知识的能力。

3. 学情分析

六年级学生的生理机能正处在儿童向少年的过渡期，想法也发生了很多变化。他们有自己的主见，有自己的想法，获得知识和信息的途径增多，参与意识和竞争意识也在逐渐增强。所以，我在教学中设计了贴近学生生活、充满时代气息、富有挑战性的话题，借助多样的呈现方式提升学生的推理能力、分析能力、读懂数据的能力等综合性能力。

课前对学生情况进行了前测，前测情况如下。

前测问题一：原价 100 元的 A 书包 9 折出售，书包卖多少钱？

前测问题二：原价 218 元的 B 书包 8.5 折出售，书包卖多少钱？

前测问题三：你能用一句话或者一个算式表示出原价、现价、折扣这三者之间的关系吗？

（三）教学目标和重难点

1. 教学目标

（1）通过解决购物中的折扣问题，培养数据分析观念，感受数据中蕴含的丰富信息，能读懂数据，愿意亲近数据。

（2）经历综合运用所学知识解决稍复杂的折扣问题的过程，提升发现问题、提出问题、分析问题、解决问题的能力。

（3）感受数学在生活中、在"互联网 +"时代下的应用，体会数学学习的价值，激发学习兴趣。

2. 教学重点

培养数据分析观念，感受数据中蕴含的丰富信息，能读懂数据，愿意亲近数据。

3. 教学难点

提升发现问题、提出问题、分析问题、解决问题的能力。

（四）教学流程图

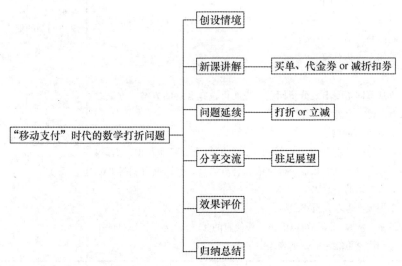

二、课堂新实践

（一）教学过程

教学过程（文字描述）	"学思知行"课堂教学模式的体现
一、学生眼中的数学问题 师：在生活中，你遇到过打折问题吗？我们班 a 同学就发现了这样一个问题，请他和大家说说吧！ a 同学提出问题：我该选择哪种买单方式呢？ 优惠信息　　　网友点评　　　商家信息 **买** 买单 每满100减8元（每天10:00—22:00）　　　买单　已买870 **券** 代金券1张 ¥92 代100元　　　已售 4570 ＞ **折** 折扣券 92折（工作日11:00—15:00）　　　已售 600 ＞	由学生自己发现的问题导入，更容易引起共鸣
二、互帮互助的课堂交流 　（一）分析问题 　学生们收集着图片上的信息。"每满 100 元减 8 元""92 元代 100 元"和"92 折"，这 3 个看似相同的折扣，却存在着细微的差别。 　预设一：打折力度——满 100 元打折 PK 全价打折。 　预设二：打折时间。 　预设三：综合考虑——省钱最多的时间不合适 PK 省钱相对少的没有时间限制。 　预设四：花费总额。 　…… 　学生从不同角度出发分析问题，进而再选择合适的方案。方案之间没有对错，合理、可行即可。	面对实际问题，能主动尝试着从数学的角度运用所学知识和方法寻求解决问题的策略。培养应用意识，以及解决问题的能力
（二）思辨问题 　师：从图中获取信息再进行加工，大家的分析有理有据，真好！再看图片，除了可以知道怎样结账更合算以外，你还能看到哪些隐藏的关于餐馆的信息吗？ 　学生先独立思考，再小组讨论。 　预设一：从时间限制可以看出，最便宜的 92 折设定在工作日的中午，推测商家可能希望拉拢客人中午吃饭。	读懂数据，能从数据中提取背后的信息，培养数据分析观念

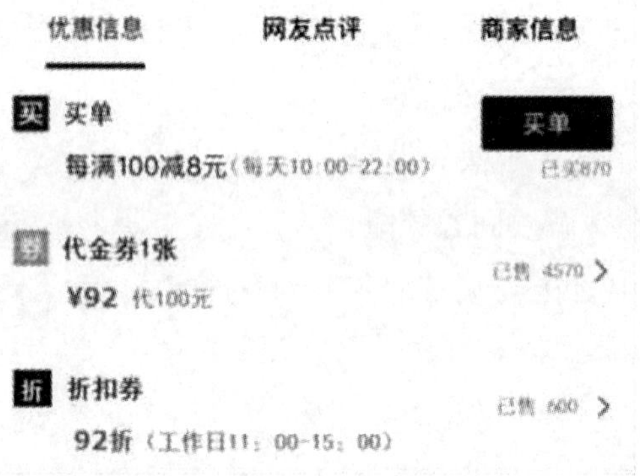

教学过程（文字描述）	"学思知行"课堂教学模式的体现
预设二：从优惠策略的购买情况可以看出，同样是 100 元付 92 元，但是客人更喜欢选择无时间限制，推测饭店可能是 24 小时营业，22 点以后来吃夜宵的顾客有很多。 预设三：通过 92 折的 600 张和无时间限制的 4570 张对比，推测饭店的位置可能离小区住宅比较近，离工作区域比较远。 ……	
三、问题延续与提升 师：受到 a 同学的启发，我也发现了很多结账问题呢！一起看看——打折 or 立减？ 面对待解的问题，学生提出质疑： 我们买了什么东西？花了多少钱？ 不知道价钱不能确定 9 折便宜的钱数？ 随机立减，是免几元？最高免几元？ 怎么对比谁便宜呢？ 如果"随机立减"的金额少，可以再重新选择 9 折优惠吗？ …… 师：就是现在知道信息很少的情况下，能不能先试着给出一个结账的大方案呢？ 预设方案：9 折，10 元免 1 元，100 元免 10 元，如果花费总价少，随机立减的额度又大，那随机立减合适；如果花费总价大，随机立减的额度又小，那 9 折合适。 师：随机立减的额度会是多少呢？如果，某顾客随机立减了 5 次，分别是 5、3.25、4.5、8、6.6。该如何选择结账方案？ 预设方案：这 5 次随机立减的平均钱数是 5.47 元，最低 3.25 元，最高 8 元。随机立减的钱数是不确定的，大致在 3~8 元的范围中。如果消费小于 30 元，选择随机立减更便宜；如果消费大于 80 元，选择 9 折更便宜；在 30~80 元之间，两个随意选择，随机立减有可能便宜，有可能贵。 师：我按照你们的购买建议买了 28 元的东西，然后选择了随机立减付账，结果……减了 1 元！	创设情景，激发冲突，鼓励学生提出问题、发现问题，促进学生在深度参与和持续思考中生成"问题意识" 学问，学问，边学边问，边问边思。问题，会帮助学生把问题想得更全面，会帮助他们用问题解决问题 再次激发冲突，感受小概率事件的发生，反思、完善自己的方案设计

续表

教学过程（文字描述）	"学思知行"课堂教学模式的体现
预设学生反应： 怎么回事？怎么可能！ 随即立减太骗人，不合适！ 我觉得我们还需要再调整购买方案。 …… 　学生在现实体验引领下，继续思考。 　小结：学习就是这样不断发现问题、解决问题、再发现新问题的过程，真高兴看见你们又提出了这么多新问题，说明你们又成长了。 **四、归纳总结、展望未来** 　师：最后，让我们通过一段视频一起来了解一下"互联网＋"的发展。 　当今的时代是信息技术飞速发展的时代，我们更要通过不懈地研究与实践，形成现有的"互联网＋"下的学习和思考，做新时代中国特色社会主义的合格建设者和接班人！	

（二）教学设计的新转变

本节课以六年级数学综合实践课《打折问题》为例，以当下"互利网＋"背景下多种移动支付方式为教学背景，注重从生活实际出发，接近学生生活，唤起学生的生活经验，激发他们自主解决实际问题的愿望。在培养学生应用数学的意识方面做出了尝试和努力。

整节课在不同的实际支付场景中发现问题、提出问题、分析问题、解决问题，层层递进，体现了从简单到综合的层次性。学生独立思考，大胆提出自己的问题与猜测，在小组交流、合作中改进，在全班分享中再次修订自己的想法。在过程中培养学生收集信息的意识和实际调查的能力，同时又提升了学生的合作精神。

通过这节教学课，是否培养了学生更主动发现数学问题的意识了呢？为此我们布置了一项特殊的课后作业。

课后作业：请你利用周末时间和家人共同去购物，实际参与多种移动支付的打折方式，给爸爸妈妈提供买单的最佳方案。在购物的过程中，你还可以记录下你发现的或联想到的、有趣的数学问题，带回班里一起分享。

作业情况：班里一名同学发现了一种新兴购物与结账方式，记录如下——

大家都知道，逛超市最恼人的就是排长队结账，大家也一定遇到过这种问题。周末，我和父母在超市购物时却遇到了一种全新的自助结账服务，手机端自助购物，无需排队结账，便可将商品带出超市。正巧用这种方式结账还有随机立减的优惠，我还用到了上节课中学到的知识呢！

之后我还在互联网上进行了检索，这种自助结账服务是某大型超市推出的"自由购"业务……

三、课后新感悟

学生——现实世界的参与者

北京市教委副主任李奕指出："义务教育最终都要归结到满足学生的真实需求和尊重学生的成长规律。这是教育治理的根本，也是教育治理的逻辑起点。我们应该关注学生的实际获得。"

本节课由学生发现的生活中的数学问题导入，既鼓励了学生用数学眼光观察世界，善于发现、思考问题的做法，同时也是因为这是他们发现的问题，而不是老师布置的问题，所以更贴近学生的情感。整节课由发现问题引入，再由发现新问题结束，将学生的好奇、探索延伸到了课下。

数学的终极目标是要培养学生用数学的眼光观察现实世界，用数学的思维思考现实世界，用数学的语言表达现实世界。互联网为现代的学习者提供了无限的信息通道和资源，青少年的思想已不可能局限在教科书中了。要培养新时代的学生，旨在开拓孩子们的视野，并为其带来与时俱进的学习方式和思维方式的变革，使学生成为现实世界的参与者。

师生成长"新视界"
——教师的新思想推动教学模式变革

杜威曾说:"今天的学生和老师不生活在未来,未来的老师和学生将生活在过去。"面对知识的日益更新,如何让每一个生命都开出绚烂的花朵,从"优秀"走向"卓越"?

"遇见"未来教师——"敢探未发明的新理""敢入未开化的边疆",不断转变教育观念,更新教育理念,改进教育方法手段。有专业的高度、创新的法度、教育的温度,能把自成体系的理念运用到实践中,引领区域教育的发展方向。

"遇见"未来学生——有深入的专注,会自信的表达,能精彩的绽放。在"专注"与"绽放"中,能自主地完成学习任务,主动地探究核心问题;能自觉地经历学习体验,获取经验的积累;能自信地进行独立表述和互动交流;能自如地运用多种学习方法解决问题。

"教育",更多的是每日常态的点滴"成就",成就教师的职业生涯,成就学生的正向成长。"教育思想",是教育发生的起点,也是教育抵达的目标。

面对教改,教师改变的是什么?我想应该是角色、行动、观念上的转变吧。赋予教师专业发展自主权,实现个性化的教学追求,关注生命,唤醒生命,依然是我们不变的使命。只有教师的转变,才会使教育更加美妙。

在教学实践与不断反思中逐步进行经验的积累,在教学中不断地发现问题、提出问题,进行实践研究,借助理论提升理性的思考进行学术的表达。很多教师形成了独有的教学特色与风格,教师的团队呈现出多元发展、个性纷呈的景象。

★互联网络的发展,新技术的提升,教师们随时借鉴新的理论和科学研究的成果,对教学中生成的新问题进行深入的研究与分析,"循证实践"使得常态教学不断完善。

★教师结合自己的思考与兴趣点结缘各类课题研究,在参与过程中经过专家导师的指点有意识地将自己的教学实践与研究建立起联系,不断提升研究的动力与实践的能力。

　　★成熟阶段的教师有明确的研究方向和主张，有扎实的教育教学的理论和实践基础，了解最新的教育前沿动态，形成了自己的教学特色与学术观点。因此，可以很好地把握研究方向和研究内容，形成特有的观点与建树，在学术上取得成果。

　　"每一个不曾起舞的日子，都是对生命的辜负。"每一位教师在创新性地开拓事业、幸福地服务学生的过程中，不断实现自我与精神的超越，将敬业、乐业、成业内化为价值取向和自觉行动。愿每一个有情有义有梦想的教育人在教育成长之路上无问东西，向心而行。

不一样的学习方式，要不要来体验

李冬梅

一、研究专题

综合实践活动课中，如何应用项目学习（PBL）的方式提高小学生数学问题解决能力。

二、观点聚焦

很多时候，学生并不是没有想，而是不会想，不知道要想什么，他们需要被引导，需要有人告诉他们应该朝哪个方向前进，"那个人"可以是同伴，可以是老师，也可以是一系列的问题引导与活动方式。

项目学习，是一种新型教学模式，它所关注的是学科的核心概念和原理。它要求学生从事的问题解决，要基于现实世界的探究活动以及其他的一些有意义的工作。学生经历主动学习，并制作最终研究的作品来自主地完成知识意义的构建。

项目学习注重实践性和参与性，强调以问题解决为中心，多种学习途径相整合，以培养学生良好的学习方式为目的，真正实现"以学生学会学习为中心，以培养学生创新能力为核心"的教育内涵。

综合实践活动课程的开发和实施，要求突出实践性、探究性。而这些正好与项目学习的理念与方式相吻合，使得问题解决能力的培养在综合实践活动课中能够更好地体现。

三、思考主张

综合实践活动课可以使学生通过亲身实践，提高综合运用知识解决问题的能力、交流与合作的能力、创新意识与实践能力。

以项目学习为基本学习方式，以提高学生问题解决能力为学习目标，以综合实践活动为学习平台，在实践活动中引导学生尝试一种新的学习方式与经历。通过研究，建构适合学生发展的问题解决能力结构与方式，使综合实践活动的教学形成一些新的观点和方法论依据，使学生的学习经验得到积累。

四、实践特色

刘景福、钟志贤等人提出"项目学习"的六个步骤：

| 选定项目 | 制定计划 | 活动探究 | 作品制作 | 成果交流 | 活动评价 |

（一）教学案例"新"模版的设计——以《巧辨方向》为例

"项目学习"的方式有别于我们以往的学习，内容的设计突显实际的需求，解决具体问题，教学设计的撰写也与过往有一定的区别。

三年级的学生学习《辨认方向》这一内容时，在学生能够辨认不同方向的基础上，引导学生结合校园的特点绘制从教室出发，沿不同的路线行走，再从另一方向绕回教室的路线图。在标注方向时，学生发现在实际情境中并不好辨认方向，引发了他们学习并借助指南针的想法与愿望。于是问题解决被学生补充并赋予了新的研究内容——《指南针的应用》。

项目名称		项目作者	课程范围	适用对象	课程时间
巧辨方向——指南针的应用			数学学科	小学三年级	一周
项目的构想	学生学习了东、南、西、北、东南、东北、西南、西北等方向后，能否在实际中辨认呢？成年人在生活中都难以完成的事情，何况孩子呢？他们都是小学三年级的学生，需要实践来提高自身的能力。相比课本和练习题，解决日常生活中的问题能更好地激发他们的学习兴趣。他们不喜欢长时间地坐在教室里，而是想成为主动学习的人。因此，采用项目学习的方式，在课程中借助指南针寻找方向，希望学生能够设计出一个路线图，在这一过程中体验科学的学习方法				
驱动问题	"从教室出发，如何再从另一个方向回到教室？" 这是一个有趣的问题。学生的研究时间为一周。在研究的过程中不断扩充项目的广度和深度，引导学生发现问题。要想利用指南针，先要研究指南针的构成和使用方法				
项目管理流程	1. 提出问题，明确活动目的； 2. 指南针使用方法的研究； 3. 在实践中尝试，辨认方向，绘制路线图； 4. 制作PPT，进行展示交流				

续表

活动过程	"学习单"引导
项目反思	此次活动是一个跨学科的学习，学生把数学课的知识与科学课中的指南针学习相融合。回顾取得的成果，学生确实收获颇丰。此次活动中，他们知道了进行实验需要做哪些工作，当没有相应的技能支持时，他们会先进行指南针应用的学习。教师基本没有去敦促他们，学生自己去查询、去尝试、去研究，完成了他们的任务与目标

（二）学习单的制定和使用——三种不同的设计形式

学生要经历的每一个项目从创立到实施，从过程到成果，从展示到评价，都要一步步按程序完成。如何让指导教师与学生明确项目研究的实践细则呢？制定统一的学习单能够很清晰地呈现出学生在问题解决中要经历的过程及要达到的目标，能够体现出教师在什么地方加强研究的协助与指导。不同的课程可以创建不同类别的学习单。

1. 一张学习单——一个独立的问题解决

活动日历对学生来说常见但并不能深入理解，在设计的过程中随着学生认识与理解的深入，尝试一次又一次的更新设计，进行交流后再进行多次不断的调整，在问题解决过程中对活动日历形成更深入的理解与认识。

项目学习单：　　　　　　　　　　　　制作活动日历

研究者		研究时间		备　注
研究数据	研究对象	研究重点		
1	活动日历	经历探索与合作交流解决问题的过程，综合运用年、月、日的知识和正方体的特征解决问题，积累数学活动经验		
我找到的活动日历的照片	1. 什么是活动日历？ 日历要能同时表示出（　　　　　）			
怎样用4个木块表示出月、日、星期呢？	第一次设计：			
	第一次交流后的感受：			
	第二次设计：			
	第二次交流后的感受：			
	我还有其他想法：			
我制作的成品图				
交流后我的新认识				

2. 两张学习单——在实践活动中发现新问题，补充研究新内容

学生在绘制简单路线图时，发现不容易准确辨认方向，需要有指南针来帮忙。于是，引出了各种问题：指南针有哪几种？指南针怎样使用？在使用中应该注意什么？……因此，学生自发地补充了"指南针的应用"一课来进行研究。学习单扩展为两张，让实践活动更丰富。

研究者		研究时间		备　注
研究数据	研究对象	研究重点		
1	指南针			
研究前我知道的指南针知识				
研究中我发现的指南针知识				
交流后我的新认识				

研究者		研究时间		备　注
研究数据	研究对象	研究重点		
1	简单路线图			
研究前利用指南针实践感受				
实际行动 ↓ 设计在校园中的路线图 ↓ 标出方向				
研究后我的思考				

3. 三张学习单——突出研究、应用、拓展的全过程

学生从认识"身份证"上的编码开始，发现其中的规律与奥秘；应用规律编写"自己的学号"，在交流中不断调整，趋于合理；最后寻找自己想要研究的数字编码进行知识的拓展，发现新问题，解决新问题。

研究者		研究时间		备　注
研究数据	研究对象	身份证号码		
1				
2				
3				
研究前我知道的				
研究中我发现的				
研究后我的结论				

研究者		研究时间		备　注
研究数据	研究对象	我的学号		
1	学号			
研究前设计				
第一次交流后调整				
我的第一次反思				
第二次交流后调整				
我的第二次反思				
研究后我的思考				

续表

研究者		研究时间		备 注
研究数据		研究对象		
1				
2				
我发现的有趣数字编码介绍	主题:			
研究后我的想法				

（三）问题解决的课堂评价标准的制定

这种学习方式与以往单纯解题的方式是不同的，因此评价方式也有所不同。结合实际设计了评价标准。

	主题	评价要素	评价标准	分值	得分	总分
三年级下	巧辨方向	了解指南针。能借助指南针辨别方向，认识平面图形及地图上的方向，与实际结合绘制简单的示意图。提高学生的观察及空间想象能力，培养其应用数学解决问题的能力	①明确要完成的任务	1		
			②借助指南针辨别方向，结合实际绘制简单的示意图	2		
			③作品展示，分享活动经验。与他人交流实践中的经验，参与表达并展示，同时注意倾听、合作，善于向他人学习	2		
	制作活动日历	经历探索与合作交流解决问题的过程，综合运用年、月、日的知识和正方体的特征解决问题，积累数学活动经验	①明确要完成的任务	1		
			②聚焦关键问题，综合运用年、月、日的知识和正方体的特征展开探究活动	2		
			③作品展示，分享活动经验。在与他人交流实验方案的过程中，自己参与展示，并注意倾听、合作，善于向他人学习	2		

五、实践成果

撬动未来教育的支点是教师，但无论是合作学习、自主探究、模型操作……都是引领学生个性发展的基石。教师的教学过程，映射着学生的学习过程，教师的研究带动着学生的成长，学生是学习的主体，教师唯一不变的是"启发"。

在这样的学习方式的引导下，我们的学生在享受着怎样的教育体验呢？

1. 立足课堂，"学习单"引领学生主动研究

项目学习单3：　**数字编码的拓展**

研究者	何天骁	研究时间	2015.10.23	备注
研究数据		研究对象		
1	书后编号			
2	研究生考生编号			

我发现的有趣的数字编码介绍	主题：研究生考生编号 组成：报考单位的代码＋学院代码＋报名的次序 例：100796030000004～10079605 000070 10079：报考的学校代码。 10300：报考的专业所在的学院的代码。 00004～100070：报考的专业所在的学院里所有专业的报考人数序号。 作用：编号是证明研究生考生身份的标志，并具有查询考试成绩的作用。
研究后我的想法	我明白了，此编号是研究生考生身份的标识并可查询考试成绩，所以考试的时候不能不带，考试后不能丢失。

项目学习单3：　**数字编码的拓展**

研究者	付靖同	研究时间	2015.12.23	备注
研究数据		研究对象		
1	图书馆中的数字编码			
2	车牌号			

我发现的有趣的数字编码介绍	主题：有趣的数字编码 ①图书馆中的分类编码是由拉丁字母十数字组成。例如：I247.51/12中字母"I"表示文学，"2"表示中国古代小说(题材)表示现代小说，"57"表示新体长篇中篇小说，"/"后的数字表示书在书架上的位置。"/"的部分表示分类号，"/"后表示排架号。 ②车牌号是由汉字十字母十数字组成的。汉字表示车所在的省份，字母表示地市一级代码，数字表示车的顺序(数量)例如：黑A00088。
研究后我的想法	1.数字编码按顺序。2.数字编码根据信息的数量分层，每层的位数由信息的大小决定。

项目学习单3：　**数字编码的拓展**

研究者	张子涵	研究时间	2015.12.24	备注
研究数据		研究对象		
1	妈妈的手机号：18……15			
2	奶奶的手机号：15……的3			

我发现的有趣的数字编码介绍	主题：手机号的含意 1.我的手机号都是由11位数组成。 2.前3位表示网络识别码，4～7位表示地区编码，8～11位表示用户号。 3.130～132为联通的手机号码，139及为电信手机号码，134～139号为的网络移动。 4.因13,14,15,18号段已经基本被占用了，随着新的手机用户不断增加，将来会启用新的号段。 5.手机的尾号被给予一些特殊含义，如"314"代表"一生一世"，"8"代表"发"等。
研究后我的想法	通过研究，我觉得手机号很有用，不仅能告诉我们对方手机使用地点，手机的归属地，还可以看手机使用者的性格特点。

2. 借助活动，帮助学生不断提高自主探究与合作学习的能力

变"乏味"为"趣味"，变"独立"为"合作"，变"封闭"为"开放"。

3. 个人展示，引导学生在交流中唤醒思维，拓展视野

4. 借助数学实验室，提高学生的数学素养

结合学校数学实验室的实践活动，使学生真正地活动起来，真正地动手操作，感受他们未曾感受过的，体验他们未曾体验过的……

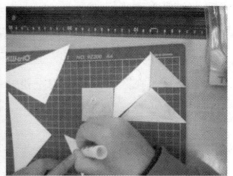

5. 课程融通，走进场馆，促进课程无边界

走进国家博物馆，引导学生用数学的眼光去发现展品的构造，用数学的方式研究制造原理，用数学的语言描述展品的使用方法……使数学课堂研究的范围更广阔。

走进中国科技馆"数学之魅"展厅，引导学生深入研究展品的原理与内涵，挖掘其中的数学渊源与道理，使数学研究与操作更加深刻。

大数据时代来临你做好准备了吗

高雪艳

一、研究专题

在统计教学中，如何借助整体方案设计培养学生的数据分析观念。

二、观点聚焦

随着"数据"时代的到来，我们的生活环境发生了很大变化，周围每时每刻都有大量的数据产生，各行各业的操作运行越来越与数据活动紧密相关。如在超市购物时，会接触到不同物品的价格数据；出门时，会留意时间、气温等有关数据；看电视、报纸、杂志时，也会看到、听到大量的数据；等等。大家普遍关心的金融、公共管理、医疗、养老等问题，国家都在提倡全面运用大数据寻求更好的解决方法。可以说，生活已先于数学课程将统计推到我们的面前，大数据正在潜移默化地渗入我们的生活，并将在未来重构我们的生活。这就需要每个公民具备良好的数据素养，作为社会公民的小学生也不例外。也正因为如此，统计的教学内容伴随着课程改革的步伐，在数学课程中的重要性愈来愈突出。而数据分析观念作为统计的核心，也受到人们的广泛关注。

三、思考主张

围绕数据分析观念培养开展活动，目的在于探索出适于小学生数据分析观念的方法策略，借助研究性学习的模式进行统计活动的整体方案设计。在课堂教学中，创设具有丰富实际背景的现实活动，使学生经历收集、整理、分析数据的全过程，体会统计与概率的基本思想和方法。通过对教学实际背景的分析，找到问题研究的突破口，并尝试构建以整体方案设计为依托的课堂教学模式以及相关课型的评价方案。

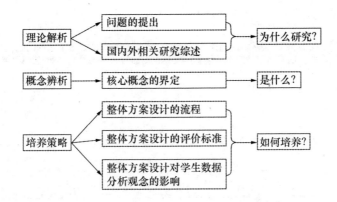

四、实践特色

通过对客观现实的分析，对文献的综述，借助研究性学习的模式进行统计活动的整体方案设计。在课堂教学中创设具有丰富实际背景的现实活动，使学生经历收集、整理、分析数据的全过程，体会统计与概率的基本思想和方法。

研究思路框架图如下。

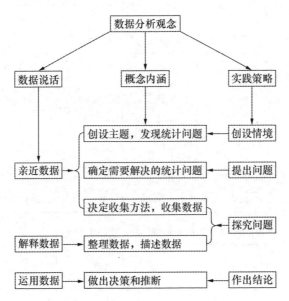

（一）走进学生进行前测和后测

1. 在同一年级中选择实验班和对比班；

2. 聚焦学生的学习兴趣；

3. 关注学生的数据分析观念。

前测试卷如下：

　　同学，你好。我们想要了解你对"数学"的感受，请花一点时间思考下面的问题。写下你的真实感受。另外，所有这些问题并没有所谓正确或错误的回答，只要是真实的就是好的回答。

1. 如果数学是一种食物，它可能是 _____

因为 _____

2. 如果数学是一种颜色，它可能是 _____

因为 _____

3. 如果数学是一种动物，它可能是 _____

因为 _____

4. 这学期，我们在"确定爸爸运动会活动地点"的活动中，大家一起设计方案，进行调查，并最后做出了决定。你喜欢这种形式吗？无论喜欢还是不喜欢，都请说出你的理由。

_____

_____

（二）数据呈现学生的变化

前测数据如表 1～表 3 所示。

表 1　　　　　　　　史家小学六年级实验班、对比班数据对比

| | 各学期期末成绩 | | | | | | 2016.04.08 调查数据 | | | | |
| | 六上 | | 五下 | | 五上 | | 因素 | 数据的收集 | 学习兴趣 | | |
	平均分	达标率（%）	平均分	达标率（%）	平均分	达标率（%）	平均成绩	平均成绩	1 食物	2 颜色	3 动物
实验班	90.2	97.3	91.99	100.0	87.14	97.3	3.34	1.23	3.64	3.58	3.42
对比班	93.4	97.2	93.15	97.5	93.84	97.5	3.65	1.33	4.31	3.88	3.91

表 2　　　　　　　　史家小学四年级实验班、对比班数据对比

| | 四上 | | 三下 | | 三上 | | 因素 | 数据的收集 | 学习兴趣 | | |
	平均分	达标率（%）	平均分	达标率（%）	平均分	达标率（%）	平均成绩	平均成绩	1 食物	2 颜色	3 动物
实验班	96.6	100	96.1	100	96.6	100	2.25	1.35	3.59	3.42	3.46
对比班	96	100	97.9	100	96.8	100	2.49	1.49	4.08	3.81	4.03

表3　　　　　　　史家小学二年级实验班、对比班数据对比

	因素	数据的收集	学习兴趣		
	平均成绩	平均成绩	1 食物	2 颜色	3 动物
实验班	3.88	1.67	4.55	4.21	4.29
对比班	3.97	1.97	4.42	4.3	4.18

后测数据如表4、表5所示。

表4　　　　　　　史家小学四年级实验班、对比班数据对比

三下		三上		因素	因素	数据的收集	数据的收集	学习兴趣					
平均分	达标率	平均分	达标率	平均成绩（前）	平均成绩（后）	平均成绩（前）	平均成绩（后）	1 食物（前）	食物（后）	2 颜色（前）	颜色（后）	3 动物（前）	动物（后）
96.1	100%	96.6	100%	2.25	4.69	1.35	3.26	3.59	4.47	3.42	3.71	3.46	3.67
97.9	100%	96.8	100%	2.49	3.12	1.49	2.12	4.08	3.9	3.81	4.02	4.03	3.41

表5　　　　史家小学　　　年级实验班、对比班数据对比

1 食物	2 颜色	3 动物
4.55	4.21	4.29
4.42	4.3	4.18

前后数据对比看出实验班级学生的绝大部分数据要高于对比班，由此可以体现出本研究在促进学生数据分析观念发展中的重要意义。

（三）走进课堂进行实践探索

带着"确定春游活动地点"这一活动内容走进课堂，与孩子们一起经历研究过程，探讨解决问题的方法策略。

《确定春游活动地点》教学设计案例。

确定春游活动地点方案设计

史家小学　高雪艳

教学课题	确定春游活动地点方案设计
学科	数学
相关领域	统计与概率

指导思想和理论依据

在义务教育阶段，学生学习统计的核心目标是发展"数据分析观念"。在《课程标准（2011年版）》中，将数据分析观念解释为："了解在现实生活中有许多问题应当先做调查研究，收集数据，通过分析作出判断，体会数据中蕴含着信息；了解对于同样的数据可以有多种分析的方法，需要根据问题的背景选择合适的方法。"

这一切都要以统计意识的培养为前提。统计意识是指学生能有意识地收集有用的数据信息；在统计方法和直观形式的理解中，感受统计的多样性；体会数据中蕴涵的信息；感受到统计的应用价值。

本教学设计的思考

一、基于数据分析观念的培养进行方案设计

在参与统计课题的学习中，我们对学生的统计学习有了新的认识，特别是当我们走进学生进行调研的时候明显的感觉到学生知道针对某个问题需要进行调查时，都是该怎样去调查学生有没有明确的思路和方法。他们能够针对某个问题学生有具体的办法，但办法不明确，缺乏整体计划的意识。鉴于此，我们觉得在统计教学中培养学生体制定计划的学习是十分必要的。经历制定计划的过程，使学生知道解决有些问题需要统计的方法，而在使用统计方法的时候就需要收集数据，经历获得数据的方法过程。根据问题的解决，需要什么样的数据？用什么样的方法才能收集到数据？收集的数据如何处理？在这样的探究中，经历计划制定的基本过程，促使学生产生设计的需要，体会感悟数据分析的必要性。

二、基于计划方案的设计制定教学流程

带着"确定春游活动地点"的问题，走进五年级的课堂中。我们尝试了两种不同的引导方式：完全开放的问题下，孩子们思维比较活跃，但是因为受到各种因素的干扰，直接影响到学生们抓住关键问题进行分析解决；教师过多引导的课堂中，学生虽然能够制定出比较完整的方案，但是他们的自主研究意识又被淡化了。

基于学生的课堂表现和实际能力，我们将在"开放中引导"作为本节课的教学途径。首先是借助问题情境，引发学生的思考，展开头脑风暴，教师引导学生

教学过程

一、提出问题，独立制定方案解决问题。

（一）出示任务引发思考——学校春游活动方案征集

史家小学下学期要组织春游活动，该去哪个地方呢？

师：要解决这个问题你想到了哪些？

生：自由发言，展开头脑风暴。

路程、安全、价钱、时间、年级、场地、上网、天气、环境……

师：通过同学们的回答，我们发现选择春游活动地点需要考虑多方面的因素。

师：今天我们主要来研究你该如何确定。

出示问题：要使我们确定的活动地点能够尽量满足同学们的愿望，你打算怎么办？

师：我们怎么做才能尽量满足同学们的愿望呢？

生：了解一下同学们喜欢到哪里玩儿。

（二）理清思路，制定方案

师：你们打算怎么了解呢？把你的想法记录下来。

生：尝试制定自己的解决方案。

二、交流方案，反思调整

师：同学们都有了自己的想法，哪位同学愿意分享你的想法？

预设：

生1：问问同学们的想法就知道了，到班里调查一下，让学生举手表示就可以了。

生2：选几个地方设计个表格，让同学们投票，再统计票数，哪个地方得票多就可以了。

生3：设计个表格统计得票，看着哪个地方的得票多。

生4：要对不同年级的同学进行统计，因为年级不同要选的地点有可能不一样。

生5：每班中选几名同学进行调查就可以了，因为如果是全校同学的统计太麻烦了。

师：通过同学们的相互交流和启发，我们知道了选择地点要考虑不同方面的因素，为了尽可能的让大多数同学满意，你们又想到了要考虑调查内容和对象，对同学们进行调查，你们可以采用哪些方式。

同学们，你认为你刚刚设计的方案有需要改进或调整的地方吗？下面请你结合现在的想法对你的方案进行修改或调整。

生：对方案进行调整。

三、组内交流，形成共同方案

师：每个同学都对自己的方案进行了调整，接下来请同学们以小组为单位进行交

二、基于计划方案的设计制定教学流程

带着"确定春游活动地点"的问题，走进五年级的课堂中。我们尝试了两种不同的引导方式：完全开放的问题下，孩子们思维比较活跃，但是因为受到各种因素的干扰，直接影响到学生们抓住关键问题进行分析解决；教师过多引导的课堂中，学生虽然能够制定出比较完整的方案，但是他们的自主研究意识又被淡化了。

基于学生的课堂表现和实际能力，我们将在"开放中引导"作为本节课的教学途径。首先是借助问题情境，引发学生的思考，展开头脑风暴，教师引导学生明确研究问题的具体内容，即春游活动的地点；学生在独立思考后呈现自己的初步方案，教师引导学生交流，明确制定计划的基本思路；学生进行后续调整，再次形成方案；最后通过小组合作制定出比较合理的方案，最后通过全班交流，进一步规范制定方案，应发学生结合后续实践提升方案制定的合理性和可操作性。

可见我们的教学中，不管是学生的独立设计还是小组合作设计，都经历了设计—交流—反思—调整这一过程，引导学生经历和体会方案设计的过程。

教学内容：通过解决春游地点的实际问题，引导学生进行方案设计。

教学目标：

教学内容：通过解决春游地点的实际问题，引导学生进行方案设计。

教学目标：

1. 在确定春游地点问题驱动下，使学生产生统计的愿望，培养学生的统计意识。

2. 在方案制定过程中使学生明确调研问题，围绕调研内容、调研对象及调研方式制定方案。

3. 引导学生经历设计、交流、反思、调整的学习过程，培养学生的反思能力。

教学难点：在方案制定过程中引导、培养学生的随机意识。

教学准备：个人、小组活动记录单

教学过程

一、提出问题，独立制定方案解决问题。

（一）出示任务引发思考——学校春游活动方案征集

史家小学下学期要组织春游活动，该去哪个地方呢？

师：要解决这个问题你想到了哪些？

生：自由发言，展开头脑风暴。

路程、安全、价钱、时间、年级、场地、上网、天气、环境……

师：通过同学们的回答，我们发现选择春游活动地点需要考虑多方面的因素。

三、组内交流，形成共同方案

师：每个同学都对自己的方案进行了调整，接下来请同学们以小组为单位进行交流。

合作要求：

1.每个同学在小组内交流自己的想法。

2.小组成员共同确定一个更合理、更具有可操作性的方案。

3.把组员的方案清晰地呈现在小组活动记录单上。

四、交流展示，共同提高

师：每个同学都在合作完成的基础上完成了自己小组的方案，现在我们进行全班交流、展示。

选小组交流小组方案，引导学生进行评价。

师：在交流的时候，请每位同学认真倾听，他们的方案设计与你们的有哪些不同？你认为这个方案实施过程中的操作性如何？

选有代表性的小组进行交流，引导小组间评价反思。

师：今天在同学们的相互学习、启发下，每个小组都结合"确定春游地点"这个内容设计出了方案。你们的方案水平上看虽然略有不同，但是大家都经历了方案制定的完整过程，相信你们都会有所收获。

你们设计的方案能不能很好的实施呢？需要借助什么来检验？（通过实践来检验）

课下请每组围绕操作性这个方面再来反思调整你们的方案，并到实践中去验证。

（四）走进研究形成方案

学习中，孩子们积极参与到方案的探讨过程中，经过交流、分享，最终形成各具特色的实践方案。

选择"爸爸运动队"活动地点，你采用什么方法，使你选择的地点既能够满足大多数同学的想法，又可以使活动顺利开展？

制定方案：1.自己先拟定一个地点，举手表决，统计
①如果大多数同学反对，则换地点.
②如果大多数同学同意，则该地点.
2.每一个同学想一下自己想要去哪儿，并投票选择，统计
①票数超过半数，则该地点.
②无任何地点过半，则另选.
3.统计出所有地点的票数进行分类、整理.
选出票数最多地点.

选择爸爸运动队地点，你采用哪种方法，使你选择的地点既能满足大多数同学的想法，又可以使活动顺利开展？

制定方案：
1.让同学们投票选择地点，同时进行调查住址.
2.把北京市划分为几个大区域，每个区域挑选1~2个地点.(大范围)
3.看住址及同学们想去的地点，进行统计表、条形图和扇统计图统计.
4.选择1区域两那 2个园，再次投票，票数多的为指定地点.

五、实践成果

（一）制定整体方案，设计教学流程图

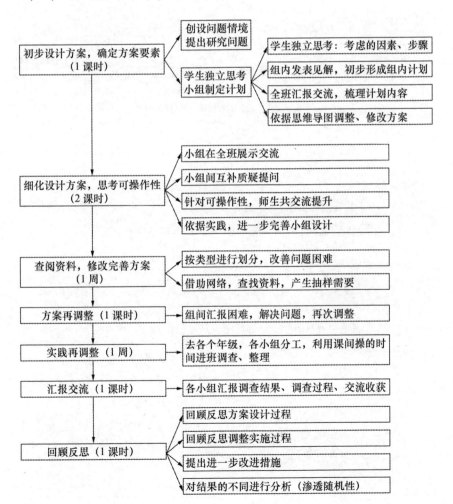

（二）整体方案设计的评价标准

水平 0：没有提到收集数据。

> 我选择"爸爸运动会"活动地点在健身馆，里面有打羽毛球的，打网球的，踢足球的……运动的种类各式各样，因为这些活动就是运动。大家不须带任何东西，羽毛球拍，健身馆里都有，大家想做哪个运动就比做，可以做很多运动，不单。

水平 1：有数据意识，无具体方案。

> 选择"爸爸运动馆"地点，你采用什么方法使你选择的地点，既能满足大多数同学的想法，并顺利进行？
> 我选择统计的办法来知道同学们喜欢开什么、想选择哪里，来选择最合适的地点。

水平 2：有数据意识，方案简单。

> 选择"爸爸运动队"活动地点
> 你采用什么方法，使你选择的地点既能够满足大多数同学的想法，可以使活动顺利开展？
> 制定方案：
>
> 地点：公园
>
> 方法：开展有趣活动，询问好同学喜欢的项目，采纳多数人的建议。在起到运动的同时也要带有休闲和娱乐。
> 对公园被使用情况，不占用公园主要道路。
> 使用多数人空闲的时间，自愿报名，提前公开活动内容让同学准备好用品。
> 在开展活动同时尽量不影响公园正常的运行，不打搅到游人正常的休闲。

水平 3：方案具体合理。

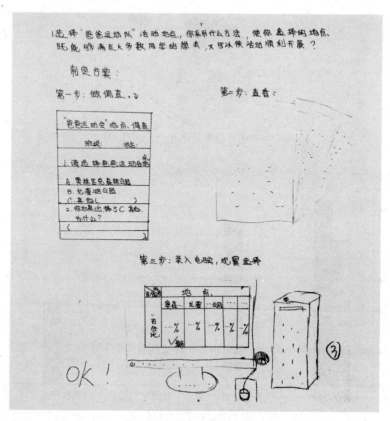

水平 4：考虑大数据由班到校。

（实践过程中，还没有孩子能够主动想到数据的随机）

（三）整体方案设计对学生数学分析观念影响的数据分析

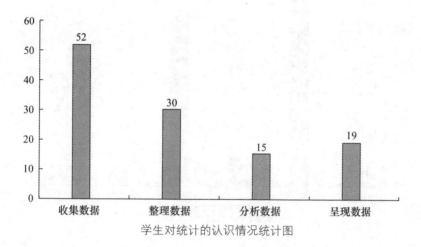

学生对统计的认识情况统计图

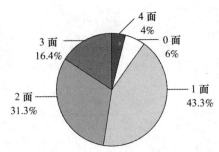

学生对统计层面的关注情况统计图

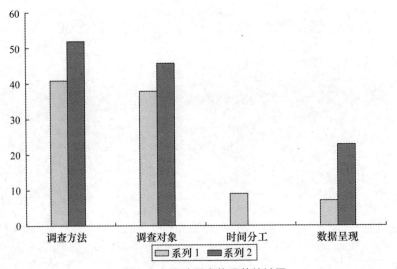

学生方案设计要素体现的统计图

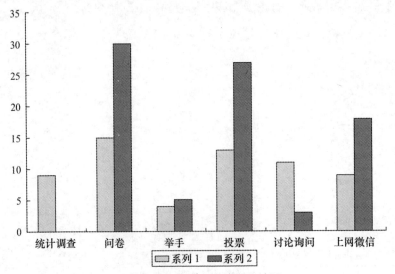

学生使用统计方法情况统计图

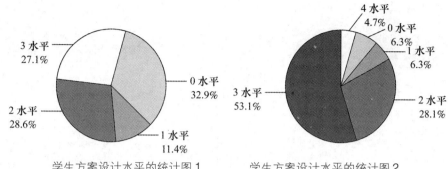

学生方案设计水平的统计图 1　　　学生方案设计水平的统计图 2

在整体方案的制定过程中，教师借助研究性学习流程引导学生经历了设计——交流——反思——调整——再设计——再实践——再反思——再调整这一制定方案的完整过程，使学生清晰了方案制定的流程。而在经历方案制定的过程中，学生的规划意识得到了提升，数据分析观念得到了提高。

体验式学习

景淑节

一、研究专题

在体验式学习理论研究的基础上，探究在小学数学教学中进行体验式学习的策略，强调通过创设情境、自主探究、内化应用达成学生的情感体验、认知体验、行为体验相互交织的多重体验的过程，促进小学生学习能力的提升。

二、观点聚焦

当前的小学教学中还存在着忽视学生是学习的主体这一现象。这主要体现在课堂上：教师讲，学生听；教师问，学生答。教师只是将知识"灌输"给学生，而忽视了学生是有生命的个体，学生处于被动学习的地位。课堂上，教师没有关注到学生的反应，没有关注到学生学习的认知规律，学生作为建构的主体被忽视。

体验式学习是一种以学生为中心、在学生已有经验的基础上，通过实践与反思相结合来获得知识、技能和态度的一种学习方法。它强调个体体验对学习的意义，更关注对经验的总结和反思。我们可以将体验式学习理解为在"经历"中获得亲身体验和感性经验，并在对经验与体验进行反思中获得成长性发展的一种学习方法。这一学习方式有助于学生主动学习，提升学习能力。

三、思考主张

体验式学习是一个情感体验、认知体验、行为体验相互交织的多重体验的过程。

通过体验式学习的探究，力求改变当前小学数学学习方式，让学生学会体验，并能主动地进行体验性、探究性的学习，在体验中学习、在学习中体验，从而得到全面发展。通过研究小学数学教学中学生体验式学习活动的各要素的基本特征和相互关系，探求小学数学教学中实施体验式学习的规律及策略，架起体验式学习理论与实践之间的桥梁。

情感体验	问题情境	积极体验：喜欢、主动 消极体验：烦躁、被动
认知体验	想象思维	积极体验：喜欢、主动 消极体验：烦躁、被动
行为体验	活动合作	积极体验：喜欢、主动 消极体验：烦躁、被动

四、实践特色

体验式学习策略研究如下图所示。

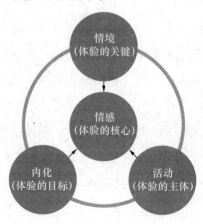

（一）创设情境——情境中激活体验

情境是体验的关键，学起于思，思源于疑，求知欲是从问题情境开始的，学生对新知识的需要是创设问题情境的基本条件。这就要求教师在教学过程中，要善于根据学生的认知特点和心理特征，有意识地营造"问题"的氛围，给予学生体验的机会。

如：在学习"圆的认识"时，我从生活情境入手，提出问题"有谁知道，自行车为什么能行驶得又快又稳？"学生回答"因为车轮是圆的"。我进一步追问"为什么车轮是圆的，不做成正方形、长方形、椭圆形……"这样的质疑激起了同学们的极大兴趣。这种强烈的认知冲突触发了学生想探其究竟的导火索，之后在教师的引导下，学生通过动手实践、合作交流、研究探讨、列举验证，理解了圆、圆心、直径、半径等有关的概念。

又如：在"百分数的意义"的教学中，我首先播放了课前在超市录下的一些资料，出示了一些啤酒、白酒、红酒的酒精度。

让学生以"喝什么酒更容易醉，原因是什么？"展开小组讨论，以此理解百分数概念。通过现实的情境，引导学生探究百分数的意义，使学生在轻松、愉快中经历了知识的产生和建构过程。

总之，学生对体验的情境越是感到有乐趣，通过这种体验掌握的知识就会越牢靠，这种体验的效果就会更明显与真实。尤其是在与学生曾经经历过或有过困惑和内心矛盾冲突的情境中，学生就会产生更为强烈的问题意识、求知欲望，充分激发学生的探索精神，学生也更为积极、主动地去体验。

（二）自主探究——活动中经历体验

实践操作是体验的主体，布鲁纳曾说："不经历真正获得知识的过程而单纯接受知识不能成为生动的知识。"心理学研究证明，儿童的思维是从动手开始的，切断活动与思维的联系，思维就不能得到发展。教学中设计学生动手操作的活动，使学生在探究活动中亲身经历体验，感受学习的乐趣。

例如，在学习"圆的周长"时，我要求学生准备了许多物品，如圆片或圆形物体（硬币、盒子的圆盖、圆形胶带……），还有直尺、绳子、剪刀等学具，让学生小组合作，想办法测量圆的周长；亲自动手操作测量，最终得出结果。学生很乐于参与这样的活动，想到了用不同的方法测量圆的周长；有的小组用绳子紧贴圆的边缘绕一圈，将绳子剪断，量出绳子的长度就是圆的周长；有的小组在刻度尺上滚动硬币，滚动一圈的长度就是这枚硬币圆周的周长……后来他们又通过计算和观察，发现圆的周长和直径之间的关系，总结出了圆的周长的计算公式。学生在动手操作的过程中，亲身经历了知识形成的过程，加深了对数学知识的理解，同时学生也在体验活动中享受了学习数学的快乐。

"生活中的负数"一课，老师创设了让学生记录数据的活动情境。老师请同学们拿出记录单记录一些数，他口述题目：

（1）足球比赛，中国队上半场进了 2 个球，下半场丢了 2 个球。

（2）学校四年级共转来 25 名同学，五年级转走 10 名同学。

（3）小明妈妈做生意，三月份赚了 6000 元，四月份亏了 2000 元。

学生出现多种记录方式，教师取样如下。

记录单一

足球比赛		转学人数		做生意	
上半场	2	四年级	25	三月份	6000 元
下半场	2	五年级	10	四月份	2000 元

记录单二

足球比赛		转学人数		做生意	
上半场	进 2	四年级	转来 25	三月份	赚 6000 元
下半场	丢 2	五年级	转走 10	四月份	赔 2000 元

记录单三

足球比赛		转学人数		做生意	
上半场	2	四年级	□→25	三月份	√6000 元
下半场	2	五年级	←□10	四月份	×2000 元

对于学生们的不同记录方法，教师适时加以引导："符号是用来交流的，想办法让大家都看懂？"继而出示正号、负号。学生经历了知识的形成过程，得到了愉悦的情感体验。

又如，探索三角形三边关系时，教师首先让学生猜测是不是任意三根小棒都能围成三角形；如果不是，怎样的三根小棒才能围成三角形呢？猜测后教师提供实验材料——长度不等的和相等的若干根小棒，学生分组进行实验研究。

实验报告单　　　　　　　　　　　　　　　　　单位：厘米

能围成三角形			不能围成三角形		
7	6	2	2	6	9
7	9	6	9	2	7
3	6	5	9	3	5
9	5	6	9	3	6

验证后，让学生观察：

1. 什么情况下三条线段围不成三角形？

2. 什么情况下三条线段能围成三角形？

学生经历了探索规律的过程，经历了总结概括的过程，得到了愉悦的情感体验。

在活动中学生积极参与认知、真心流畅地表达感情，可以产生深层次思维活动，使学生能用自己内心的体验和感悟来学习数学。

（三）内化应用——运用中深化体验

内化——体验的目标。荷兰数学教育家汉斯·弗赖登塔尔认为："数学来源于现实，存在于现实，并且应用于现实，教学过程应该是帮助学生把现实问题转化为数学问题的过程。"实践证明，只要教师在课堂上自然而然地引入生活内容，在知识与学生生活相互作用的过程中，教师引导学生学会运用所学知识为自己生活服务，学生才会越发感受到学习数学的无穷乐趣，从而更加热爱生活，热爱数学。

如，教学完认识东、南、西、北后，我有意识地让学生带着指南针到操场去找一找，体会和寻找一下操场的东、南、西、北各在什么位置，以及都有哪些建筑物等。这样做加强了学生对数学知识的理解，体会到了解决问题的一种享受。

通过一些生动有趣的实例可以调动学生的学习积极性，加强从实际问题中抽象、概括数学模型，让学生在实际生活中运用数学知识，体验数学来源于实践又服务于实践，获得做数学、用数学的数学体验。

五、实践成果

总之，在课题研究过程中，每一次阅读与思考，每一次实践与总结，每一次的专家指导，都给我很多感悟与心智的成长。

体验式学习通过创设情境、自主探究、内化应用，让学生的学习注意力迅速集中到课堂上来，并让学生亲身经历、亲自动手实践，去感知、领悟知识，促进了小学生学习能力的提升。

在课题研究过程中，我深刻体会到学生在教学过程中的学习体验是一个很大的研究领域，有一些问题还值得进一步探究。例如，课题在研究过程中还需一些定性和定量分析；在注重学生个体体验的时候，要注重学生的基础，照顾到不同层次的学生，让他们的不同体验成为大家学习的共同资源。

参考文献

[1] 刘兼，孙晓天. 数学课程标准解读. 2011

[2] 曹一鸣. 中国数学课堂教学模式及其发展研究. 北京：北京师范大学出版社，2007

[3] 朱琳. 小学生课堂学习体验研究. 东北师范大学，2008

[4] 周新闻. 体验式学习在小学数学教学应用的探究. 内蒙古师范大学，2011

画出来的精彩

王　滢　刘　颖　洪　珊

一、研究专题

画图是学生数学学习中最为丰富的路径。画图策略是非常重要的一种分析问题和解决问题的策略，它是利用图的直观性对问题中的关系和结构进行表达，从而帮助学生分析问题和解决问题。

二、观点聚焦

《小学数学课程标准》提到："数学是研究数量关系和空间形式的科学。"

从事数学教学多年，学生在解决问题中总会遇到一些"说不清，道不明"的问题，如下面三幅图所示。

这些问题总给学生造成一些困惑。一些学生在面对这类问题时，常常不能将图文信息清晰地转化为解决问题所需的条件，常常无从下手。形成这种困难的原因有三点：首先，学生提取信息的能力不强，缺乏审题能力，找不到问题的突破口。其次，教材插图的干扰，也就是低年级学生缺乏读图的能力，导致学生在解决问题中不愿意用画图方法解决问题。再次，学生在平时的解题中只知道"是什么"，因缺乏对知识形成过程的理解，而不知"为什么"，想不到用画图的方法解答。

教师在解决问题的教学中也会遇到一些的困惑：由于受到升学、应试和传统观念的影响，问题解决更多地关注了学生的知识掌握结果，往往把能力培养形式化，因而便出现了"重知识，轻能力""高分低能"的现象，题目稍加变化学生就会束手无策。教师常常感到明明做了大量的习题，为什么学生的数学解题能力没有提高呢？机械做题，只知道"是什么"，而不知"为什么"，不善于总结，很难做到举一反三、触类旁通。学生实际没有做到亲近数学，走进数学。

三、思考主张

在数学课堂教学过程中，以学生为本，关注问题解决教学与学生认知图式的关系，即通过以问题解决带动认知发展，以认知发展促进知识建构，以知识建构形成学生合理的和良好的认知图式。这样形成的认知图式应是包容的和开放的，灵活的和能够迁移而解决问题的，最终使学生能够获得以问题解决能力为核心的全面发展。

基于小学生数学问题解决的画图策略是指通过画图把抽象问题具体化、直观化，从而搜寻到解题的途径，具有直观性、易懂性、趣味性等特点。我们用这种画图的方法理清思路，展示思维的策略，从而达到解决问题之目标。

研究框架如下。

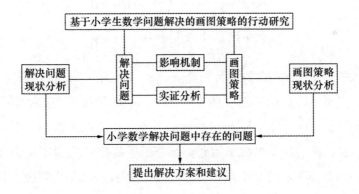

四、实践特色

在小学数学中，运用数形结合的思想，充分利用"形"把题中的数量关系形象、直观地表示出来，使学生清楚地看到并理解数学是从具体到抽象的过程，如通过作线段图、树形图、长方形面积图、集合图、数轴等，帮助学生理解抽象的数量关系、数学概念，使问题简明直观，甚至使一些较难的问题迎刃而解。从这点分析来看，在数形结合思想下形成的图示其实是学生学习画图策略的前在积累，是培养画图意识的一个很好的契机。教材也为画图策略提供了很好的素材。

（一）注重读图的训练，渗透图的语音，挖掘画图的价值

斯蒂恩说："如果一个特定的问题可以转化为一个图像，那么就整体地把握了问题。"小学生的数学学习，正处在以形象思维为主，向抽象思维过渡的阶段。许多数学问题多以文字叙述出现，纯文字的问题在语言表述上比较简洁，枯燥乏味，以致使学生常常读不懂题意。教师要根据实际情况给学生创设画图的时机，根据其年龄特点，让学生自己在纸上涂一涂、画一画，借助简单的线段图或实物图把抽象的数学问题形象化，使学生读懂题意、理解题意，拓展学生解决问题的思路，帮助他们找到解决问题的关键，从而提高学生解决问题的能力。

以人教版一年级上册第六单元《解决问题》的内容为例。在运用所学知识解决实际问题的过程中，学生将深化对数的大小、数序的理解，加深对基数和序数含义的认识。

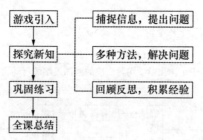

教学实施中，经历了四个环节。首先，通过游戏引入，使学生初步感受"之间"这个词的含义，分散教学的难点。接着探求新知，引导学生捕捉数学信息，鼓励其提出数学问题。结合学生提出的问题聚焦到今天要解决的"小丽和小宇之间有几人？"学生会借助怎样的方法来解决？教师要如何引导学生将排队的生活经验数学化？

从小丽到小宇有几人？

你是怎样解答的？

解决问题的过程中要帮助学生重新组织问题情境中的信息。面对教材，我们的学生不仅利用了数手指，还借助学具去摆一摆，在做中学，并且通过两种方法的比较，体现出了思维的简洁。画示意图，能够使学生借助几何直观把数学问题变得简明、形象。

以下几幅图是学生分别以具体形象思维、几何图形、用数来表示人，体现了从具体情境向数学化的过渡。用数来表示人这幅图与黑板上画的尺子图不谋而合，尺子是很好的数数模型，它和学生今后要学习的数轴有着直接的联系。学生展现出来的多种解决问题的方法，有效地丰富了教材所呈现的方法。

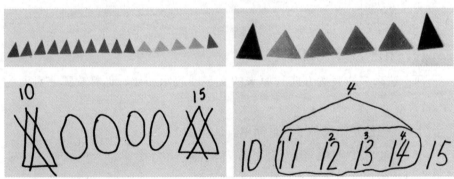

学生用不同的方法解决问题后，教师要引导学生对问题解决的全过程进行回顾和反思。在此过程中，教师注重对学生数数、画图、推理等解决问题的指导与归纳，揭示问题中的规律，提升学生综合运用知识解决问题的意识与能力。

（二）体验简洁，感悟画图的价值

我们都知道画图的重要性，可学生未必知道，即使有些学生知道画图却未必想用。因此，教师要善于寻找作品中的"闪光点"，给予肯定和鼓励，保护并提高学生画图的兴趣，对于其中不规范的地方，及时纠正，帮助学生养成规范画图的习惯，使学生感受到画图策略的价值，知道画图的简洁、有效，让画图成为学习数学的好助手。

1. 一年级的"画图学数学"

（1）故事引入，激发兴趣。

鸟儿找食

天气冷了，鸟儿都出来找食物。瞧，1只、2只、3只、4只。他们一会儿飞上天，一会儿落到树上。这时，有一只鸟儿吃饱了，与同伴叫了一声，就飞走了。后来，远处又飞来了2只小伙伴，它们高兴地在一起找食物，一起玩，真快乐！

（2）提出要求，画出过程。

用你自己喜欢的方式把鸟儿只数发生变化的过程画出来。

（3）独自画图，展示汇报。

（4）对比交流，初悟价值。

师：这么多的表达方式与原来的文字图表示相比，你喜欢哪一种？为什么？

生1：当然是第三种了，最简单。

生2：我喜欢画图，因为它方便，能看懂。

生3：第一种很好看，只是要很多时间。

生4：文字太多了，好多字不认识，所以喜欢画图。

低年级学生在读懂图意的基础上，通过画图策略去理解题意，帮助解题。学生解决问题的过程中，逐步学会了正确表现"图"的喻义，化隐性信息为显性信息，化无序为有序，梳理问题规律，为学生探究数量关系提供了表象支撑。

2. 教学四年级的植树问题的导入片段

（1）情境引入：操场边上，有一条长25米的小路，学校打算在小路一边植树。请按照每隔5米栽一棵的要求设计一份植树方案，并说明设计理由。

（2）学生独自思考，展示汇报。根据画的情况有以下三类：画小树的、用短线表示小树、用点表示小树。

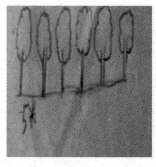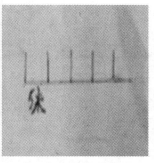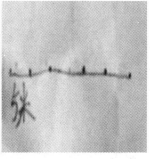

可以看到，中高年级学生已有意识画简洁的示意图，大部分学生喜欢用线段图来分析，因为从图上可形象地看出树与间隔之间"一一对应"的关系，从而找到解题的方法。

从上面的两个案例来看，学生在整理以往原始、朴素的经验的同时，激发了"画图"的欲望。在原始知识整理过程中、画图经历过程中、图片比较过程中、智慧提升过程中，凸现了数学本身应该体现的智慧———简洁，同时让学生真切感受画图的必要性和它的价值。用学生的话说，图是越画越省劲，越画越简易，越画数量关系越清晰，越画越有利于思考。

五、实践成果

1. 学生方面

（1）有利于学生学习兴趣的提高。借助画图，提高了学生学习的兴趣和积极性，学生通过分享交流各自充满个性的画法，感受到数学的价值。

教师尊重学生的表达方式，让他们画表现自我、自己理解的图，大大提高了学生学习的兴趣。面对学生非常可爱的原生态图，我们对于孩子的"原创"给予保护和鼓励，我们分享他们的快乐，和他们一起体验用画图法解题带来的成功感。

（2）有利于学生的主动发展，促进思维的提升。课堂教学的目的，绝

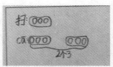

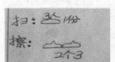

不是要消除差异性，学生在解读自己图的过程中，阐述了自己对问题的理解。画图策略给每个同学提供适合他们发展的条件，促使他们更好地发展。

例如，22 个学生去划船，每条船最多坐 4 人，他们至少要租多少条船？

部分学生对"最多"和"至少"不理解，从而造成解题困难，其中一些孩子自觉地运用画图策略理解题意，解决问题。

"碰到你自己不会解决的问题，怎么办？"

一起来看看下面的统计，你了解了什么？

对问题的不同解决策略对比

	实验班 103 参测人数 48 人	实验班 504 参测人数 47 人	非实验班 501 参测人数 47 人	非实验班 505 参测人数 50 人
"碰到你自己不会解决的问题，你会怎么做？" A. 求教他人 B. 画图 C. 放弃 D. 其他	A. 19 人	A. 27 人	A. 39 人	A. 39 人
	B. 21 人	B. 16 人	B. 8 人	B. 5 人
	C. 0	C. 0 人	C. 0 人	C. 0 人
	D. 8 人	D. 4 人	D. 4 人	D. 3 人
	选择画图的人数占总参测人数的 44%	选择画图的人数占总参测人数的 34%	选择画图的人数占总参测人数的 17%	选择画图的人数占总参测人数的 10%

通过比较分析发现，碰到自己不会解的问题选用画图法的，实验班明显高于非实验班。实验班的学生碰到解决问题，有意识用画图来解决的人明显要多，这道题目显示实验班学生比非实验班学生的解题能力要强。

2. 教师方面

"教学相长"。学生在问题解决中，能力加强，各方面都得到了发展，而且学生自己主动体验的课堂教学往往要比那些单向灌输的课堂更难以驾驭，教师就要不断地学习，使自己的教学适应现在的课堂，这样教师在课前备课时就应该做到从学生学习需要出发，以促进学生"怎样有效地学"为主要思考坐标，重点以学生"学什么""怎么学""学到什么程度""采用什么方式学"等问题为主要内容进行教学设计。

不同的课堂积累不同的数学活动经验

李 文

一、研究专题

在高年级"综合与实践"活动课中，引导学生积累数学基本活动经验。

二、观点聚焦

"获得适应社会生活和进一步发展所必需的数学的基础知识、基本技能、基本思想、基本活动经验"是《课程标准（2011 年版）》义务教育数学课程的总目标之一。而"数学教学应该是从学生的生活经验和已有的知识背景出发，向他们提供充分从事数学活动与交流的机会，帮助他们在自主探索的过程中，真正理解和掌握基本的数学知识与技能、数学思想与方法，同时获得广泛的数学活动经验，成为学习数学的主人"。这必将引领数学教育教学实践领域的变革。

回顾反思自身的课堂教学实践，的确有时忽视了学生对基本活动经验的积累，有时往往为了尽快得出结论，忽视了给学生充足的时间和空间来让其主动地从事观察、实验、猜测、验证、推理与交流等数学活动，学生学习的经验有时还被解题经验所替代，更多关注的是基础知识的掌握与基本技能的训练。即使在教学过程中设计了一些数学活动，对于让学生积累数学活动经验，老师们也没有给予足够的重视。面对实践教学当中的问题和困惑，我们也进行深入研究，将问题聚焦于：如何在小学高年级"综合与实践"课中引导学生积累数学活动经验。具体而言，通过教师教学理念的更新，使他们在课堂中更加注重对知识获得的过程的研究，更加关注学生基本活动经验积累的状况，从而使学生在注重过程探索的教学中获得创新能力的发展。我们希望通过本研究，让教师有意识、有方法、有策略地在课堂教学实践中去引导学生积累数学基本活动经验。

三、思考主张

小学生数学基本活动经验的积累对于数学活动的顺利探究、数学思想方法的领悟、学生数学观念的形成、创新能力的培养以及人的全面发展等均有着十分重要的作用。从这一角度来看，立足"综合与实践"活动，在课堂教学中着力帮助学生积累数学基本活动经验，不仅对学生数学学习具有方法论的指导意义，也具有超学科的引领价值。

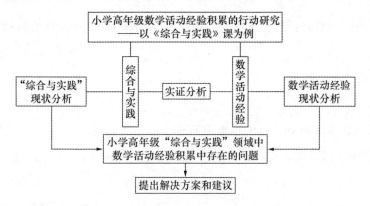

四、实践特色

（一）小学数学教材"综合实践活动"的梳理

1. 新人教版小学数学教材"综合实践活动"教学内容编排结构

在对人教版 12 册教材中"综合实践活动"的研究主题梳理的基础上，结合对数学基本活动经验的分析，对"综合实践活动"中所涉及的知识基础与活动类型进行了六大分类，即游戏型、操作型、调查型、体验型、实验型、应用型。

通过教材分析，可以发现任何活动不仅仅用到了一个知识，而是所学知识的综合应用，比如 12 册 80% 的实践活动和综合应用都涉及统计的知识。同时，这些实践活动和综合应用，其主要目的就是要让学生认识到数学与生活的广泛联系，综合运用所学的知识，获得运用数学解决实际问题的思考方法，并加深对所学知识及其相互关系的理解。

2. 新人教版小学数学教材"综合实践活动"所涉及的经验及类型划分

（1）基本的数学操作经验，如几何操作经验、数学表征工具的直接操作经验、数学公式和符号的直接操作经验。

（2）基本数学思维活动经验，如归纳的经验，数据分析、统计推断的经验，几何推理的经验等。

（3）发现问题、提出问题、分析问题、解决问题的经验。

（二）"综合实践活动"是小学生积累数学基本活动经验的载体

"综合实践活动"有助于学生和教师的发展，有助于学生对数学全面理解，有助于学生情感态度价值观的形成，有助于完善基础教育课程建设。正如课程标准指出："综合实践活动"是指一类以问题为载体、以学生自主参与为主的学习活动。在教学建议部分还指出："综合实践活动"的教学，重在实践、重在综合。因此，在教授这部分内容时，我们要关注以下几个方面。

1. 数学基本活动经验的积累离不开"综合实践活动"

"综合实践活动"是学生积累数学基本活动经验的载体。这些"活动"没有好坏之分，只有适合与不适合，这就需要教师在日常的教学中，结合学生的身心发展特点和实际需求来设计适合学生发展的"活动"。比如同课异构：李文和左明旭老师执教《七巧板的运动》。

2. 学生数学基本活动经验的积累离不开"做"的过程

它是学生积累基本活动经验的重要途径。学生在课堂上的"剪一剪""拼一拼""做一做""猜一猜""画一画""比一比"等实实在在的"做"的过程，可以获得初步的经验，但这仅仅是教学的起点。在日常教学中，还要借助其他形式的"做"——自主探究（尤其是个体的独立思考，对其基本活动经验的积累至关重要）、教师指导、同学交流等过程中去粗取精、反思、抽象、概括，从而内化为学生自身的活动经验。

3. 基本活动经验的积累离不开特定的"知识"网络

4. 基本活动经验的积累离不开"特定的数学思维模式"

5. 基本活动经验的积累离不开多元的评价方式

（三）构建"问题－关联－分解－反思"的综合实践活动教学模式

通过对小学数学"综合实践活动"领域的课程教学实践，形成有效的、科学的、实施性强的教学模式，如下图。

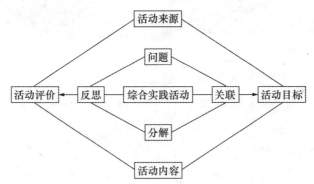

该模式有四个核心要素，即问题－关联－分解－反思，分别对应活动的来源－活动目标－活动内容－活动评价。

总之，数学教学既要帮助学生获得显性的数学知识，也要帮助学生在探索数学的过程中获取隐性的数学知识。表明隐性数学知识（如"数学活动经验"）教学，应处理好与具体数学知识、技能教学之间的关系，而数学思想蕴含在数学知识形成、发展和应用的过程中，是数学知识和方法在更高层次上的抽象与概括。学生只有积极参与教学过程，独立思考、合作交流、积累数学活动经验，才能逐步感悟这些思想。

五、实践成果

（一）理论成果

1. 学生方面

（1）提高了学生课堂学习的有效性，有效促进了学生的数学学习能力和数学素养的发展。

（2）学生的学习方式、形式得到转变，生活经验、数学学习经验的积累有较为明显的呈现，并逐渐成为学生自觉意识。

2. 教师方面

（1）促进了教师的专业成长。通过课题研究使教师成了称职的引导者。

（2）教师的课堂教学能力获得提升。通过课题研究提高了教师教学设计能力。

（3）教师的教研能力得到提升。

（二）立足实践，积累经验的策略

1. 动手实践做数学，积累操作的经验

动手操作是学生参与数学活动的重要方面。比如李文做区级展示课《估计不规则图形的面积》，通过教学实践研究，形成这一领域基于数学活动经验的课堂教学组织形式。

2. 自主探究造数学，积累探究的经验

实践证明，学习者不实行"再创造"，他对学习的内容就难以真正理解，更谈不上灵活运用了。例如，李文老师做东兴杯展示课《图形的运动》，根据学生现状，分析课堂上问题存在的原因，探索积累数学活动经验的策略。

3. 联系生活用数学，积累应用的经验

生活中充满着数学，数学教师不仅要教会学生知识，而且还要让学生在头脑中建立"生活中的数学模型，数学中的生活模型"，将数学与生活紧密地联系起来，让学生尽可能地参与数学活动，在活动中有效培养学生的应用能力。

4. 合作交流说数学，积累思考的经验

这里的"说数学"指数学交流。课堂上师生互动、生生互动的合作交流，能够构建平等自由的对话平台，使每个学生都能在相互的讨论、交流、启发、帮助、协作中，各抒己见、大胆设想、大胆探索，从中发现不同的思路和方法，让不同的学生得到不同的发展。

总之，数学经验一方面在于积累，另一方面也需要提升。经验不经过提升、内化、概括，难以成为学习的内在支撑。让学生积累经验、提升经验，不但有助于通过多种活动探究和获取数学知识，更重要的是学生在经验中能够逐步掌握数学学习的一般规律和方法，对于今后数学学习活动的开展、数学思想方法的领悟等有着十分重要的作用。

我的方案 我做主

赵彦静

一、研究专题

在问题解决背景下，如何培养小学中高年级学生数据分析观念，提高学生的数据意识。

二、观点聚焦

具备数据的意识和数据分析的能力是未来公民适应日常生活和社会生产的必备常识。越来越多的国家和地区将统计引入了基础教育课程体系，《义务教育数学课程标准（2011 年版）》把发展学生的数据分析观念作为统计教学的核心目标，从而凸显了数据作为统计研究对象的重要地位。

纵观当下的统计教学，教材的编排层次、梯度不够清晰，在教学时不易把握目标要求；教师往往忽略统计的核心思想，不清楚数据分析观念所包含的内容，仍偏重于一个个知识点的讲授，对于统计独特的思维方法和应用价值没有认识和体会。

三、思考主张

在教学中尝试提供给学生自己感兴趣的信息，让学生根据信息产生联想，引导他们提出与统计有关的问题，学生独立写出解决问题的方案，再小组合作交流方案，最后全班交流方案的可操作性。希望提供给学生经历数据分析观念形成过程的时间和空间。通过验证实证，完善教材中的统计相关内容，理解数据分析观念的含义。

通过经历收集数据、整理数据、分析数据、推断结论的过程，培养学生的数据意识，最终达到培养学生的数据分析观念的目标。

四、实践特色

（一）自主提出统计问题，聚焦核心问题

例如，在"节约用水"情景下，学生提出了如下核心问题：

★没有拧紧的一个水龙头，一个月能浪费多少水？

1. 一个"量"的研究

（1）统计一个月中，每天浪费的水量？

（2）统计一星期，每天浪费的水，推断出一个月浪费的水量。

（3）随机选取一个月中某些天浪费的水，推断出一个月浪费的水量。

2. 两个"量"的对比研究

两个性别一样、人数一样的家庭，一个家庭正常用水一周，另一个家庭节约用水一周，计算出每一个家庭一周能节约多少水量差。

★浪费的这些水，相当于多少杯水？这些水可以做什么？

（用孩子可以感知的参照量，估计这些水有多少？）

★根据前面的调查及研究，如何节约用水？

（二）学生设计方案后，进行方案互评

通过生生互评，对方案的优缺点进行点评，以便取长补短，完善方案。

	优　点	建　议
方案1	步骤清楚、认真完成、数据准确	结论不准确，方案简单、凌乱，分类不恰
方案2	方案全面、认真调查，有条理，统计图清楚、问题合理、结论完整	较复杂，调整较少，绘图不清
方案3	字迹工整、绘图清晰、方案完整，认真、详细，方案合理	结论复杂
方案4	条理清晰、一目了然，问题明确、类型全面，善于发现问题	解决方案不佳，统计图使用不恰
方案5	认真，处理恰当、清楚，有创意，完整、内容合理、工整	人数较多，问题需改善，还需调整、绘制统计图
方案6	细致，绘图认真、方案完整、清晰	需改善统计图，不简洁、步骤较少
方案7	统计图清楚，仔细认真、有条理，调查卷完整，绘图清晰	问题较少，问题不太合理

续表

	优　点	建　议
方案 8	清楚准确，内容详细简练，方案合理，结论准确	方案简单，绘图不够严谨
方案 9	调整得当，绘图标准，结论真实，考虑问题周到	统计图需更准确，结论望简练，调整须再具体
方案 10	方案设计认真，整体较好、过程清楚	字迹不工整，过于简单，内容较少

（三）学生方案的设计与调整

1. 学生填写"方案的设计与调整"表，并实施

方案设计	遇到的问题	做了哪些调整

2. 学生的方案设计及点评

（1）此方案有解决问题的详细步骤，实施过程中遇到的问题及调整方法和结论，非常清楚。如果能把收集数据的办法展示出来就更完整了。

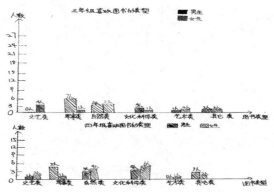

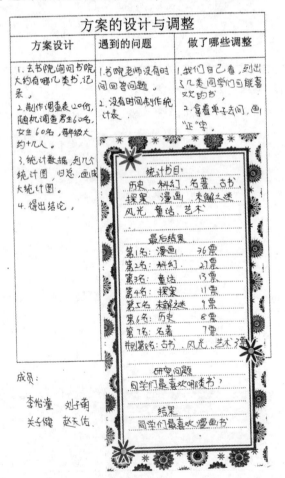

结论！三年级男生更喜欢军事类图书，三年级女生更喜欢自然类图书。

四年级男生更喜欢军事类图书，四年级女生更喜欢文化科学类图书。

五年级男生更喜欢军事类图书，五年级女生更喜欢文化科学类图书。

六年级男生更喜欢自然类图书，六年级女生更喜欢文化科学类和艺术类图书。

想法！

书院可以多购进些各个年级男女生更喜欢的图书类型，方便大家阅读。

（2）此方案有解决问题的详细步骤，并把收集数据的结果展示出来，以及实施过程中遇到的问题及调整方法和结论，非常清楚。

方案的设计与调整

方案设计	遇到的问题	做了哪些调整
1. 去书院问问书院大约有哪几类书，记录。 2. 制作调查表120份，随机调查男生60名，女生60名，每级大约十几人。 3. 统计数据，列几个统计图，归总，画成大统计图。 4. 得出结论。	1. 书院老师没有时间回答问题。 2. 没有时间制作统计表	1. 我们自己看，列出几类同学们可能喜欢的书。 2. 拿着单子去问，画"正"字。

统计书目：

历史 科幻 名著 古书
探案 漫画 未解之谜
风光 童话 艺术

最后结果
第1名：漫画 36票
第2名：科幻 21票
第3名：童话 13票
第4名：探案 11票
第5名：未解之谜 9票
第6名：历史 8票
第7名：名著 7票
并列第8名：古书 风光 艺术 3票

研究问题
同学们最喜欢哪类书？

结果
同学们最喜欢漫画书

成员：

李怡潼 刘子萌

关子健 赵天佑

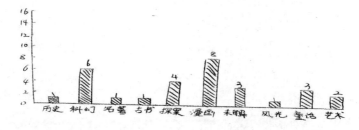

漫画最受欢迎

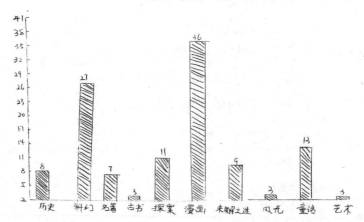

从以上方案中可以看出，学生能够开始制定计划，意识到制定计划中需要收集数据，并提出一些收集数据的办法，但思考不够全面。在实践中，学生发现自己的计划可能并不可行，从而促使他们思考新的办法，不断调整和完善方案。在思考中，学生既考虑到收集什么样的数据、如何收集，又考虑到有了数据以后如何进行分析。

（四）学生体会数据的随机性

通过数据分析体验随机性，一方面对于同样的事情每次收集到的数据可能会是不同的，另一方面只要有足够的数据就可能从中发现规律。体会到数据分析是统计的核心，具有数据分析的意识。

以五年级的统计活动为例，依据基于问题的问题情境，设计了以下四个教学环节。

案例　　　　　　　　五年级统计活动教学流程

1. 呈现学生感兴趣的信息

出示信息："2014 年史家书院共购进图书 9920 册。"

【设计意图】通过提供数学信息，观察学生提取、分析信息的能力。

2. 引导学生提出与统计有关的问题

提出问题：根据信息，你想到了什么？还想了解什么？

【设计意图】通过层层递进的、开放式的引导，激发学生对问题的探究。在多种问题中，教师寻找有统计意识、观念的问题作为切入点，引发学生对统计的思考。

3. 学生独立方案设计展示

（1）先收集资料，再记录数据，最后制统计表。

```
1 图书的类型
①查询学校账单
②记录账单上的图书类型
③制做成统记表
```

（2）抽样调查 - 收集数据 - 制统计图 - 比较推论。

```
喜欢图书的类型
1.调查每种图书有多少人借阅 →   ①做调查问卷        2班2生
2.画一个条形统计图.             ②下发调查问卷(每班2抽4名同学)
3.根据调查人数填写统计图        ③分班进行统计
4.把每种图书喜欢的人数进行比较
5.得出学生最喜欢图书的类型
```

（3）收集信息 - 提取数据 - 比较推论。

```
Q:2015年书院将购进图书的数量.

1.调查近几年购入图书数量.
                                      平均
2.比较数据.看每年间购书量是呈上升趋势还是下降趋势.每年上升或下降
多少?
                      有可能
3.根据得出的结论.推断2015年将购进多少册图书.
```

（4）学生独立设计方案后，进行小组合作，引发思考。（统计每个问题研究的同学人数）

引导交流：研究同一个问题的学生自愿组成小组（4 人左右），将你们认同的方法步骤记录下来，个人想法可以保留。

【设计意图】给学生独立思考的空间，培养学生独立解决问题的能力，解决同一个问题的同学自愿组成小组，找到认同的方案，也可以保留个人想法，培养沟通合作的意识。在智慧碰撞中，设计出相对合理的方案。

4. 小组交流、评价

全班交流、调整方案，使方案具有可操作性。

引导思考：他们小组想这样得到结论，可行吗？你们是怎么得到这些数据的？对于他们组的方法有什么要问的吗？

【设计意图】通过全班交流，在学生交流辩论的过程中，完善方案设计，尽量使方案具有可行性、合理性。

总结：课下各组还可以继续完善你们的方案，大家再交流，最后按照有实效性的方案去实施。

总之，在本节课中，力争做到为学生创设自主学习的氛围，由话题引导学生产生联想，提出具有统计意识的问题，从而独立设计方案，再小组合作交流，最后全班讨论方案的相对合理性。学生在整个教学活动中，始终处于主体地位，一切问题由自己解决。老师在教学中帮助学生提供经历数据分析观念形成的时间和空间，帮助他们积累经验；课堂中为学生提供小组交流和全班交流的机会，使他们在交流中唤醒已有学习经验、对各种办法进行比较、对自己的方法进行反思，初步形成可行性方案。

五、实践成果

（一）确立统计活动基于问题解决的基本流程

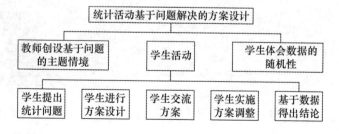

（二）自主探究中感受数据统计全过程

学生从提出自己感兴趣的统计问题，到对方案的独立设计、交流、实施与调整，以及最终得出结论，充分发挥了主观能动性，真正成为学习的小主人。

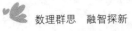

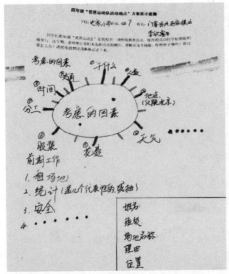

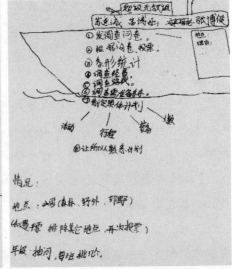

（三）新问题引发新思考

在研究问题的基础上，学生发现并提出了新问题，将思考引向深入。

总之，学生数据分析观念的发展是一个具有挑战性又富含价值的课题，希望本研究能为正在进行的课程改革提供依据，为教师了解学生、更好地实施教学提供参考。

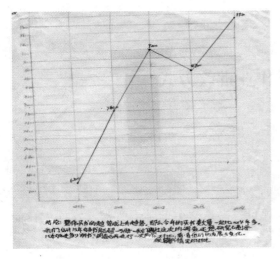 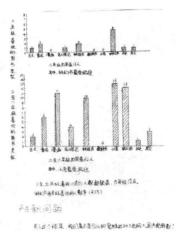

参考文献

[1] 刘久成. 小学统计教学六十年发展研究. 数学教育学报, 2011（10）

[2] 史宁中, 孔凡哲, 秦德生, 杨述春. 中小字统计及其课程教学设计——数学教育热点问题系列访谈之二. 课程·教材·教法, 2005（6）

[3] 陈希孺. 机会的数学. 北京: 清华大学出版社, 广州: 暨南大学出版社, 2000

[4] 史宁中, 张丹, 赵迪. "数据分析观念"的内涵及教学建议. 课程·教材·教法, 2008（6）

[5] 潇湘数学教育工作室. 统计教学的核心任务——发展学生的数据分析观念. 湖南教育, 2008（10）

[6] 刘福林. 小学数学新教材"统计与概率"的实验效果调查分析. 数学教育学报, 2004,（8）

[7] 史宁中. 数学思想概论——数量与数量关系的抽象. 沈阳: 东北师范大学出版社, 2008

创意作业批改方式

容 戎

一、研究专题

设计多元化多角度的作业评价，提高学生的学习兴趣，发挥主体能动性。

二、观点聚焦

作业是学生学习的一项经常性实践活动，而作业评价则是教师对学生这一实践活动的评价方法，也是教学过程中不可或缺的环节。作业是师生交流信息的一个窗口，通过作业评价，教师及时了解学生掌握知识的情况，促进学生进一步巩固基础知识，培养学生的思维能力，校正学生学习过程中的错误，弥补知识的漏洞，激发学生学习数学的兴趣和热情，引导学生形成正确的学习态度，养成良好的学习习惯。

三、思考主张

1. 作业评价的目的是什么？
2. 如何避免生硬的评价，发展人文性的评价？
3. 如何更好地通过作业评价，提高学生的学习兴趣，发挥主体能动性？
4. 如何创设评价主体多元化、内容多维度的作业评价？

传统的书面作业、单纯地用"√"和"×"去评价学生学习思维、学习成绩，影响师生之间思想、情感的交流，直接影响学生的学习情绪。本文仅从"创意作业批改方式"说起。

四、实践特色

课改走到今天，很多教师都比较重视课堂教学的创新，课堂教学有了很大改变。然而，对于如何设计新型的数学作业及利用数学作业培养学生的数学思维能力和提高学生的学科兴趣，关注的并不多。作业问题成为课程改革的薄弱环节，是课改的一个瓶颈。题海战术必须摒弃，设计学生喜欢的前置性作业、综合性强的实践性作业、提高各种能力的梳理作业尤为重要。当然，设计具有欣赏、激励、转化、促进功效的作业评价无形中增添了学生对数学学习的兴趣，更能发挥其学习的主体能动性。

通过长期的教学实践，总结出以下几种创意批改方式。

（一）巧用符号

每个人都希望自己是优秀的，试想一下我们成人，如果完成的作业全都是错的，肯定偷偷藏起，非常不好意思。孩子年龄虽小，但他们每每翻开自己的作业本，也总是希望看到鲜艳的红"√"，而不是满篇刺目的红"×"。如果作业本上红"×"连连，再被旁边的同学笑话，自尊心受到极大伤害，进而产生消极态度，久而久之丧失学习信心。为此，建议老师在批改作业中尽量不用红"×"，而在错误的地方用一些小符号提醒学生，待学生改正之后，再打上红"√"。如出现错题，可用一个小小的圆圈标明，告诉学生尽快更正。出现丢三落四的错误时，画一个小"?"，通知学生及时补救。当然，符号多种多样，教师可以根据个人习惯自由选择，只要达到目的即可。当学生改对了，出现在作业上的仍然是鲜艳的红"√"，并且不影响评价等级，这样有利于激发学生学习的积极性，增强他们的自信心，甚至养成良好的学习习惯。

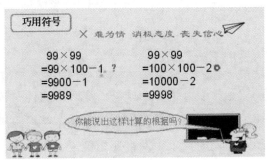

确实，这些通过思考改对题目的孩子，快乐不会比那些一次就做对的孩子少。渐渐的学生的作业都会越来越工整，产生一种"好了还要更好"的自我激励、自我要求的心理。这一心理成为促使其进步的内部诱因，连他们平时最不喜欢的计算题都认真对待，全身心投入，感受着数学带来的快乐。

（二）星级评定

世界上没有完全相同的两片树叶，同样，世界上也没有完全相同的两个人。教学中提倡因材施教，在作业批改中也因人而异，以发展的眼光，多视角看待每位学生。常用的做法是：对那些正确率高、或作业字迹端正、或按时完成作业的学生，我会在该同学作业本上贴上小星星，并根据所得星星数量给予相应的精神激励。此外，我还设计了学生学习情况记载卡。

我能行——我的数学学习奖励卡

班级　　　姓名　　　学号

项目	周一	周二	周三	周四	周五
听讲					
发言					
作业					
其他					
一周共得星数		得星最多的同学及星数			
周　记					
老师的话：					
家长的话：					

由于把加星的权利教给学生，让每个人都有机会体验成功，从而增强了学生学习的内驱力。学生对学习更加感兴趣了，学习自觉性有了明显提高；学生上课思想开小差的少了，发言变积极了，作业更认真了，学习的自信心也更足了。许多学生都在周记中写道：我要更加努力，在某些方面提高，争取得更多的星，超过某某。

（三）书面对话

1. 写给学生的话

评语，是另一种作业批阅方式，便于学生更清楚地了解自己作业中的优缺点，便于加强师生间的交流，促进学生各方面和谐统一的发展。赋予情感的微评语是师生间心与心的对话，调控学生心态，吸引并打动他们。这样一来，教师输出的不仅仅有知识信息，还有情感信息，如："你的想法很独特！我都佩服你！" "这次作业真有进步，正确率 100% 呢！加油！" "再把字写得端正些就更好了！我期待！" "可不能老抄错、算错啊，再细心些！" 用亲切的第二人称，用赞扬、鼓励、企盼、惋惜的语言，使学生在受到肯定和赞扬中获得成功的体验，这样即使说到了缺点，学生也乐意接受。学生在作业中有什么问题和困惑，也会在作业本上标注。

2. 师生书写交流

三年级课本中有这样的题目：

一个学生列式：$2 \times 15 + 7 = 37$（元）。我在边上打了"?"，心想这么简单的题目居然没数清，也太马虎了。第二天收作业本时，发现上面有一句话："老师，我没错。爷爷奶奶有老年证不用买票。"顿时，我的脸一下子红了，孩子的想法多么贴近生活，我们常说数学生活化，这是多么好的体现呀！而我却忽略了。上课时，我在全班面前表扬了这位学生，而后带着学生们进行了归纳和讨论，为了严谨，得出了一套完整的结论：若老人可以免费，列式是 $15 \times 2 + 7 = 37$（元）；若老人不能免费，列式是 $15 \times 4 + 7 = 67$（元）。

还有的学生在某篇作业的空题旁写着："老师，这题我确实不会。"还在边上画了一个"嘘"的手势。不仅孩子，就算是成年人都不好意思当着大家的面说：我不会，我没听懂。于是课下我会单独找到他进行讲解。像这样把作业本当成师生交流思想感情、启迪智慧灵感的"磁场"，师生间才能碰撞出智慧的火花。

（四）可爱贴纸

作业中集够一定数量的星，可换"大拇指"的奖励贴纸，孩子们先带回家让爸爸妈妈签名鼓励，然后贴到教室的"风采之星角"。许多家长都会写几句鼓励的话。"儿子，我知道你是最棒的！""宝贝，妈妈好高兴！加油！""我为你自豪！"教师和家长的共同激励带给孩子的快乐是双份的。

孩子的优异表现不仅来自自身的努力和老师的教导，其中还有家长的辛勤付出。有时我也会在作业本上奖励孩子可爱的小贴纸，同时在旁边再贴一张，并写上"表扬你的爸爸妈妈哦！"

（五）网络辅助

随着网络时代的到来，人人几乎都有手机，微信、QQ 等，使人们的沟通愈发便捷。教育工作者如果善用网络，把每周或每天的优秀作业、有独特视角的作业，以及照片、小视频传到平台上，让更多的人一起欣赏。当父母看到自己孩子的照片或作品出现在群里，那种自豪与喜悦不亚于孩子。当然，遇到作业中的问题、单元侧重点、好的教学资源……也可以在群里讨论交流。这样的分享，不仅是对孩子也是对家长的无声鼓励和肯定，无形中放大了孩子们的喜悦。孩子们的学习劲头就更足了！

五、实践成果

配合课前三分钟的展示，课后的延伸、梳理作业，以及依托场馆的"博悟之旅"等作业，通过各种有创意的作业批改方式，学生对数学的学习兴趣浓厚，主动参与学习，各方面能力都有长足的进步。

三年级下学期的除法估算有这样一道题：

求能否装得下，需要精确算吗？18 个纸箱能否装得下 182 个菠萝，估算即可。

由于课堂上的时间有限，孩子们自发在家里录制小视频，带到班中，我们利用自习时间播放欣赏。

方法一：$18 \times 8 \approx 160$（个）　　　　$160 < 182$

即把 18 看成 20，往大估，装 20 箱才装 160 个，所以装不下。

方法二：$18 \times 8 \approx 180$（个）　　　　$180 < 182$

即把 8 看成 10，往大估，每箱装 10 个才装 180 个，所以装不下。

方法三：$182 \div 8 \approx 20$（个）　　　　$20 > 18$

即 182 看成 160，需要的箱子肯定比 20 个还多，所以装不下。

方法四：$182 \div 8 \approx 18$（个）　　　　$18 = 18$

即把 8 看成 10，182 个菠萝每箱装 10 个都要比 18 箱多，每箱装 8 个需要的箱子数就更多了，所以装不下。

方法五：$182 \div 18 \approx 10$（个）　　　　$10 > 8$

即把 182 看成 180，180 个菠萝装 18 箱，每箱 10 个都装不下，每箱装 8 个就更装不下了，所以装不下。

孩子们的落落大方、自信表达，精彩的多样解法赢得了家长和同组数学老师们的一致好评。老师们纷纷把视频拿回班里播放，这些小朋友成了"小明星"，课间楼道里其他班的同学看到他们，都向他们竖起大拇指。这几个"小明星"胸脯挺得高高的，学习劲头更足了。

数学课中"新绘本"

杨　扬　李　宏　杨　玥　马心玲

一、研究专题

通过数学绘本融入一年级数学教学的实践历程，寻求一年级数学教学融入数学绘本的教学（学习）模式，力求提升学生数学素养。

二、观点聚焦

儿童绘本是大家公认的一种非常适合孩子们阅读的图书，有一些绘本将数学知识、思想方法融入故事情节，我们称为"数学绘本"。数学绘本是教育者站在儿童的角度，以数学思维品味生活中有趣的数学知识及故事。它比数学知识更生动，富有画面、色彩及魅力；它比生活具有更简单、更容易发现的数学内涵。

数学绘本的阅读可以在一定程度上顺应学生的年龄特点和思维水平。就像绘本在低年级语文教学中的教育价值一样，数学绘本使抽象的数学生动化、形象化、直观化，因此能够在一定程度上缓解数学的抽象性与学生具体思维之间的矛盾。

同时，学校多年来倡导学生阅读。一年级会有"每天阅读 15 分钟"的常规作业；330 课程中会有"悦读绘本"；每周五还有"乔老师讲绘本"的广播节目。这些关于绘本的课程和广播深受孩子们的喜爱。于此，我尝试将数学绘本融入小学一年级数学教学，并以此展开我的课题研究。

三、思考主张

数学绘本的融入，可以将数学知识与学生的生活现实相联系，帮助学生利用生活经验解决数学中的问题，也更容易将学生的感性认识上升为数学经验。它使抽象的数学生动化、形象化、直观化，因此能够在一定程度上缓解数学的抽象性与学生以具体形象思维为主要思维方式之间的矛盾。

通过将数学绘本融入一年级数学教学的实践历程，探讨能否在一年级数学教学中倡导学生阅读数学绘本；如何在一年级数学教学中使用数学绘本；寻求一年级数学教学融入数学绘本的教学（学习）模式；初步了解数学绘本融入数学教学对一年级学生的影响，力求提升学生数学素养。

四、实践特色

（一）课中——选取典型课例，将数学绘本融入课堂

我们首先尝试在《认识人民币》一课中融入数学绘本。由《乔老师讲绘本》的广播节目引入，听着乔老师娓娓道来的绘本故事，学生一下融入故事中，利用这个绘本故事《小麦的心愿》贯穿整堂课。整节课中孩子们全神贯注地听绘本、学知识。

与情景教学比，绘本故事是一个相对完整的故事，更贴近学生的生活，有利于帮助学生建立数学与生活的联系。学生自发地回想起自己生活中购物的经验，解决课上遇到的问题，而后数学知识又回到生活中。这样很自然地将数学与生活相连，学生原有的生活经验在读绘本的过程中逐步数学化，数学知识同时也应用在生活中。

学生上课比常规教学要更专注、更轻松，在学习数学知识的同时收获了更好的情感体验。《认识人民币》一课，除了知识与能力的目标外，还兼具了一定的品德教育的功能。爱护人民币和节约不浪费是必须有的，与以往不同，我们通过绘本故事中小麦的做法让孩子们受到感染；同时《小麦的心愿》这个绘本故事告诉孩子们"用钱是买不到朋友的"，课堂上孩子们提出了交朋友的好方法。这些都是绘本融入课堂带来的改变。

《认识人民币》一课，孩子们会使用不少学具。对于一年级同学来说，往往被学具吸引，而老师会反复要求，使学生的注意力集中在后续学习中。但是，这次绘本教学中，明显感受到，生动的绘本故事可以引导学生快速地进入后续的学习。这在一定程度上提高了课堂的实效性。

课后的教学效果检测也显示学生的学习效果不低于常规教学，学生上课比常规教学要更专注、更轻松，在学习数学知识的同时收获了更好的情感体验。

题目	检测人数	做对人数	做对比例	做错人数	做错比例	错例
（　）元（　）角	34	34	100%	0	0	
（　）元（　）角	34	31	91.2%	3	8.8%	1 元 5 角 2 元 1 角
（　）角（　）分	34	28	82.4%	6	17.6%	6 角 5 分 7 角 1 分 6 角 8 分 7 角 10 分
（　）元（　）角	34	32	94.1%	2	5.9%	1 元 2 角

题目	检测人数	做对人数	做对比例	做错人数	做错比例	错例
1 元 = （　）分	34	28	82.4%	6	17.6%	1 元 = （10）分
10 角 = （　）元	34	33	97.1%	1	2.9%	10 角 = （100）元
没有人出错的题目	5 角 = （　）分　　80 角 = （　）元　　40 分 = （　）角 6 元 = （　）角　　10 分 = （　）角　　1 角 = （　）分 40 角 = （　）元					

　　课后调查发现，90%的学生喜欢在数学课上讲这个绘本，75%的学生希望以后的数学课上可以讲一些蕴含数学知识的绘本故事，47%的学生特别想多看些有关数学的绘本，还有50%的学生表示可以看一看这样的绘本。这些数据显示出学生对数学绘本融入课堂是非常支持的。另一方面，调查显示100%的学生能够知道本节课讲的主要知识，80%的学生觉得故事有意思，也愿意跟着小麦解决问题，65%的学生觉得数学课上讲绘本对数学学习是很有好处的。所以看出，学生们不仅喜欢阅读绘本，而且有数学方面的收获。由此说明，将数学绘本融入数学课堂确实能够促进教学效果的提升。

（二）课余——大量阅读数学绘本，积累学习经验

数学课堂上，仅仅在某个课例中利用数学绘本是不够的。我尝试利用午休、自习等课堂外的时间，组织学生阅读数学绘本，积累数学学习经验。

首先我们在大量数学绘本中，选择了三个系列绘本。

《熄灯时间到》是"数学帮帮忙"中的一本，故事情节很有意思，由一个小女孩想做小区里最后一个睡觉的人，开始记录并计算还剩几人没睡。其中不仅介绍了有关减法计算的不同方法，更吸引学生想读到最后看看最终是否成为最后一个睡觉的人。自习课上学生们一边读着故事，一边跟着主人公计算还剩几人没睡。随着情节的展开，学生们不仅练习了减法计算，同时感受到减法在实际生活中确实可以解决不少问题。在故事的结尾，小主人公第二天身体的不舒适，引导孩子们要早睡早起。这样的绘本故事有故事情节，又有德育渗透，同时还将减法计算方法整理了出来，可谓一举多得。

又像《卷发婚礼》《我和123》这样的低幼绘本，虽然数学知识很简单，但故事情节依然能吸引孩子看下去。在认识10之前，我们一起阅读《卷发婚礼》，等学到10的分与合时，他们自然就想到了借卷发器的情节；在认识钟表前，一起阅读了《滴答滴答当当当》，初步感受了时间，了解了孩子们原有的认知基础；在学习了11~20个数后，我们阅读了《我和123》，并让孩子们创编自己和数字的绘画。这些活动拉近了孩子们和数学的距离，丰富了孩子们对数学的理解，让我们的数学学习生动起来。

五、实践成果

（一）结合数学知识点，推荐数学绘本，形成书单

根据数学学习的四大领域，整理小学阶段需要学习的主要知识点，并将我们手中现有的数学绘本与教材相对应，形成推荐书单。

书单中整理出了蕴含数学知识和对应教材的位置。通过整理发现，教材中大部分内容都可以找到相应的数学绘本。随着我们不断补充数学绘本，会有更丰富的资源方便学生的学习。

主题	序号	书名	数学知识	对应教材
数与代数	1	我和123	数字	一年级上　第1单元
	2	一只脚蹦蹦跳	数的比较	一年级上　第3.5单元
	3	卷发剃礼	10的组合与分解	一年级上　第3单元
	4	这可不行	数的组合与分解	一年级上　第3.5单元
	5	奇怪的一天	数的组合与分解	一年级上　第3.5单元
	6	最小的风娃精	两位数组成	一年级上　第6单元 / 一年级下　第6单元
	7	笑眯眯阿姨的星星面包	加法	一年级上　第3单元
	8	彩虹棉花糖	减法	一年级上　第3.5单元
	9	毛毛虫的袜子	列式解题	一年级上　第5单元
	10	排排队	规律	一年级下
	11	滴答滴答当当当	认识钟表	一年级上　第7单元
	12	基摩的旅行	数的顺序	一年级上　第4单元
	13	小小外星人胶拉拉	整十个数	一年级下　第4单元
	14	嘟噜的叶子车	两位数计算	一年级下　第6单元
	15	喵喵猫尖尖猫翻翻猫	规律	一年级下　第7单元
	16	花妖精的生日派对	规律	一年级下　第7单元
	17	好奇王子和花花绿绿的毯材	逻辑推理	一年级下　第7单元
	18	破旧的卡车	三位数的组成	二年级下　第7单元
	19	猫咪的一天	分数	三年级下　第7单元
	20	多多拉把粉的日子	日期	三年级下　第4单元
	21	+-×÷变魔术	运算符号	
	22	比一比	比较	
图形与几何	23	请扫机器人站岗	立体图形	一年级上　第4单元
	24	图形星的怪样国王	平面图形	一年级下　第1单元
	25	找到啦	认识图形	一年级下　第1单元
	26	大头国王的王冠	测量	二年级上　第1单元
	27	小熊的鱼竿娃	长度单位	二年级上　第1单元
统计与概率	28	王牌汽车	统计表	一年级下
	29	小鬼加布	分类	一年级下　第3单元
	30	蜡笔的颜色大比拼	统计图表	一年级下　第3单元

主题	序号	书名	数学知识	对应教材
数与代数	1	哈利在哪里	序数	一年级上　第1单元
	2	欢乐的游乐园	奇数和偶数	一年级上　第1单元
	3	小记分员李利	数的比较	一年级上　第1单元
	4	高个子提姆	数的比较	一年级上　第1单元
	5	您打同到了吗!	减法计算	一年级上　第2单元
	6	甜甜的糖果屋	加减法	一年级上　第3单元
	7	小邮筒大忙	数数	一年级上　第4单元
	8	小气的托德	钱币	一年级上　第5单元
	9	超级眼镜	数字规律	一年级下　第7单元
	10	晚霜珠琦	规律	一年级下　第7单元
	11	小凯特的大收藏	加法计算	二年级上　第4.6单元
	12	我的小九九	乘法计算	二年级上　第6单元 / 三年级上　第6单元
	13	到点啦,麦克斯!	时间	二年级下　第7单元 / 三年级上　第7单元
	14	宇宙小子	位值制计数法	二年级下　第4单元
	15	每人都有份	除法计算	二年级下　第4单元
	16	100磅的难题	重量	二年级上　第8单元
	17	慢长的等待	估算	二年级下　第5单元
	18	上车啦!	时刻表	二年级下　第5单元
	19	保持距离	距离	三年级上　第5单元
	20	慢吞吞的泰迪	时间段	三年级上　第5单元
	21	游戏日	日期	三年级下　第4单元
	22	最佳午餐竞选	整数拆分	四年级下　第3单元
	23	来自夏令营的信	分数	五年级上　第4.5单元
	24	大雪大雪快快下	温度	
	25	寻宝总动员	翻倍	
图形与几何	26	宾果找骨头	方位	一年级上　第2单元
	27	猫咪城堡	立体图形	五年级下　第3单元
	28	摇滚数学豆	平面图形	三年级下
	29	小鸡搬家	周长	三年级上　第3单元
	30	山姆的脚印谜	面积	三年级下　第6单元
	31	外公的神秘藏宝室	坐标图	六年级上　第1单元
	32	外婆的针宝盒	分类	一年级下　第3单元
统计与概率	33	我们的校报	象形统计图	一年级下　第1单元 / 二年级下　第1单元
	34	倒霉蛋布拉德	概率	三年级上　第6单元 / 五年级下　第6单元
	35	马可的零用钱	条形统计图	三年级下　第1单元
	36	惊人的水痘	数据图表	三年级下　第3单元

主题	序号	书名	数学知识	对应教材
数与代数	1	摇钱树的秘密	比较和运算	一年级上　第5单元
	2	奇妙拍卖会	货币和计算	一年级下　第5单元
	3	疯狂的兔子	计算	一年级下　第7单元
	4	爱丽丝梦游意面园	计算	二年级上　第2单元
	5	国王的生日	数位	二年级上　第7单元
	6	0的苦恼	0与十进制	四年级上　第1单元
	7	水晶球与除法魔杖	除法	六年级上　第3单元
	8	被骄智斗俩偏桅	乘法和分数	六年级下　第2单元
	9	理发师的决斗	比例尺和分数	六年级下　第2单元
	10	乐队招募者	比例运用	六年级下　第2单元
	11	杰克与新魔豆	比例与测量	六年级下　第2单元
	12	动物拔河赛	对等	
图形与几何	13	拯救里欧国王	角度	三年级上　第2单元
	14	耶汉和魔术师	平面镶嵌	五年级下　第1单元
	15	海盗藏宝图	平面直角坐标系	六年级上　第1单元
	16	围剿圆周鬼	圆周率	六年级上　第4单元
	17	紧急圆桌会议	圆周	六年级上　第4单元
	18	艾默特岛探险	圆面积与周长	六年级上　第4单元
	19	破解灯塔之谜	勾股定理	
	20	寻找石中剑	欧拉公式	
	21	魔术纸条	莫比乌斯环	
统计与概率	22	头顶上的猫	概率	三年级上　第8单元 / 五年级上　第6单元

(二) 课堂上选取典型课例,将数学绘本引入课堂

孩子们在上课之后不仅有数学的收获,也有很多情感上的体验。

口口今天,18班的数学杨老师给我们上了一堂非常有意思的课,课上,她给我们讲了一个很有趣的故事《10笔》这个故事告诉我们做人都……

分类让我知道用yán色，形状和人的年líng和性别来分类。学会分类可以让我的生活gèngzhěng齐。

××今天听了数学故事告诉了我们分类的知识通过蜡笔之间关于小主人zuì喜欢颜色的争吵，从而jiāng分类的知识róng入进来，让我在有的的故事中，亲近数学走进数学。

（三）课堂外阅读数学绘本，积累学习经验，提升数学素养

在平时的学习生活中，我们还会利用午休、自习课等时间，带着孩子们阅读数学绘本。有时是老师讲学生听，有时学生讲大家听，或是每个孩子选一本自己看。在这样的活动中孩子们丰富了对数学的理解，提升了阅读素养。在阅读了数学绘本《我和123》后，孩子们用自己的画笔，绘出了心中那些"数字"。

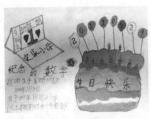

在经历数学绘本融入一年级数学教学的实践历程中，我们深刻地感受到一年级的学生很需要我们将数学绘本融入教学当中。课前，大量阅读数学绘本，积累学习经验；课中，选取典型课例，将数学绘本引入课堂；课后，利用数学绘本延伸课堂，提升数学素养。

"错误"也是一种资源

曹　芸

一、研究专题

小学高年级数学课堂教学中，如何有效利用错误资源。

二、观点聚焦

课堂教学中学生难免会出现各种各样的错误，新课改以来，虽然强调对错误资源的捕捉和有效利用，但仍然有部分老师为了追求课堂中的尽善尽美，对"错误"唯恐避之不及，总是想方设法不出一点差错。还有一些老师为了完成教学课时目标，对一些错误敷衍了事，一言带过，以免影响教学进度。这些问题使得错误资源被忽略，得不到重视。教师如何认识错误，采取怎样的处理方式，决定了教学错误是成为教学的"羁绊"还是教学的"资源"。因此，摆正教师对错误资源的态度，提高利用效率势在必行。

三、思考主张

在学校里，错误常常伴随着教学的始终，错误的出现有着异样的精彩之处。由于每个学生都是一个独立的个体，使得课堂教学成为一种动态的随机生成的过程。学生在学习中产生的各种各样的错误有时是教学中无法预料的，而这些无法预料的错误往往正是课堂教学的新契机，甚至是进一步促进学生思维发展的"点金石"。错误是学生学习的真实流露，是学生个性的表现。教师应以平和的心态对待错误的存在，且要善于捕捉并运用到教学中。

小学数学课堂中，错误极易产生，作为学生思维过程的真实展现，教师不应该排斥、回避，而是应该接纳、宽容。因为错误一旦被有效利用，将会成为有巨大利用价值的教学资源，有力地推进课堂教学。

四、实践特色

(一) 关注错误，引导辨析

数学学习是一个不断运用自己的知识经验进行自我建构的过程。学生需要的不是去复制别人的数学，而是去建构自己的数学。新课程提倡、鼓励教师给予学生更多独立尝试、自主探索的空间和时间。既然是探索过程，学生难免会出错。学生理解有偏差、思维不够深刻、看待问题的方式不同或操作方法不当时，教师若能指出学生探索过程中所犯的错误，让学生自己评价、辨析，一定能收到事半功倍的效果。

例如，在教学《圆的认识》一课中，针对"画圆"这一环节的实施，学生尝试在作业本上画一个圆。巡视之后，教师投影展示了一名学生的作品（圆弧首尾不相连），同时请这名学生介绍画圆的方法。

生：画圆的时候，圆规不能动。

师（示范）：我是按照他的方法画的，为什么没画成圆？

生：老师，您没有画成圆是因为圆规两脚都动了。

师：怎样才能画出一个圆？大家帮我总结一下画圆的方法吧！

在小组讨论之后，学生们积极地汇报了自己的观点。经过互相评价和补充，学生归纳出以下三点：(1) 针尖固定；(2) 圆规两脚间的距离不能变；(3) 笔尖旋转一周。在此基础上，教师让学生尝试着再画一个圆。学生有了前面的操作和经验总结，画起圆来显然得心应手多了。

巡视中，教师发现了两幅比较有特点的作品：一是圆心被戳破了一个大洞；一是圆的圆弧有粗有细，很不均匀。这时，教师马上调整了教学思路，再次投影了这两幅作品，让学生分析出现这些情况的原因。

生：针固定得太深，而且在转的时候把圆规按得太紧，所以才会戳出大洞。

生：转动圆规的时候，用力要均匀，这样圆弧就不会一段粗一段细了。

师：大家分析得很有道理。看来，仅仅画成圆是不够的，还要思考怎样才能把圆画漂亮。

学习是从问题开始的，甚至是从错误开始的。出错了，课程才能生成，就是在这不断辨析、反思的探究活动中，才更能体现课堂的鲜活性、生成性。

（二）预设错误，提升思维

在课堂教学中，教师要直面学生的非预设性错误问题，冷静处理，将其转化为服务于教学的资源。同时，教师还可以设计一些预设性的错误，让学生在经历错误的过程中比较、思考、质疑、探究、争论，使学生的思维和学习能力在错误的反思中得到进一步的提升。这样，我们的数学课堂会展现出更多理性的魅力。

例如，在教学《分数的初步认识》一课中，在学习了 1/2 这个分数后，安排了"探究几分之几的分数"的环节。

环节一：学生动手操作，折出你最喜欢的分数。

师：同学们已经认识了 1/3 和 2/3，老师有一道更具有挑战性的难题，你们愿意接受挑战吗？你要挑战的难题是：用课前小组长分给你的图形，折出你最喜欢的分数。要求：A. 折的次数不定，要求画出折痕。B. 涂出你想要的分数。

环节二：教师巡视指导。

环节三：小组合作。说一说你折的是哪个分数，这个分数表示什么意思。

环节四：交流反馈。展示不同的分数。

巡视期间，教师选择了表示 1/3、2/4、5/6、2/8、1/12 等分数的图形贴在黑板上，让学生看图介绍每个分数所表示的意义。最后，教师在表示 2/8 的图形上擦去一条线段，提问："涂色部分能用 2/6 表示吗？为什么？"这时，大部分学生马上意识到这里的 6 份没有平均分，不能用 2/6 表示。于是，教师乘胜追击，马上询问："可以怎么修改？"片刻的思考后，学生有了一些想法：可以补回擦去的那条线，涂色部分可以用 2/8 表示；可以把另一条对应的线段也去掉，这样就平均分成了 4 份，涂色部分可以用 1/4 表示……在这个过程中，平均分的概念深入人心，得到了强化，同时也发展了学生的发散思维能力。

（三）依托错误，培养数学观

教学实践中发现，部分学生面对自己学习中的错误，不知道该如何发现问题，不会有效纠正自己的错误。这些观念对学生的数学学习会产生消极影响。教师通过指导学生冷静的分析、反思、总结，以"误"养"正"，把学习过程中产生的错误当成一笔难得掌握的知识，磨炼意志，将会更加有利于学生形成严谨、科学的数学观。

学生数学观的形成并非一朝一夕之事，跟平时的学与教密切相关。教师应常对学生进行"挫折"教育，帮助他们正确对待学习中的错误。在教学中教师不要掩盖解决问题时所经历的曲折或失误，使学生有机会了解真正的思维过程，进而明白学习过程中出现错误是正常现象。教师还应引导学生以积极的态度对待学习中出现的错误与疏忽。虽然错误与疏忽很容易使人生气或泄气，但更要看到这是完善认知结构、提高能力的一个好机会，错误是有意义的学习所必不可少的。如果学生有了这种积极的态度，不仅对数学学习有益，而且可以增强学生的自我意识和培养社会责任心，培养学生形成良好的人生态度。

五、实践成果

（一）转变观念，让错误体现价值

1. 善待错误，显露学生思维过程

在学生出错时，要适时改变课前的计划和安排，让学生勇于说出自己"错误"的想法。因为在学生的"错误"之中可能蕴含着创新的思维，闪烁着智慧的火花。

2. 利用错误，寻找教学的真正起点

教师必须从学生错误的暴露和呈现开始，把它作为教学的真正起点，应该站在学生的立场去"顺应"他们的认识，掌握其错误的思维过程，弄清学生错误的根源，以便对"症"下药，适时寻找教学重点，改变教学策略。

3. 利用错误，进行对比延伸

面对学生无意中犯下的错误，教师应当顺势诱导学生将错题解答，引发学生的认知冲突，引导学生进行比较，探索出错误的根源，使学生的知识得到巩固延伸，让学生学会对比总结的学习方法，不仅有利于促进学生自主学习，而且有利于学生的发现意识培养和创造性思维的发展。

（二）积极反思错误，构建互长课堂

1. 学生反思，完善认知

教师在课堂上应该有针对性地引导学生进行反思，学生通过反思，对完善自身的认知具有良好的促进作用。

2. 教师反思，促进专业成长

在课堂教学中，不但学生要反思，教师更要反思。当课堂上出现来不及处理的错误，教师需要在课后进行深刻的反思，通过教师的反思，才能更好地实现教学相长，促进师生共同成长。

问题引领学习

范　鹏　王　颖

一、研究专题

小学数学应用问题引领学习方式，提升学生的问题意识，促学生的主动发展。

二、观点聚焦

"问题是数学的心脏""问题是数学发展的动力"。从一定程度上说，数学的发展史就是不断发现问题、提出问题、解决问题从而发展数学的思想方法，形成一定理论的历史，如此不断地循环往复。学生不愿问问题，原因在于我们长期使用简单的课堂灌输的教学方法，学生习惯成为一个纯粹被动接受者、记忆者。即便提出问题，也多是教师提出问题，关注学生如何作答，忽略了学生的主动发展和成长。因此，将学生能否发现问题、提出问题、分析问题、解决问题作为我日常教学工作的重心。

三、思考主张

转变课堂教学模式，采用问题引领式教学方式，把质疑提问、培养学生的数学问题意识、提高学生提出数学问题的能力作为数学教与学活动的起点和归宿，希望"把零问题的学生教成有问题可提的学生"。

而问题引领式的学习方式，正是在"以学生发展为本"的新课程理念的指导下，通过充分发挥教师主导作用，创设平等、和谐、民主的课堂氛围，把学习置于问题之中，让学生自主地感受问题、发现问题、探究问题，为学生充分提供自由表达、质疑、探究、讨论问题的机会，学生通过个人、小组、集体等多种解难释疑的尝试活动，实现知识的意义建构，促进学生认知、技能、情感全面发展。

四、实践特色

本研究借鉴了马赫穆托夫"问题 - 发展性教学"理论，将教学分为五种水平，其中"教师提出问题——建立问题情景——学生进行独立的研究性探索——最后解决问题"是"问题 - 发展性教学"中最能发挥学生主体作用的一种方法。这一理论系统地探究了问题教学的本质以及认识论基础、心理学基础、方法体系。其一般呈现方式为：创设情境，提出问题——自主探究，解决问题——及时反馈，拓展巩固。

问题引领式教学流程如下图所示。

创设数学情境——提出问题——探究解决——得出结论——运用结论解决问题

例如，《玩转三角板》——四年级《角的度量》教学后，书后有一道练习题目：你能用三角板画出下面各角吗？

15°　30°　45°　150°　165°　75°

针对这个问题，设计了以下的教学活动。

（一）创设情境，提出研究问题

1. 出示：一副三角板。你能说出上面的角度吗？

2. 除了你看到的角度，还能找到其他的角度吗？

（1）生汇报：75°。

（2）他又说出了一个新的度数，你知道他是怎么想的吗？（30°＋45°）

3. 新度数的出现，对你有启发吗？你有什么想法？

生：像这样的度数应该还有很多。

4. 到底还有哪些度数呢？

教学活动

问题的情境	单一度数	组合度数	分享中
情境的特点	直观的	借助关系得到	数量有所增加
问题的特点	单一的，简单的	有启发，有价值 可以推进研究	推进研究
教师干预	1. 你知道他是怎么找到新度数的吗？ 2. 在他的启发下你有什么新的想法？ 3. 梳理你的想法，在纸上把你想到的所有答案标出来。		

问题是学生继续学习的发展动力，在问题驱使下，展开了下面的研究。

（二）自主探究，找到结论

1. 动手操作，借助实物拼摆，找到新的角度，并进行记录。

2. 伙伴交流，展示不同的思路。

通过伙伴间的交流梳理思路：通过和差找到的不同的角度，直接得到：30°、45°、60°、90°，通过和差得到：15°、75°、105°、120°、135°、150°、165°、180°，共计 12 个。

3. 课堂生成问题动态空间，新问题引发深入探究。

（1）仔细观察，你发现了什么规律？

（2）学生质疑：既然大部分的角度都相差 15°，那空缺 15°和 165°能不能也借助三角板找出来？

（3）发现：借助差的关系可以得到：15°、165°，最终完成。这回验证了它们之间真的都是相差 15°的关系。

4. 成果展示。通过同伴的交流、动手操作、在纸上有序地呈现出所有的可能。

仔细观察，你发现了什么规律？

 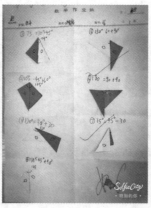 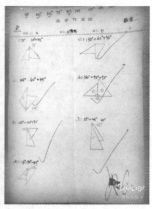

五、实践成果

1. 学生提问成为引领课堂发展的动力

我在自己的教学中有意识地引导学生多思考，努力尝试提出问题。很多同学提不出问题，是因为不知道哪里可以提问题。在多类型的教学中，我引导鼓励孩子尝试质疑。让他们知道，问题可以在教材的重点难点知识上提出、在解题分析的过程中提出、在实际生活的应用中提出、在观察实验的验证中提出、在错误中提出等等。课前、课中、课后充分利用问题，并不断提出新问题，在课堂上形成动态问题空间。

2. 教师干预提升学生问题意识和提问能力

经过一个学期的培养，学生的问题不仅丰富多样，而且有深度、概括性较强，为后续的自主学习提供了丰富经验。

3. 学生自主学习的愿望和能力得到培养

在研究过程中，不同的学生在不同的程度上提高发现和提出问题的能力和水平。

（1）使学生敢问、好问，培养学生乐于发现问题，勇于提出问题。

（2）使学生会问，培养学生用数学的语言提出具有数学价值和意义的问题。

（3）使学生问得精当，培养学生提出有真知灼见的创造性的问题。

小学数学教材内容重构的个案研究

赵 蕊

一、研究专题

教材是教师教学的载体，教师如何使用小学数学教材，直接影响了课堂教学的质量。教师对小学数学教材的理解和重构就成为关键环节。教师应依据课程标准的基本理念，在理解尊重教材、把握学生实际情况的基础上，对数学教材内容进行重组、创造，在实践探索中实现对教材的超越，以促进课程教学的高效实施，从而真正实现减负增效。

二、观点聚焦

教学内容是课程的重要物化形式和载体，"教师使用教材"隶属于课程实施领域。随着基础教育更加关注核心素养的培养与落实，尤其是集团课程改革后，核心课程的数学课要用80%的课时完成100%的目标，教师与教材、课程标准之间的关系重新得到审视。教材承载的课程价值需要通过教师来实现。教师如何创造性地使用教材，关系到课程实施质量的好坏。因此，教师对教材的理解和重构就成为关键环节。探究"教材内容重构"的内涵，探索"重构教材内容"的策略体系，促进教师教学观念和学生学习方式的转变，培养师生的创新意识，以促进学生生动活泼、全面和谐地发展。

三、思考主张

（一）影响数学教材内容重构的因素

1. 指导标准

课程标准是教师创造性使用教材的指导性标准。它是在《基础教育课程改革纲要试行》的指导下编写的，是数学学科教育目标的具体化，体现了数学学科对学生的基本要求，是教学和培养学生学科素质的主要依据，对教学具有重要的指导性。教师作为学生学习的指导者，在使用教材时，首先要考虑课程标准的培养目标和具体要求，以防止偏离教学目标，实现"教教材到用教材教"的转变。

2. 学生情况

创造性地使用教材，必须根据学生的认识水平、心理特征、学习规律而定。数学教学不单单是完成教材上的教学内容，更重要的是发展学生的数学素养。我们的学生有各自的特点，即使在同一个班级，学生之间也存在着差异。在使用教材的过程中，要依据学生的自身情况而定。这是创造性地使用教材的出发点，使得教学更具有针对性，同时也提高了教学效率。

3. 教师素质

创造性使用教材的关键在于教师的素质。首先，教师应不断地自我学习，具备先进的教育理念，做一名勤思考、爱探究的教师。其次，教师还应具备研读教材、整体把握教材体系的能力，了解每一学段的教学目标和教学内容，这样分析处理教材才能得心应手。

（二）实施数学教材内容重构的策略

1. 改编教材策略

改编策略是教师根据学生的需要主动调整教学素材的一种策略。教师客观地把握和处理教材，从学生的实际情况出发，把教材中的问题情境或是题目中的数据做出适当的调整。这样既可以有效地激发学生的求知欲望，又发展了学生的数学素养。

2. 重组教材策略

重组策略是根据学生的学习需要，对教材内容进行有序地归纳、概括和综合，使其更系统化、结构化、层次化，帮助学生形成完整、立体的知识网络。重组教材既包括对不同学段间教材教学内容进行组合，也包括同一学段不同单元教材教学内容进行组合。教师通过重组教材，能更好地解决教学重难点，使得教学活动顺利、和谐地进行，以帮助学生形成完整的知识体系。

四、实践特色

（一）学段整合

教师把不同册书或同一册书的多个单元的知识点融合在一个题目中，

为今后的学习做了有效铺垫。教学应着眼于学生的最近发展区，为学生提供带有难度的内容，调动学生的积极性，发挥其潜能，超越其最近发展区而达到下一发展阶段的水平，然后在此基础上进行下一个发展区的发展。这正符合我国教育界很流行的一句话"摘挑子，要让学生跳一跳"。

1. 小学数学数与代数领域的整合

例如，在小学数学人教版第 3 册数学书中编排了乘法意义的内容。

教学到这个环节可以引申乘法分配律的含义，如 2 个 6 加 3 个 6 是 5 个 6，这样当学生到了四年级学习乘法分配律的时候就水到渠成了。

2. 小学数学空间与图形领域的整合

例如，在小学数学人教版第 6 册数学书中编排了长方形面积的内容，第 9 册数学书中编排了平行四边形面积的内容。在练习长方形面积时，可以通过割补法有意让学生转化为平行四边形面积，为后面的学习埋下了种子。

（二）延展整合

延展学习是指旧的知识拓展到以后要学习的重点知识。在教学设计中注重融入即将习得的知识，适应不同需求的多样性学习空间的构建，从知识规律中获取知识的"境教"式学习。

例如，第 1 册数学书中编排两个相同的数相减的内容。

如：$6-6=0$；$10-10=0$。教学时教师可以让学生找规律，拓展 $100-100=0$；$302-302=?$　$a-a=?$　$x-x=?$ 学生不仅理解了减法的含义，拓展了大数的计算，难能可贵的是学生还可以用字母表示数，将数学知识建模。

又如，第 8 册数学书中编排了四则运算，呈现数量关系。

被减数＝减数＋差，这时教师不妨把第 9 册的简易方程 $X-159=603$ 抛给学生，使得学生的知识是连贯的。

（三）方法整合

方法整合是指通过巧妙的设计使题目得到解决。用学生已有的旧知识，引导学生认识新知识的生长点、新旧知识的衔接点和转化点，只有这样才能真正地突出重点、突破难点。

例如，第 4 册数学书中编排了除法的含义、除法应用题。

如：9 块橡皮 27 角钱，每块橡皮几角钱？这样的数据在题目中出现，对于二年级学生而言，他们没有学过 $9×27$ 这样的两位数乘法计算，导致孩子们在做题时根本不读题，看见两个数就写除法，更不会去思考除法的含义。基于以上现状，教师重新设计题目的数据，迫使学生在做题时不得不分析数量关系，从而加深对除法含义的理解。

如把题目变为：9 块橡皮 3 角钱，每块橡皮几角钱？a 块橡皮 c 角钱，每角钱可以买几块橡皮？到了高年级学生再遇到这样的问题"9 小时浇地 4.5 公顷，每小时浇地多少公顷？每公顷需要几小时？"，学生就不觉得难理解了。

（四）复习整合

复习整合是指新的知识增加以前复习学过的难点知识。同一个题目练习多个知识点或者可以用不同的方法来解决。在数学复习教学中，选好一道例题，通过一题多思、一题多解、一题多讲的方式，可以巩固学生知识，训练学生思维，开拓学生视野。

例如，第 8 册数学书中编排了乘法分配律。

如：$167 \times 2 + 167 \times 3 + 167 \times 5$。教师不如改成 $15.72 \times 7.8 + 0.22 \times 157.2$，这样一来既学习了乘法分配律的新知识，又复习了第 6 册数学书中的小数加减法、第 7 册数学书中积的变化规律、第 8 册数学书中小数点位置移动，还增强了学生的数据分析能力以及数学运算能力。

又如，第 9 册数学书中编排了梯形面积。

我将题目变为"梯形菜地面积是 0.729 公顷，高 1350 分米，上底 36 米，求下底"。这样用方程求高、梯形面积公式、单位换算、商中间有零小数除法计算等众多知识点又得到了复习。

再如，第 9 册数学书中编排了简易方程。

如：鸡、兔同笼，共有 18 只。已知鸡、兔共有 40 只脚，问鸡、兔各几只？教师可以拓展列表法、假设法、方程法、面积法等多种方法，一是开拓学生思维，二是适合不同层次的需求。

五、实践成果

经过一系列的理论研究、行动研究与经验总结，开展"小学数学教材内容重构"这一课题研究的效果已初步显现。

1. 节约了学生和老师的时间

课堂教学的时间是有限的，教师的精力是有限的，学生的时间更是宝贵的。这样可以花费最少的时间获得学生最大的发展，提高课堂教学的有效性。

2. 师生间产生了积极情感，学生不容易厌烦

由于教师总是设计一些一题多用的作业，提高了学生的学习效率，同时学生的作业量也就小了很多，自然学生就不会厌烦，对数学产生了浓厚的兴趣。

3. 提高了学生的学习能力，也提升了教师的专业素养

学生长时间得到这样的整合训练，他们能够扎实地掌握数学基础知识和基本技能，更促进了他们抽象思维、推理能力、创新意识、实践能力的发展。更重要的是教师业务水平也不断提升，他们敢于创新，敢于将教学方式进行新的突破。提高了自己的专业素养，随着教师教学工作经验的积累，在课堂教学工作中开始摆脱模仿的束缚，逐步进入探索阶段，丰富自己的内涵，使自己具有较高的教学水平和科学素养。

减负背景下基于元认知策略的小学数学
个性化作业设计行动研究

梁　英

一、研究专题

通过对学生元认知操作过程正向干预的小学数学作业设计，提高学生元认知操作技能，从而提高学生自我导向学习能力。

二、观点聚焦

在国家一系列"减负"政策的指导下，作为一线教师有责任、有必要在教学实践中开展研究，总结经验。在减负政策背景下，老师和学生面临的第一个问题就是家庭作业的问题。不留书面家庭作业，仅在学校课堂上完成学习任务，是否能达到预期的教学目标？学生学习的有效性怎么保障？家庭作业是一点不留，还是根据学生学习需求针对性地设计适合孩子的作业？这些问题都需要一线教师在实际工作中不断摸索和总结。于是，在"减负"政策背景下，我不断摸索和实践，总结出一套基于元认知策略的小学数学作业设计模式。

利用元认知策略进行教学指导的研究已经有不少一线老师做过，但是利用元认知策略指导作业设计，并最终提升学生自我导向学习能力的研究还没有。那么，在减负背景下，在个性化作业设计中，学生的元认知意识和元认知操作技能如何培养呢？

按照学习策略的构成成分，可分为情感策略、认知策略和元认知策略。元认知策略是对自己认知过程的认知，简单地说，就是个体知道自己在想什么、干什么、干得怎样及其情感体验。元认知策略在策略学习中发挥的主要作用包括学习目标的确定与修改，学习策略的采用与取舍，基本策略运用的控制、评价或纠正，以及学习结果的检查与反馈，以保证有效地达到学习目标。所以，元认知学习策略是调控、改进其他学习策略的核心策略。

本研究中的数学个性化作业，是指在作业设计内容方面，针对学生个性情况，设计适合学生自身的作业，每个学生根据自己不同的学习情况，去完成自己的个性化作业。学生完成作业的过程，是自主学习能力的建构过程。

三、思考主张

1. 通过个性化作业设计可以提高学生的元认知学习意识。

2. 通过对学生元认知操作过程正向干预的小学数学作业设计，可以提高学生元认知操作技能，从而提高学生自我导向学习能力。

小学数学作业设计

小学数学作业设计	错一练三	自我分析和诊断	提高学生元认知学习意识	清晰任务意识
				掌握材料意识
		有针对性地出题		把握自我学习特点意识
				自我调节意识
	集错本	集什么错	增强学生元认知操作技能	学会计划和安排学习活动
		怎么集错		明确学习目标、对象、任务
		集错本怎么用		选择合适的学习方法
	单元小报	梳理内容		学会排除学习干扰因素
		梳理形式		学会自我检查、反馈、评价
		梳理评价		学会反思和总结

四、实践特色

1. 依托"错一练三"数学个性化作业，提高学生元认知学习意识和学生元认知操作技能

改错本样例如下图所示。

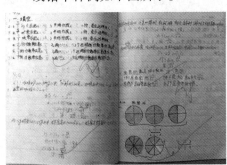 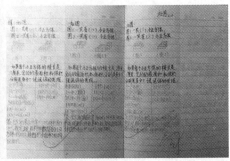

"错一练三"简单地说，就是错一道题，练习三道题。具体研究操作

如下。

（1）自我分析和诊断。在改错之前，对自己的错题进行分析和梳理，老师给予相应的分析指导，逐渐提高学生自我分析和诊断的意识和能力。在这过程中，进行学生的"把握自己学习特点的意识""自我检查和诊断的意识"等方面的元认知意识培养研究。

（2）有针对性地出题。

①出什么题的研究。

学生当天错的题，经历上一环节的自我分析和诊断之后，学生找到了错误的知识点类型是什么，或者错误的知识点本质是什么，或者错误的解题方法类型是什么。因此，学生在老师的指导下，就会对出什么题有判断了。要出那些反映自己问题点的类型的题。

②出的题怎么来。

在老师的指导下，学生针对错的一道题进行出三道题的练习。那么，这个题怎么来呢？可以在习题集中去找，也可以自己编制个性化练习题。

在上述过程中，进行学生"掌握材料意识""明确学习目标、任务、技能""自我反思和总结"等元认知意识和元认知操作技能的培养研究。比如，督促学生深入反思和总结，积累类似场合能用的经验，吸取教训，避免再犯同类错误；学会对活动进行计划和安排，为学习活动做好各种具体准备。

2. 依托"集错本"数学个性化作业，提高学生元认知学习意识和元认知操作技能

集错本样例如下图所示。

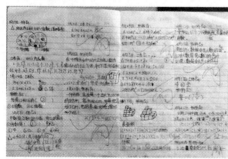

在"错一练三"的练习中，学生的数学作业更具有目的性和个性化，有利于孩子扎实地掌握当天的数学知识。如果自行练完三道同类型错题后，仍没有掌握，那就暂时搁置。这样又产生了集错本。集错本上把每天的错题抄下来，攒到周末做，这样在周末做这一周的错题时，及时发现自己在当天经过"错一练三"后仍不能做对的题目。

（1）集什么样的错的研究。从以下三个角度集错：不同知识类型的错题；错误率复现高的题；当天出现的错题。学生把错题进行分析和分类，进行集错，这是一个对错题再认知的过程。

（2）怎么集错的研究。每天集当天的错题，每周再把一周中仍出错的错题集一遍，并在周末反思本周仍然出错的错题知识点和解题错误类型。学生根据周末的分析和总结，进一步自我学习研究，并寻求帮助，最终把错题弄明白。

（3）怎么用集错本的研究。错题本还是学生量身定制的一个期末复习资料。学生在集错本中对这一学期的错题进行积累，到了期末复习阶段，可以拿出来进行针对性的复习，这是学生自己的难点和易错点的复习资料，每个学生都不一样。

在上述研究过程中，进行学生的"清晰任务意识""自我调节意识""掌握材料意识"等元认知意识的培养，进行"学会计划和安排学习活动""学会自我检查、反馈、评价""选择合适的学习方法"等元认知操作技能的培养。比如，学生学会对活动进行计划和安排，为学习活动做好各种具体准备；学会根据学习内容的特点和自己的学习特点选择合适的学习方法；学会对学习状况及效果进行检查、反馈与评价，注意学习中出现的错误，并能认真分析，及时补救。

3. 依托"思维导图单元梳理"数学个性化作业，提高学生元认知学习意识和学生元认知操作技能

思维导图单元梳理样例见下图所示。

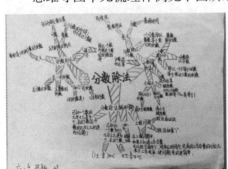
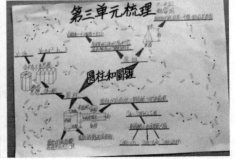

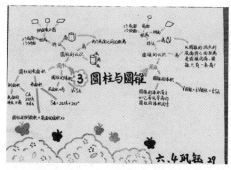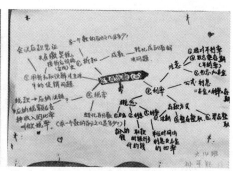

思维导图是一种有效的图形思维工具，它能把人们大脑中的想法用彩色的笔画出来。它运用图文并茂的技巧，将左脑的逻辑、顺序、条例、文字、数字，以及右脑的图像、想象、颜色、空间、整体思维等各种因素全部调动起来，充分运用左右脑的机能，开启大脑的无限潜能。因此，它能将孩子们抽象复杂的思维过程变成看得见的颜色、线条、形状等具体的画面，孩子们感受抽象概念的同时也学会分析、整理、反思自我。

（1）单元梳理内容的研究。学生通过思维导图的形式，把一单元的知识点进行勾连。包括概念的勾连、知识分类的勾连、解决问题类型的勾连、易错点的整理等，使得一个单元的零散的知识碎片，形成一张体现逻辑关系的知识网。单元梳理思维导图的背后，体现的是学生对单元知识体系的深刻认识。

（2）单元梳理形式的研究。梳理形式，主要采用思维导图的方式。学生在不同的年级段，教师对学生的思维导图梳理技能的指导和要求不同。

（3）单元梳理评价的研究。给学生展示的机会，包括课上邀请学生对自己的思维导图进行介绍，课后学生作品展览，邀请家长对学生作品进行关注和评价等。

在上述研究过程中，进行学生的"学会总结和反思"的元认知技能的培养，最终达到学生自我导向学习能力的培养。比如培养学生能够明确学习的目标、对象和任务，讲究学习策略。

五、实践成果

为了测量研究效果，除了分析学生作品和学生行为之外，我们还对学生进行了阶段性的问卷调查和访谈。问卷分为学生问卷和家长问卷，见下图。

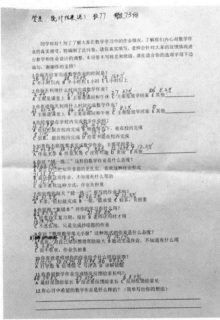 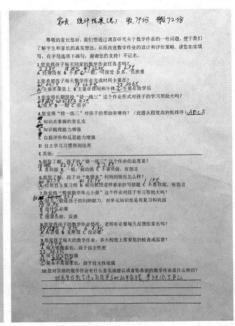

学生问卷发放 77 份，收回 77 份，有效问卷 73 份；家长问卷发放 79 份，收回 79 份，有效问卷 72 份。学生问卷设计选择题 11 道，1 道开放题；家长问卷设置选择题 9 道，开放题 1 道。

针对"错一练三"这项作业，从第 6 题和第 7 题的统计图来看：有 56.1% 的同学认为"错一练三"能让自己把知识掌握得更扎实，喜欢这种作业形式；有 31.5% 的同学觉得每天要写的"错一练三"作业不多，能轻松完成；有 56.2% 的同学觉得每天要写的"错一练三"作业量一般，能承受。这说明大多数同学还是很认可"错一练三"这项作业的，而且愿意去做，认识到这项作业对自己的帮助。

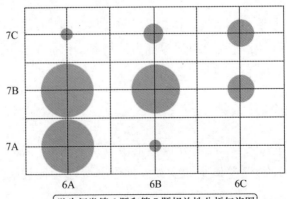

学生问卷第 6 题和第 7 题相关性分析气泡图

　　学生问卷第 6 题和第 7 题的相关性分析显示：第 6 题和第 7 题的相关性结果基本呈现正相关的趋势。第 6 题（你对"错一练三"态度）是 A（能让自己把知识掌握更扎实，喜欢这种作业方式）的学生，在第 7 题（你觉得每天"错一练三"要写的作业多吗）中，大部分学生选择了 A（不多，轻松能完成）和 B（一般，能承受）。这说明，喜欢"错一练三"这种作业方式的学生，大部分都是能够在学校完成作业的，没有过重的负担感。从正相关趋势看，越不喜欢"错一练三"这种作业形式的学生，越觉得"错一练三"作业负担重。这也说明，针对不喜欢"错一练三"的学生、觉得负担重的学生，教师应该进行进一步分析和作业策略调整。

让数学好玩起来！

刘伟男

一、研究专题

促进小学"数学好玩"的教学策略研究。

二、观点聚焦

2002 年 7 月 30 日，数学大师陈省身先生为广大青少年题词——"数学好玩"。这四个字表达了陈先生个人学习和研究数学的体会，同时也饱含了陈先生对数学教育的期待。15 年过去了，我们的数学教育是否让学生感受到了"好玩"呢？

上海学生在 PISA 测试中，连续两次数学素养测试成绩全球第一。但在后续的研究中发现，他们对数学学习的兴趣却是倒数的。也就是说，学习成绩好的学生不一定喜欢数学，由此还引发了"中国学习者的悖论"这一问题。

刘坚教授也曾谈论过一个例子：浙江当地一位具有中学数学特级教师背景的教研院院长向他反映，现在小学高年级开设选修课时，选择数学选修课的学生已经很少了，他对此表示深深的忧虑。

从这两件事情中，我们可以发现，不管学生的数学学习成绩如何，最后他们都不喜欢数学了。

小学教育阶段，是学生学习刚刚起步的阶段，我们不能让学生在起步阶段就怕了数学、厌了数学。这种状况必须有所改变！

三、思考主张

新课标明确指出："数学是人类文化的重要组成部分，数学素养是现代社会每一位公民应该具备的基本素养。"而《小学数学核心素养》中提出数学人文，意指对数学的持久兴趣与好奇。

小学阶段，学生对数学的兴趣、爱好、自信，以及经历由现实问题逐步发展成数学问题，并尝试用原有知识经验处理问题，让学生始终保持对数学世界的好奇心和求知欲，要比学会某个知识点、获得某个高分数重要得多！

把"数学好玩"融入平日的教学工作中，力争让每一位学生最终都能发展为陶醉在数学学习之中（获得精神上的愉悦）并体验到数学魅力所在（感受到数学本质的美）。

"数学好玩"教学策略的研究意义在于梳理、探索出一套小学数学教学好玩的有效策略，提高学校数学学科快乐教学的整体效果。

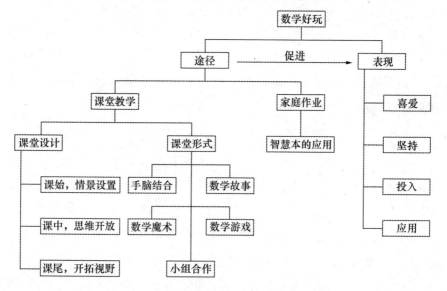

四、实践特色

（一）让"情景"变得好玩

为了数学的好玩，情景须别开生面。所以，有了以"星球开发"为情景的《认识面积》一课。从星球开发引入，在比较地盘大小中逐步深入地认识"面积"，课尾的"没有一张世界地图不失真"这一话题，又将学生探索、求知的兴趣延续到了课下。

为了数学的好玩，情节须自然合理。所以，有了以"寻找魔法石"为

情景的《用数对确定位置》一课。由一个点到一排点，再到面上的点，最后到体中的点，在游戏中感受点、线、面、体的逻辑顺序，通过推理寻获用"数对"确定位置的规则。

为了数学的好玩，课尾须余味无尽。所以，有了以一封"密信"结束整节课的设计。当确定密信内容就是"下课了"三字时，课堂戛然而止，而学生们不愿起立、离开。他们感受到的不仅是数学知识的简洁、严谨，更是数学的有用与好玩！

	1	2	3	4	5	6	7
6	今	天	的	语	文	课	上
5	我	们	学	习	了	卖	火
4	柴	的	小	女	孩	，	故
3	事	是	：	下	着	雪	，
2	天	黑	了	，	这	是	一
1	年	的	最	后	一	天	…

密信

(4,3)

(6,6)

(3,2)

孔夫子有云："知之者不如好之者，好之者不如乐之者。"让情景变得好玩，让学生们以"数学课堂"为乐，享受其中，数学就自然收获其中，数学学习定会乐在其中！

（二）让"环节"变得好玩

1. 将错就错，变好玩！

教学《万以内数和亿以内数的读法》时，学生们对于"0"读不读的问题，显现出特别的兴趣，不停地窃窃私语、浅笑莞尔。一了解，我才知道，原来学生们把"读"想成了"毒"。

在学校"给学生无限可能"的教育理念引领下，面对学生们课堂上的这种"旁逸斜出"，我将错就错，直接在课题的位置板书：哪儿有"毒"？

一节课下来，学生们不仅讨论出了"0"在数中什么位置上有"毒"、什么位置上没"毒"，还得出了"毒性"的大小——若某一数级上连续出现几个"0"，而只读一个"0"，那么毒性较大。此后的练习中，当有同学出现类似错误时，其他同学就会开玩笑："哈哈，你中毒啦！"谐音错误成了强化记忆的有趣"魔棒"！

2. 思维开放，变好玩！

在备六年级《瓶子的容积》一课时，设计了这样一道题：

把瓶子装满水后，全部倒入底面面积为 28.26 平方厘米的容器中，水面升高 13 厘米，求瓶子的容积？

对于求容积、体积的题目，六年级学生练习得太多了，列出式子"$28.26 \times 13 = 367.38$（立方厘米）"，甚至都不需要思考，条件反射即可。我先看看学生列出的算式，然后停顿一下——

师：有问题吗？

生（众）：没问题！

师：这个可以有！

生（众）：这个真没有！

教师不再说话，看看题目，摇摇头。学生们有些犹豫，看着自己的算式，思考起来……此时，课堂无声胜有声！

学生李骏潇：大家再读一遍，题目说把瓶子装满水后倒入容器中，水面升高 13 厘米，万一，假如，这个容器高度只有 10 厘米，那这个水面升高 13 厘米，那这个是……就无法解释了。

学生马紫晨：我觉得这道题没有说明容器是什么形状的，假设容器是下头宽上头窄，或者乱七八糟的样子，那也不行呀。

教师随即投影出瓶子图片。

同学们如梦初醒："哦！"课堂上响起了热烈的掌声！有大胆的学生说："刘老师，你诓我们！"

师（笑而不答）：咱们班平时都那么爱动脑筋思考，怎么今天栽在这里，没发现这个问题呢？

……

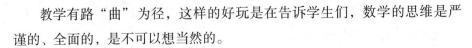

教学有路"曲"为径，这样的好玩是在告诉学生们，数学的思维是严谨的、全面的，是不可以想当然的。

（三）让"作业"变得好玩

数学离不开作业练习，数学的好玩也应当在作业中有所体现。除了平时教学规定的一般作业之外，我常常会给学生们留一些额外的"特别作业"。

1. "烤"出来的数学

我们一家人在"江边城外"吃烤鱼，直到吃完结了账，也不知道今天的鱼有多大？在和丈夫的闲谈中，我竟然"聊"出了一道题——

智慧本明天发，明天再写吧！

再来一题：
孩子们，你们吃过"江边城外烤全鱼"吗？刘老师和丈夫刚刚一起吃完。丈夫结账一共204.88元。
我："今天的江团鱼多大？"
丈夫："哟，我没看。"
我："怎么没看呢？去前台再问一下。"
丈夫："你不是数学老师吗？你不能自己算吗？"
……
哈哈哈，孩子们，你们能帮我算算今天我们吃的江团鱼有几斤吗？
（我们点了一份烤鱼、外加一份土豆条和一份海带。凉菜点了麻酱拉皮一份，皮蛋豆腐一份。）

一道较复杂的问题就这样应运而生，学生们解答起来可是津津有味。我们常说学生要有善于观察、发现数学的眼睛；我们常告诉学生，生活中处处有数学。作为教师，我们是否先观察到了、是否先发现了数学呢？我愿意做学生的榜样。

2. "520"的爱

当别人在秀红包的时候，我们却秀出了"数学"的魅力！三年级"520"我留这样的计算题。四年级学生学完"字母表示数"的时候，一模一样的题我要再留一次：每个人想到的数都不一样，为什么最后却都能殊途同归呢？其中的机密你能破译吗？

孩子们，你们知道吗？今天是一个特殊的日子"520"，数字"520"表示"我爱你"；"一生一世"也可以用数字"1314"表示。这样的例子还有很多，如果你感兴趣可以上网搜一搜。今天在这个表达爱的日子里，我也有一句话想和你们说，想知道我要说什么吗？就藏在下面的算式里，你能猜出来吗？

心里想一个数，用它加52.8，然后再乘以5，减去3.9343，再乘以2，减去心里想的那个数的10倍！就是我想和你们说的话。

3. 给《新京报》纠错

教学《24 时计时法》那天，我下班到家吃荔枝。碰巧，剥剩的荔枝皮扔在报纸上时，我发现了这样的问题——2016 年 6 月 3 日当天的天气预报，居然是 6 月 3 日 18 时提供的！

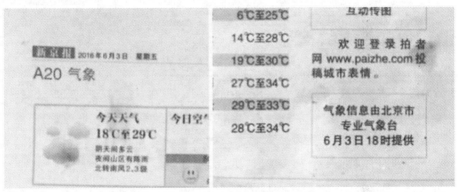

为此向学生提出问题：仔细查看两张图片，你发现报纸哪里错了呢？你觉得应该怎样修改才是对的呢？

像这些"特别作业"还有很多……孩子们把这些"特别作业"称之为"智慧题"。他们说，"特别作业"帮他们思考长智慧，好玩寻开心。虽然"智慧题"不常留，留了之后也是弹性要求：可做可不做，可多做可少做，可当天做可过几天做。但是，学生们热情却很高。连着几天没留，就会有孩子追着来讨："刘老师，怎么还没有智慧题啊？"答应留一道，全班同学都会高声欢呼："耶，太好了！"

五、实践成果

卢梭说过："教育的艺术是使学生喜欢你所教的东西。"斯宾塞主张："教育要使人愉快，要让一切教育带有乐趣。"

学生喜欢我教的数学吗？他们是否感受到学习的乐趣了呢？

这是已经毕业两年的一位学生家长给我发来的微信。

> 谢谢刘老师！您还好吧？小洪上初中后，多次在作文中提到您，回忆那些难忘的美好时光。现在您在他的中学老师那里是声名大振，他们语文老师还专门给打电话，询问到底是怎样的一位老师，让孩子有如此炽热的情感，一再地提及，久久难忘。我只能说，那是出于老师对于孩子的真挚的爱和尊重。

> 刚刚结束的期中考试，小洪的作文：那段充满尊重和信任的时光，写的就是您，还引起全年级语文老师的大讨论。

学生作文内容大致如下：

> 试卷签完字，就收回去了。我只记得下面几段话，我觉得孩子写得特别好：第一段：每个人的人生中都会有段难忘的时光。而我最难忘的时光就是小学时那段充满尊重、信任和天真的时光。第二段：这段时光是充满尊重的。老师不会强迫我们按照一个想法思考，每当我说出和老师不一样的想法时，老师总是走到我们身边，耐心地倾听我们这些想法的理由，让我们告诉她我们为什么会这么想。她还总是鼓励我们说出那些特殊的观点，从来不阻止。时间一长，我就形成了自己天马行空的独特想象力和与众不同的风格。我深深地怀念那些给予我们充分尊重的时光，我觉得这是人们交往中的最基本的条件。（后面还有一些话，我记不住了。）

> 第三段：这段时光是充满信任的时光。老师总是说："我们之间是师生，不是警察和小偷。如果你们考试作弊，那么请摸摸你们自己的良心。"于是，我们考试的时候，她从来不让我们把桌子分开，她信任我们不会乱坐，不会作弊。而我们所有的同学也是这么做的，我们都认为不能辜负老师的信任。有一次，我们考试没考好，老师却没有批评我们，而是让我们卷子都撕掉了。她说她相信我们都是努力学习的，成绩不理想，不是我们故意的，她相信成绩会吸取教训，争取好成绩。果然，在她的激励下，我们班的成绩越来越好了。老师是这么信任我们，我们也要信任我们自己。人和人之间的交往，彼此之间的信任是最重要的基础。（大概如此吧，好像还有点内容。）

> 第四段：这段时光是充满天真的时光。这段的老师和我们就像好朋友，有时候她会和我们一起打球，有时候还会为我们一起跳长绳。如果中午午休时，有同学写作业，她就会说："不要写作业啦，快去玩玩儿。"于是，我们都跑出去玩，而等我们回来之后，我们写作业的速度竟然提高了。有时候，老师还会把她的数学自习课改成活动课，带领我们到操场上去做游戏，她闷岁我们的天真，她告诉我们天真是多么宝贵，她希望我们永远都保持天真，直到永远。（大致内容）

> 最后一段：于是我们就是在这样充满尊重、信任和天真的环境中度过了六年的时光。而且，我也会坚持尊重、信任和天真，直到永远，直到我老了。

这是原来带过的班级学生，升入五年级后再遇到我时写下的日记。

被学生们惦记着、爱戴着，是我作为教师最大的幸福所在！

我作为小学数学教师，执着追寻着"让数学好（hǎo）玩起来！"然而，致力于数学的好（hǎo）玩并不是最终的目的，让学生好（hào）玩数学——欣欣然孜孜以求，才是我的追求。

浅谈数学教学中"画图策略"的培养

王　莹

一、专题研究

在小学低年级数学教学中，如何对学生进行"画图策略"的培养。

二、观点聚焦

在小学数学中，解决问题的策略很多，画图策略应该是学生解决问题的一种很重要的策略。它通过图形把抽象问题具体化、直观化，达到使学生理解题意、正确解决问题的目的。在解决问题的教学中，要重视引导学生运用画图的方法分析数量关系，体会画图的作用和价值，体会画图策略的多样性，体验解题策略的多样性。"画图策略"贯穿于整个小学数学解决问题的教学中，教师要整体把握画图策略，在教学中根据学生的实际需要、知识经验、思维发展水平，逐步培养学生运用画图策略来解决问题的能力。

三、思考主张

一年级的教材出现了大量的情境图、实物图，学生的画图策略培养正处于萌芽阶段；到了二年级开始出现直条图呈现信息，逐步抽象数量关系；三年级时正式教学线段图……教材的安排从具体到抽象，符合学生对画图策略逐渐认识、理解、运用的过程，为学生积累了足够的表象与经验。低年级学生的思维发展水平以形象思维为主，对抽象知识的接受和理解能力还比较弱，在学习概念及解决问题过程中需要借助直观图来帮助理解，这就有必要在学生刚入学时就要渗透"画图策略"。

四、实践特色

（一）会读图，能用自己的语言表述图意

一年级的教材符合孩子的认知特点，知识大多数是以五颜六色、各式

各样的图形来呈现。这些图可以分成三类。

1. 静态图

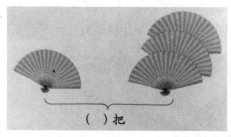

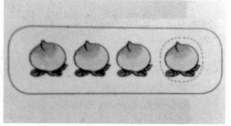

首先引导学生观察图上画的是什么,理解"大括线"和"虚线圈"表示什么意思;然后随着提问进一步明确已知条件和问题;最后请学生完整表述图意。

在教学过程中,通过读各种各样的图,让学生体会到"大括线和集合圈"表示求和,"斜线和虚线框"表示去掉一部分,感受数学的简洁美。读图的过程是一个训练的过程,更是一个学生思维发展的过程,这其中不仅渗透了观察能力的培养,还进行了逻辑思维的渗透,更训练了语言表达能力。在读图的过程中,让学生体会到图画的形象、直观,更为今后的画图应用打下了坚实的基础。

2. 动态图

这类图表达的是动态的过程。如原来鱼缸中有 4 条金鱼,又倒进 1 条,现在有几条? 原来荷叶上有 5 只青蛙,跳进水里 4 只,荷叶上还剩几只青蛙?

要想正确分析出数量关系,看懂图是关键。首先引导学生认真观察图上画的是什么,可以用自己的话试着说说;初步理解后,让学生模仿小金鱼和小青蛙演一演，这个知识点对于动态图来说理解较为困难，通过学生实际模仿，突破了教学难点，让学生读懂图意。

3. 连续图

连续图就是连环画，如果学生看着图能绘声绘色地讲出一个小故事，那么也就理解图意了。教学时可以配合表演，把题目编成一个情景小剧，让学生身临其中，台上的同学表演，台下的同学讲故事，不仅增加学习的趣味性，更重要的是理解了图意，准确找到了数量关系。

学生会看图，这是运用画图策略解决问题的重要前提；学生喜欢图，这是运用画图策略解决问题的重要保障；学生会读图，这是运用画图策略解决问题的重要方法。

（二）会画图，能用自己喜欢的方式表述题意

有了读图的训练，学生对于用画图的方式表示数量关系也乐于接受。在教学中可以采用"照猫画虎"和"展开想象"两种形式。"照猫画虎"就是根据一个算式，让学生用自己喜欢的图画方法展示题目的意思，如 $6 + 8 = 14$，学生的作品如下。

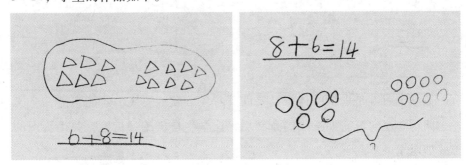

学生在用图画表示 $6 + 8$ 时，有的用了"集合圈"，有的用了"大括线"，这些都是表示求和的方式。有的学生画了生动形象的小鸟图，有的学生用了简洁清楚的图形符号，这些都能体现学生对于算式的理解。

在汇报时，引导学生说一说"我最喜欢谁的作品？为什么？"这样的设

计，不仅可以让学生加强互相学习，更能引导学生发现图形的简洁美。有的学生说："我喜欢图形的，因为很简便，很快就能画完了。"有的学生说："我喜欢小鸟图，因为很有意思。"不管学生更欣赏谁的，最重要的是通过这样的操作活动，让学生学习到画图的方法，为今后的画图策略提供了依据。

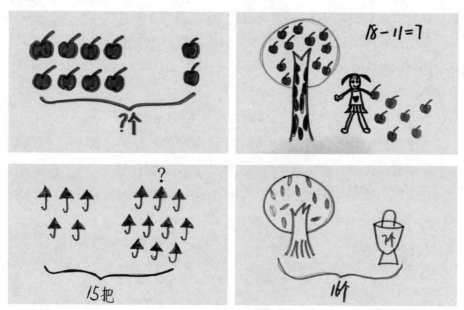

数学学习就是思维的体操，要展开想象，发展思维，才能突破一个又一个问题。在学习完加减法的意义后，让学生自己编一道题，并用画图的形式展示出来。

看着学生一幅幅图画作品，感叹他们丰富的想象力和无穷的创造力。加减法的意义是一年级一个非常重要的知识点，虽然很多孩子在没上学之前就已经会计算了，但那只是浅显的认识，并不是真正意义上的理解。什么时候用加法，什么时候用减法，不能瞎蒙，而是要根据数量之间的关系去判断。引导学生参与编题、绘图、解答,这个过程无疑是对算理的深入理解,为以后的学习奠定扎实的基础。

(三)会用图,用自己熟悉的方式去解决难题

画图并不是把现成的图画好展现给学生看,也不是直接告诉他们怎样画,而是让学生在思考的过程中产生画图的需要,在自己画图的过程中体会方法、感悟策略、发展思维、获得思想。

1. 在突出算理时画图

教学 9 加几时,理解算理是关键,在多种算法中重点是理解凑十法,给 9 凑十需要 1,就把另一个数分成 1 和几,再计算。我出示了"9 + 3 = ?",为学生提供了学习用具,有小棒、圆片、纸,让学生用自己喜欢的方式去解决。全班 44 名同学参与活动,有 27 名同学选择了画一画的方式。

之所以有 61% 的学生选择了画图,正是因为他们已经基本具备了读图和画图的能力,愿意用这种方式去解决问题。当没有小棒、圆片等学具辅助时,画图无疑是最不受条件制约的一种方法。在知识生长处,在知识发芽时,采用画图策略可以起到事半功倍的作用,更是教给了学生一把金钥匙,它可以为学生开启更多的知识宝库。

2. 在理解难点时画图

"逆序求和"始终是学生难以理解的问题,总是把加法做成减法。为了帮助学生理解数量之间的关系,突破"求和"这一难点,引导学生做题前先画出图。

　　学生根据已知信息画图，用○表示先吃的鱼，用△表示剩下的鱼，思考"原来有多少条鱼？"在图上应该怎样表示呢？学生用"大括线"或"集合圈"在图上表示求和，这样自然而然就能想到用加法计算了。美国数学家斯蒂恩说："如果一个特定的问题可以转化为一个图像，那么就整体地把握了问题。"在边读题边画图、边画图边思考的过程中掌握画图的方法，感悟画图策略的过程与价值。

　　3. 在知识验证时画图

　　在学生遇到困难时，引导学生利用"画图策略"找到解决问题的方法。例如，在教学"重叠问题"时让学生充分感悟到集合图对分析问题的方便性。

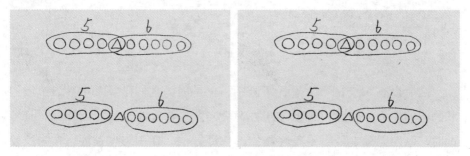

　　"从前面数小明排在第 5 个，从后面数小明排在第 6 个，这队一共有多少人？"这个问题对于学生来讲有一定的难度，学生借助画图对题目进行分析，并用简练的语言表达对题目的理解。由此可见，在他们遇到困难时、找不到方向时、意见不一致时，画图这个好帮手，可以引导他们开启知识的大门。

　　五、实践成果

　　（一）画图——数形相结合，激发学生的兴趣

　　学生自己在纸上涂一涂、画一画，借助线段图或实物图把抽象的数学问题具体化，还原问题的本来面目，让学生在思考的过程中产生画图的需要，在自己画图的活动中体会方法、感悟策略、发展思维、获得思想。

（二）画图——解题中介，最大限度地激活学生的思维

学生在解决数学问题的过程中利用画图这个中介辅助理解题目，是一个从"外化"到"内化"发展学生逻辑思维的过程，可以展示其思维的火花。在教学过程中学生巧用"画图"，能将教学内容化静为动，培养学生的抽象思维能力，引导学生在真实鲜明的感性认识中发展智力，他们的抽象思维能力得到有效的培养。

（三）画图——感悟策略，提升学生的数学思想方法

在教学过程中，采取画图吸引全体学生以积极的状态，主动参与到数学教学过程中，通过启发引导，帮助学生不断积累数学活动经验，感受画图解题策略的价值，提升数学思想方法，同时让学生根据自己的体验，逐步领悟，用自己的思维方式构建出数学思想方法的体系。

促进学生对数量关系理解的行动研究

徐　虹

一、研究专题

如何促进学生对数量关系的理解，提高学生的解题能力。

二、观点聚焦

数学应用题是将问题解决与数学应用的有机结合，它是数学教学中的重要组成部分，也就是说，数学应用题属于特殊的问题，且是与生活实际密切联系着的问题。

如果把数学解决问题的学习看成盖房子，那么低年级解决问题的学习就像打地基。如果加减法的概念没建立好，整体、部分间的数量关系不清楚，就会影响后面乘除法概念的建立，也就不会盖出漂亮的房子。我也跟中、高年级的老师们进行过交流沟通，她们反馈许多中、高年级的学生在解答应用题时往往无从入手，即使"朗朗上口"的应用题也不一定能掌握它的解法。

为什么到了中、高年级，错误率还这么高呢？有什么方法可以很好地解决这个问题呢？

三、思考主张

在应用题教学中应该按照学生的思维特点，采用有效的教学手段，重点引导学生对题目进行充分感知和理解，促使学生通过分析、综合、抽象、概括等一系列复杂的思维活动，对学生进行一般解题策略的训练。帮助学生理解数量关系，促进学生对数量关系的理解。搭建低年级形象思维到高年级抽象思维的过渡桥梁。提高小学生问题解决的能力，从而训练学生的解题思路，培养分析及解答应用题的能力。

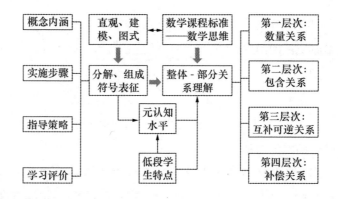

四、实践特色

（一）动口——认真读题，熟悉、复述题意

"读"是获取知识、发展认知能力的一种途径，读应用题是指学生通过读数学文字材料，获取数学知识、数学思想和方法，积累数学语言，收集整理信息的过程。

应用题的叙述是一个整体，包括情节条件和问题三要素。开始读题要一字一句读清楚、读连贯、读正确，不添字丢字，要注意标点的停顿，要了解题目讲的是什么事情，事情的经过怎样，给了哪些条件，要求的问题是什么。

应用题都是用比较简练的语言进行叙述的，要求学生读两遍题后，不看题目，用自己的话说一说题目的整个意思。这种复述可以变动某些无关紧要的人名、地名等，但不能改变原意，有些减缩的文字可以进行扩充。

（二）动脑——抓准各种应用题中的数量关系

数量关系是应用题的灵魂，任何一道应用题都是通过数量关系来体现的。在应用题的解决中，只有弄清了题中的数量关系，问题才会迎刃而解。

1. 读题后把少的想多

有的题目表面上看起来内容较少，条件不够，但仔细琢磨会发现一些隐藏的已知条件，这样隐藏的已知条件才会明朗化。

例如，"在一块长 200 米、宽 100 米的长方形草地上用 10 米长的绳拴着一头羊，请你算出羊吃草的面积是多少？"这道题初看上去无从下手，但反复读几遍后不难发现，拴羊的桩插在草地的中间，羊吃草的范围是圆。拴羊的桩插在草地边上时，羊吃草的范围是半圆或不规则形状；拴羊的桩插在四个角的顶点上时，羊吃草的范围是扇形。这样这个问题就很容易解决了。

2. 读题后把多的想少

有的题目内容较多，学生解题时常会出现条件之间相互干扰的现象，如果教师及时指导学生作简要的摘录，则会大大降低解题的难度。可让学生边读边做记录，再根据列出的条件思考，就不难找到解决问题的方法。

3. 读题后把静的想动

小学生在解答应用题时，若读题过程中眼前出现的只有汉字和数字，而不能进入情境经历整个过程的来龙去脉，往往就找不出或弄错数量关系，所以，应培养学生反复读题，并且边读边画图，或边读边用模型演示，养当成自己是在经历这件事的习惯。只有进入问题情境，学会自己演示运动过程，才能找到可靠的等量关系。

4. 读题后把动的想静

读"狗追兔子，开始追时，狗与兔子相差20米，狗跑了45米后，与兔子还相距8米。狗要追上兔子还要跑多少米？"时觉得这道题似乎很复杂，其实只要用心体会就会发现：狗跑了45米，与兔子的距离减少了：20—8 = 12（米），那么可知狗与兔子的距离要减小1米的话，狗要跑：45÷12 = 15/4（米）。因此，要追上兔子，狗还要跑8×15/4 = 30（米）。

（三）动手——正确认识应用题的结构

1. 用实物、图片演示，加强孩子的动手操作

使学生充分领会应用题的含义。如3＋2，先贴上3朵红花，又贴上2朵表示又拿来2朵。最后用集合圈圈起来，表示合在一起用加法。

2. 正确认识应用题的结构，寻找条件和问题

对一年级小学生来说，其任务是实现看图说话、看图计算向图文应用题、文字应用题的过渡。在教学中通过浅显的实例，让学生逐步了解应用题的结构，懂得应用题中条件和问题间的关系，掌握思考方法和解答步骤。

3. 对题目进行画批

画出题目的条件、问题和关键词语，是审题的进一步深化，是学困生对题目掌握的深化过程。

小学生记住应用题的条件、问题、情节的范围是有限的，往往记住部分条件就进行思考，因而做出错误解答，这种在学困生中表现得尤为明显。

如：有一个正方形，它的周长和一个长 85 厘米、宽 35 厘米的长方形周长相等。这个正方形的面积是多少？列式为 $85 \times 35 = 2975$（平方厘米）的学困生占 71.42 %。通过调查分析，主要原因是学生只记住了长 85 厘米、宽 35 厘米和面积是多少？所以在解决应用题时应要求学困生对条件和问题进行画批。用"——"表示条件，用"～～～～"表示问题，找出关键词标注。

4. 利用数的分解、组成符号表征，促进学生对整体部分数量关系的理解

符号表征不仅是个人心智活动的材料，而且是一种沟通工具，符号是约定俗成的。数的分解、组成是孩子们都已达成共识的符号表征，一年级解决问题主要是整体与部分的关系。数的分与合，更能体现整体部分间的数量关系，在学生建立了整体部分关系后，把用分解组成的符号表示整体部分关系贯穿教学始终。

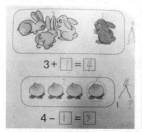
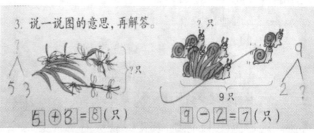
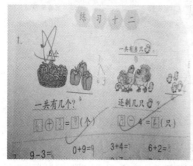
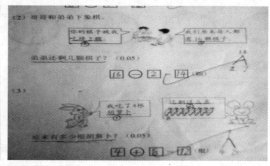

（四）进行一般解题策略的训练，提高解题能力

解答应用题的能力不是一蹴而就的，需要有一个训练的过程。

- 变换应用题的叙述形式，防止学生片面地根据一些关键词选择算法。
- 加强对比练习，帮助学生分析数量关系，掌握解答应用题的方法。
- 加强提问题和补充条件的练习，为掌握解答两步以上的应用题打下基础。

- 加强审题习惯的培养，画批关键词。
- 通过语言表达，把孩子解决问题时的思维过程外显。
- 帮助学生树立自信心。

五、实践成果

（一）养成了认真审题的好习惯

经过训练，孩子们做到不添字、不漏字，逐字逐句、逐符号地读，边读边记边理解。通过读题，弄清题目讲的是一件什么事，有哪些已知条件，要求什么问题，条件与条件、条件与问题之间有什么联系等。

（二）正确率提高，错题率下降

通过训练，孩子们的解题能力有了一定的提高。在学习逆序求和的解决问题时，同样的题目，我采访调查的班级有 14 个学生出现错误，我班只有 2 个学生出现错误。

（三）逻辑思维能力得到强化训练

当一些有个性的学生聚集在一起，由于各人的起点、观察问题的角度不同，研究方式、分析问题的水平不同，产生种种不同观点和解决问题的办法。通过比较、对照、切磋，就会有意无意地学习到对方思考问题的方法，从而使学生的思维能力得到潜移默化的改进。

（四）提高了语言表达能力

说是语言表达能力的最高体现。通过表达，训练了学生的语言表达能力，增强了学生的自信心。

综上所述，要让学生学会解答应用题，教师必须在教学过程中，加强对学生的学习策略和思维策略的训练，帮助学生形成良好的学习习惯。学习策略、思维策略训练必须紧密结合实际，使学生主动参与其中，进而使学习策略、思维策略训练内化为学生内在需要。交给学生一把解决应用题的钥匙，为学生的思维插上翅膀。

参考文献

[1] http://xx.jxteacher.com/wsx/column32253/538125a4-0256-4df4-8ebe-0974937a3c1c.html

[2] 鲍建生．数学教学学习心理学．上海：上海教育出版社，2014

后　记

　　本书向读者们所呈现的内容，是基于史家教育集团的育人目标、无边界课程顶层设计，依托《数学课程标准》的指导，老师们在日常教学实践中的所思、所想、所感、所悟。数学课程的整体构建，既体现着史家教育集团"培育具有家国情怀的和谐发展的人"育人目标，也体现着数学学科所特有的育人价值，通过数学学习使学生掌握必备的基础知识和基本技能，培养学生的抽象思维和逻辑思维，培养学生的创新意识和实践能力，为学生未来生活、工作和学习奠定基础。从教师们的教育主张到基于学生学习需求的教学设计，再到课堂上的具体实施，关注的是学生后续发展必备品格的养成和关键能力的培养。我们看到的是学生未来的发展在教师的心里、在教师的眼里、在教师的教学行为里。老师们是在用心、用情做教育，教者若有心，学者必有益。教育是面对人，帮助人的生命生长的，着眼生命生长的课堂，必然是基于学生实际，要从学生生命生长需要出发。学生是课堂的主人，课堂教学最终要满足学生的真实需求，尊重学生的成长规律，为学生的终身发展服务。教师肩负着塑造学生精神生命的神圣职责，教师从事着世间最复杂的高级劳动，教师的职业不仅是传承过去，更是创造未来。

　　本书汇集了史家教育集团数学团队老师们的集体才智，每一个鲜明教育观点、每一个生动的教学案例、每一份严谨的教学设计都凝聚着老师们的心血，都是经过多次打磨、多次研讨、多次实践后的智慧结晶。今天呈现给各位读者，既是对老师们付出的努力的一种肯定，同时也是对老师们的一种激励，希望我们的老师能够以此为契机，对自己以往的工作做一个总结和提升，为今后的发展与成长再次蓄力。

　　本书由韩巧玲、高雪艳、李冬梅构建整体框架，组织安排整个修订工作。前言、第一单元、后记由韩巧玲负责，第二单元由高雪艳负责，第三单元由李冬梅负责。全书由韩巧玲统稿。在这里感谢所有参与本书撰写的老师们！感谢出版社为本书出版所做出的努力！

　　本书在编辑撰写的过程中得到了王欢校长、洪伟书记的指导和帮助，在此，表示衷心的感谢！

　　学校是学生向社会过渡的学习场域，课程是学生向社会过渡的成长载体，教师是学生向社会过渡的引路人，学校、课程、教师是学生走向社会、走向未来所不可替代的。我们正在迎接一个扑面而来的新时代，我们必须突破现在，才能迎接未来！我们将继续携手前行，在今天的课堂上让师生同生共长，打开一个多姿多彩的"数学新视界"！

韩巧玲

2018 年 6 月